U0025152

天下文化

BELIEVE IN READING

會走路的錢

MONEY WALKS

貝版 BayFamily——著

目錄
contents

前言　中產家庭的致富法則

每一代人都有記錄自己故事的義務，這本書也是分享我這一代人的故事，或者更嚴格的說，是我和錢的故事。

錢跟生活息息相關，我們生活中很大一部分時間都在想、做與錢有關的事情，可我們又非常羞於談錢，不願意告訴別人自己有多少錢，也不願意告訴別人自己怎麼賺錢，往往在暗地互相比較，猜測他人的賺錢方法。

錢對於我們那麼重要，但是我們對於錢的知識，又是如此貧乏，大部分人都沒有系統的學過經濟學，孩子在長大成人離開家門之前，父母往往也沒有好好教育他們應該如何管理花費、如何投資？

在我這代人的教育過程中，甚至很多人被灌輸大量的錯誤常識，讓我們對社會經濟現象失去正確判斷，股票散戶投資人多數看不懂公司財務報表。所以我想突破這個禁忌，用錢為主題講一下我們這代人的故事，講一講我和家庭的經歷，以及投資理財的過程和心得體會。

市面上大部分關於財富的故事都是有錢人的故事，要不就是華爾街精英，要不就是矽谷新貴，這些故事看著熱鬧，卻和一般人沒有多大關係。我的故事是關於一個在美國普通中產階級家庭的故事，我的生活和你很接近。我在這本書裡詳細說明一個普通的中產階級，如何合理規劃支出和消費、如何進行有效的財務管理，如何透過投資實現財富成長的故事。

寫這本書的時候我已經年近半百，從人生中點漸漸走下山脈。所以我的故事只是前半生的故事，差不多從二十歲到五十歲，後面的故事還是進行式，如果後半輩子實現了我的計畫，那我八十歲時可以接著給大家講成功和失敗的經驗教訓。

這本書主要內容是敘述一個一九九〇年代後期赴美的中國留學生，一窮二白，從口袋裡只有兩百美元，一步步邁入美國中產階級家庭，透過投資理財，最後擁有一千萬美元財富的故事。投資不複雜，其實就是堅持一些基本原則和計畫，並持之以恆，我除了每年記帳，還會每年做總結，把心得公開發表在投資理財論壇。

沒有人是神仙，能夠做到神機妙算，我也不是。我能做的就是控制風險的同時，獲得最大收益，我把我的故事講給你聽，包括曾經正確和錯誤的觀點，也許對，也許不對，重要的是這是真實記錄，投資的對錯需要大家自行判斷。我從來不敢標榜自己是百分之百正確，事實上我也不是，如果有什麼比一般人好一點的話，也許是我試圖把握住政治和經濟趨勢，而這一點已經為我帶來充分的財富。

另一個讓我寫這本書的動力，是我想把這個時代的故事記錄下來給後人看。人生是否快樂，除了智商、情商之外，就是財商，也許這本書可以幫助下一代華人提高財商，因為我覺得自己的財商提高，也有來自他人的貢獻，包括直接或間接受到母親和父親的影響，特別是剛到美國的時候，一下飛機就牢牢記住同學「老宣」給我叨唸的美國華人理財真經。

和我同時代來到美國的中國人，大部分都是經濟移民，來到美國是為了更好的生活，通俗的話就是為了賺更多錢。這並沒有什麼可恥和不能承認的，也許後來在美國的生活改變這個初衷，但一九九〇年代出國的大部分人只是想改善自己的生活。

我把我和錢的故事記錄下來，會讓我們有機會回憶一下這些遙遠的初衷，給後人看看我們是怎樣在美國土地，努力耕耘創造財富。

我的財富累積可以按照每成長十倍劃分。在零到一萬美元這個階段，我會介紹我的家庭背景和小時候成長的環境。我仔細回想，有的人擅長理財，有的人不擅長理財，很大一部分原因取決於生長環境，從我的家庭背景和小時候的經歷，也許可以幫大家理解怎麼教育孩子，提高他們的財商。

然後講我出國前後的故事，在大學時，我如何管理和使用金錢，還有出國前後錢從哪裡來。很多一九九〇年代出國的人體驗過這些經歷都會感受到：錢能解決的問題都不是問題，因為當時生活很窮，出國是一件很不容易的事情，無論是考GRE、準備托福，還是申請美國大學，哪一樣不需要錢呢？那時很多中國人一下了飛機，就直奔中餐廳打工賺錢，因為通常到美國時已經負債累累。

我來美國兩年左右，才讓財富累積到一萬美元。讀書的時候，收入非常有限，只有獎學金，而且非常不穩定，這個學期有經費，下個學期也許就沒有了。我會講述自己如何安全度過二〇〇〇年科技泡沫並順利找到工作，後來我畢業的時候沒有貸款，還稍有積蓄。

一萬到十萬美元是在工作兩年後實現，這階段會詳述開始工作時，我是怎樣安排開支、如何積累儲蓄，以及在美國大城市買到自己的第一間房。從十萬到一百萬美元是在工作後第六年完成的，這個階段是要說明我是怎樣實現通俗意義上的美國夢。我完全不會講工作方面的事情，雖然那些事情占據我多數時間，但並不是這本書的重點，主題還是圍繞著錢和財富管理。

美國夢其實很簡單，就是有自己的房子、有穩定工作、邁入中產階級、有兩個孩子、夫妻和睦、前院有草地，後院有狼狗、銀行有存款、公司有股票，平時有班上，放假可渡假……美國夢實現後，投資理財變得複雜，不再是簡單存錢，需要考慮各種投資，在矽谷還要考慮去什麼樣的公司工作，才可能有員工認股？有了股票後需要考慮何時賣出是最佳時機等問題，一環套一環，日子愈來愈複雜。

書裡面闡述我的投資原則，概括起來就是「會走路的錢」。錢是會移動的，你要做的事情就是在移動中，把錢拿到自己的籃子裡，這個過程有兩種可行的方法，一種是懶人投資法，一種是勤勞人投資法，你需要因地制宜，根據自己的個性，制定相應策略。

我給自己訂下的目標是用十年時間，累積一千萬美元的財富。這個目標當時聽起來有些瘋狂，為了督促自己實現目標，我把這個目標公開寫在文學城的投資理財論壇。那個時候投資理財論壇剛成立，我有幸成為版主，我一直相信一句話：如果一個人想做成一件事情，上帝都會跑來幫你。為了確信上帝會來幫我，我把計畫公布出來，形成壓力督促自己。

回顧這十幾年，我總共做了三件事情，也把這十幾年最好的三次投資機會全部抓住了。一是投資中國房地產；二是二〇〇八年次貸危機後，在底部買進灣區房地產；三是在二〇一六年投資比特幣。除此之外，我利用退休帳戶，投資一些科技股和大盤指數ETF，這些投資最終讓我實現一千萬美元的目標。

我擁有一千萬美元的目標，並用十一年半的時間實現。其實我也沒想到會成功，在這本書裡，我把整個過程呈現給讀者。

人心的貪婪是沒有止境的，在我制定一千萬美元計畫的時候，曾經寫下一個承諾：擁有一千萬美元資產後不再投資理財，只把財富用來買股票指數型基金，我現在又改變主意了，原因是我覺得投資這件事情太有趣、太精采，人生大部分時間平淡且無趣，精采的事情不進行下去，實在有負生命。

不是因為我貪圖更多錢財，我知道自己可以花用的財富非常有限。我只是好奇普通家庭投資理財的極限在哪裡？所以給自己一個更高的目標：在資產後面再加一個零，我想看看可不可以實現一億美元的目標。當然我不會為了這個目標冒險，實現不了也沒關係，日子照過。

你也可以說這本書是關於很多個零的故事：從一美元到十美元，從十美元到一百美元，從一百美元到一千美元……很多人早已忘記擁有第一個一千美元的感覺，我的起點是那樣低，大部分人忘卻的事情，我回憶起來歷歷在目。

我想強調的是，寫這本書不是想讓其他人仿效我的經歷。人生就一次，沒必要仿效他人，每個人的條件和環境不一樣，所以你也沒辦法仿效。我酷愛歷史，敦煌石窟出土的文字資料，最精采的不是金剛經，而是凡夫俗子的家庭帳目，所以我想寫下自己的帳目，也許對後人有幫助。

錢是生活的一部分，但不是全部。為了突出重點，這本書只記錄我生活中與錢有關的內容，事業、愛情、理想、親情、友情、人生思考……這些其實占據我生活更大部分，希望讀者不要因為這本書只談錢的故事，錯以為我的生活全是為了錢而勞碌。這本書裡摘錄一些我在部落格寫的文章，但我的部落格中一半的文章和這本書無關，感興趣的人可以上網閱讀。

在投資領域，事後諸葛很容易，事前諸葛卻無比困難，對趨勢的判斷哪怕只差一天、一小時，甚至一秒，都是天壤之別。我把真實記錄的文章部分摘錄在書中，因為幾乎所有的文章都是在當時預測未來，大家可以看到哪些預測是對的，哪些是錯的。百分之百正確預測不可能，關鍵在趨勢的判斷是否正確。

最後，我抱著感恩的心態寫下這本書，一個人悶頭做一件事其實挺困難的，過去十幾年如果沒有網友的支持，沒有把目標公布出來後網友給我的心理壓力，恐怕很難實現自己的目標。我每次寫文章分享出去，都會收到一些回饋，有的網友會問我一些問題，有時會給我一個提醒，給我一些靈感。

這本書回饋給這些網友和投資理財論壇，我用這本書記錄文學城投資理財論壇上，曾經一起走過的十幾年歲月。

第一部

節儉是一切財富起點

節儉在富裕的家庭和國家裡往往被忽略，人們習慣把節儉和小氣等負面詞彙混爲一談，節儉是一種美德，也是一切財富的起點，而且是可以靠後天養成的好習慣。

01 窮生活養出節儉美德

經歷過最艱苦的生活後，才會變得無所畏懼，
貧窮沒什麼可怕，再艱苦也不過如此。
少年時期艱苦的生活，養成我一輩子受用的好習慣——節儉。

一九九七年的時候我二十多歲，隻身一人、跨越萬里，帶著一隻手可以拎起來的旅行箱和兩百美元來到了美國。我幾乎是兩手空空，除了幾件衣服和幾本喜歡的書，什麼都沒有帶。口袋裡十張薄薄的二十美元鈔票，就是我全部的財產。

我在美國沒有親人，甚至沒有熟悉的朋友，只有幾位大學和高中同學，在離我數千英里以外的地方求學。我要去的是美國中西部不知名的小城，當時網路還沒有普及，我手邊的美國地圖甚至找不到這個城市的位置。

收到錄取通知書的喜悅過後，是面對「簽證」這個鬼門關的忐忑不安。等這一切都塵埃落定，最讓我焦慮的事情是找住宿的地方。在美國的主要大學，當時都有一個「中國學生學者聯誼會」負責新生接待，包括臨時住宿和接機。我那一年非常不巧，學生會

主席忙著談戀愛，沒顧上我們這些新生，我聯繫她好幾次，發了數封郵件給她，都沒有收到回應。

兩百美元勇闖美國夢

不過經歷過領事館簽證的驚濤駭浪之後，這些事情都不那麼讓人心驚肉跳了。簽證之所以被叫作「鬼門關」，是因為命運完全不在你手裡，數年的努力和無數的心血，可能在簽證官電石火光的一瞬間就被消滅乾淨。找一個住宿地方不是問題，大不了先露宿街頭，反正是夏天，難道還能凍死不成，我只能這樣安慰自己。

我從電子信箱中的招租廣告裡找資訊，給學校周圍每一個登招租廣告的人打電話，因為我當時還在中國，沒辦法看房子、付押金，打了一輪電話下來，沒有人願意把房子租給我，更不要說有人接機了。好不容易找到一個可以說中文的人，問一下那邊的情況，我像抓到救命稻草一樣，倉促之間趕緊問他，從機場到學校怎麼走？坐計程車行不行？

對方告訴我搭計程車大概需要六十美元，那幾乎是我當時全部資產的三分之一。我又問了一下，旅館一個晚上要多少錢？他告訴我，要八十美元左右，我一邊講電話，一邊緊張的看著手錶上的秒針，當時國際長途電話費是每分鐘二十元*，我只預付了五分鐘的長途電話費，很快我的一百塊花完了，什麼結果都沒有。

我得到的資訊就是，全部財產只夠我從機場坐計程車到大學城，找個旅館住一個晚上和吃一頓麥當勞，第二天我就會像流浪漢一樣被丟到大街上。一九九〇年代大多數人去美國的時候是歡天喜地，而我臨近出發時幾乎陷入絕望。

就在最絕望的時候，上帝為我開啟一扇小小的窗戶，我在電子信箱中看到一個小廣告，對方在找兩個房客共同分租公寓，郵件剛剛發出來不久，我飛快的跑到郵局打電話。

因為共同的背景，聊了幾句以後彼此很信任，只用兩分鐘就溝通好了，對方沒有向我要押金，就把公寓租給我。要掛電話的時候，我有些不好意思的問他，能否到機場來接我，對方猶豫了一下，但還是爽快答應了，就像找到親人一樣，我不再像前幾天那樣緊張和焦慮了。

很多從歐洲到美國的移民，最先看到的是自由女神像。幾年之後，我在紐約的自由女神像上讀到 Emma Lazarus 的詩〈新巨人〉（*The New Colossus*），它這樣寫道：「讓那些因為渴望呼吸到自由空氣而歷經長途跋涉、已經疲憊不堪、身無分文的人們，相互依偎著投入我的懷抱吧！我站在金色大門旁，高舉自由的燈火！」†

我第一次讀到的時候，覺得這些話直擊人心。沒有親身經歷貧窮和移民痛苦的人，很難感受到這詩篇有多麼打動人。美國歷史上絕大多數移民都是為了更好的生活，或是更多的財富機會、更多的人生自由，才來到美國，在眾多小說和回憶錄裡，亞洲移民第一眼看到的是舊金山的金門大橋，而我第一眼看到的是阿拉斯加的大雪山。

愛上一片土地和一個國家，往往是從那個地方的地貌開始。當時飛機有些顛簸，把我從睡夢中搖醒，透過機窗往外一看，看到的是一片綿延無際的大雪山。當時我的心情忐忑不安，在這片土地上，我一無所有，語言不通，舉目無親，我不知道什麼樣的命運在等待著我。

---

*作者在中國出生、成長，之後到美國灣區生活，書中所指金額若未標示幣別，即指人民幣。

†英文原文：*Give me your tired, your poor, Your huddled masses yearning to breathe free, The wretched refuse of your teeming shore. Send these, the homeless, tempest-tost to me, I lift my lamp beside the golden door!*

窮人孩子早當家

當時我自己不知道的是，雖然一無所有，我從中國帶來了一些美好而重要的習慣，那就是節儉的美德。**節儉在富裕的家庭和國家裡往往被忽略，人們把節儉和小氣等負面詞彙混為一談**。我年輕好學、勤勞、有野心，還有從小父母與家庭給我的節儉美德，這一切都幫助了我，讓我能夠在這片陌生的土地順利展開新生活。

在花錢和管理財富上，多數人很少從書本上獲得經驗，最直接的老師就是父母、親戚、兄弟姊妹，我也不例外，幾乎所有節儉的習慣都是從我母親那裡獲得的。我出生在一九七〇年代初的中國，雖然比一九六〇年代出生的人稍稍運氣好一點，沒經歷過餓死人的災荒，但當時中國還是很貧窮。我父母經歷過國共內戰和一九六〇年代災荒，他們一生勤勞節儉，並以此為榮。

我的父親是軍人幹部出身，高中畢業之後，一九五〇年代初在軍校上大學，因為是軍校出身的大學生，在一九六〇年代末就是一個縣團級幹部，當普通工人的薪水只有三十到四十元的時候，他的薪水已經是一百二十元。在我奶奶眼裡，父親是一個浪費的人，奶奶會因為父親在街邊餛飩攤上吃了一碗麵，而沒有回家吃飯，抱怨上好幾年，說他浪費錢。

母親在我眼裡是一個非常節儉的人，可是在父親眼裡，卻是一個浪費的人，因為母親總是會把錢拿來給孩子買好吃的，或者買布料做衣服。我父親像很多男性一樣，對家庭很苛刻，對外比較慷慨，他把省下來的錢用來資助幾個窮困的親戚和一個戰友。在他看來，錢需要用在刀口上，而不是每天吃喝用度的零星支出上。

儘管我母親從來不浪費一分錢，但按照我的標準看，她簡直是個一塊錢掰兩半用的人，不過在父親眼裡，她就是一個花錢如流水的大小姐，主要是因為母親小時候家境不錯，她每週都要買肉吃，每年都要給孩子做新衣服。母親總和我說，奶奶是在舊社會生死關頭走一遭的人，日子不應該再過得那麼苦，每週買點肉吃不是什麼大不了的罪過。

和母親相比，我在她眼裡簡直就是奢侈、虛榮的闊少爺，她無法接受我在衣服沒有穿破前丟棄，她總是和我嘮叨，皮鞋需要好好保養，應該可以穿二十年，埋怨我兩、三年就換一雙皮鞋。從我的奶奶、父親、母親和我的消費習慣對比，可以看到「花錢」是件非常有彈性的事情，怎麼樣其實都可以過日子。

節儉是個美德，童年有貧窮的經歷不是什麼壞事，俗話說，窮人的孩子早當家，因為小時候相對貧窮，後來經歷中國經濟發展的奇蹟，讓我們這代人的財富快速成長。有時我會想，對我來說，這可能是一件幸運的事情。

相對已開發國家的同代人，他們一生沒有我們這種財富倍數成長的經歷，有時我看著我的孩子，我知道他們一生也不會有這樣的過程。財富給人帶來的快樂，並不是金額的大小，而是變化的多少。如果一個窮人，每一天、每一年都可以比前一天、前一年更富有，他的精神層面是快樂的，對未來是充滿希望的；一個富家子弟如果每天看到的財富縮水，日子一天不如一天，即使財富依舊很多，心情也是沮喪的。

陷入缺錢窘境

我真正感覺到缺錢帶來的不快，是在父親去世之後。

一九八〇年代初，正值中國改革開放的初期，一切都是生機勃勃，我家也滿心期待新生活。父親被提拔擔任科研所主任，開始學英語，準備公派出國進修。不過，厄運降臨，他突然生病去世了，我家收入一下子減少三分之二，我也開始意識到拮据帶來的生活不便。

我母親只是一個普通的工人，僅憑六十元的薪資要養活三個孩子很困難。我們從一個普通的幹部家庭，一夜之間，落入低收入家庭。最讓我難堪的是，初中二年級時，我上學報到，母親沒有給我任何一毛錢，那個時候一個學期的學雜費是五元，母親說因為家庭困難，我需要向學校申請補助，看看能不能免掉學雜費。

我覺得申請補助是一件尷尬且沒有面子的事情，一再拒絕，和母親磨了好幾天。我說我可以一年不吃肉，一年不買衣服，可不可以不要當著同學的面，向老師申請貧困補助。母親把我狠狠訓了一通，說我沒出息、沒膽子，在家一條龍，出門一條蟲，連申請貧窮補助都不敢提出，一輩子有什麼用？

那年我十三歲，說了無數個理由，最後母親還是一塊錢也沒有給我。我帶著沮喪的心情去學校，一路上，其他同學們新開學的時候難免打打鬧鬧，嘰嘰喳喳的說著假期裡的軼聞趣事，我卻為了申請補助這件事，心事重重，上學路上整個天空都是陰暗的。

開學報到的時候，班主任坐在講台上，同學們圍著她，把手上的錢遞給她辦理註冊手續。我覺得不能當著那麼多同學的面，跟老師說申請貧困救濟補助的事，就在座位上默默的坐著等待。

大家手續一個一個都辦好了，我的心跳開始加速，一遍遍的演練自己一會兒應該怎麼對老師說。終於除了我以外，最後一個同學都辦好了，老師環視了一下教室大聲問：

「還有哪個同學沒有辦手續？」我怯生生舉起手，全班的目光都看著我。

老師不屑的說：「那你怎麼不上來辦手續啊？」口氣裡似乎帶著火氣，讓我更加緊張和難堪。我像擠牙膏一樣小聲說：「我想申請學校貧困補助。」

我的聲音是那麼輕，可能只有蚊子聽得見，但是我覺得全班同學好像都豎著耳朵聽，他們把每一個字都聽得清清楚楚，雖然沒有發出令我害怕的哄堂大笑，但是我感覺他們都用同情的目光看著我。班主任是一位中年女教師，我當時和她不熟悉，不過她應該是個好老師，她很快就意識到我的窘迫，讓同學們統統坐好，對我說：「放學後到我辦公室來一趟。」算是化解當時的尷尬。

這是我人生中第一次經歷因金錢帶來的窘迫，當眾承認自己沒錢的尷尬與難堪，這也是我後來一直保持存錢習慣的原因。我不喜歡借錢，不喜歡求人，也不喜歡別人的施捨與同情。

當然現在想想，也許那個時候是自己過於敏感，人在少年的時候，覺得自己就是世界的中心，全世界都在關注你。也許當時我的同學們忙著嘻嘻哈哈吵鬧，根本沒有留意我和班主任的對話。

後天養成好習慣

母親艱難的把我們拉扯大，我們幾乎不買任何衣服，整個高中時代，我一直穿父親留下來的舊軍裝，大部分新衣服都是母親買布自己做的。因為經濟不寬裕，讓我對花錢的事情格外敏感，現在我都不知道她是怎樣神奇的做到用六十元的月薪養活四個人。

一九八五年，上高中的時候，我選擇住校，當時一個月住宿和伙食費是九元，伙食標準每天大概是四毛錢的樣子。米飯是充裕的，青菜也很充分，早飯的粥也是校方供應，但是葷菜非常稀少，要是有天晚飯吃餛飩，大家都會眉飛色舞慶祝一番，有時晚飯唯一的葷菜是一根香腸，八個學生分，我沒有記錯，就是一根巴掌長的香腸，切成薄薄幾片，供八個青春期正在發育的小夥子分著吃。

整個高中時代，我幾乎都在飢餓中度過。在高中，一方面有大學聯考的壓力，另一方面對我來說更大的困難是對付飢餓的煎熬，那個時候很怕上體育課，如果遇到一千公尺或一千五百公尺的長跑，飢餓感會很強烈的折磨我一整天。

一般上午上完兩節課之後，我的肚子就開始咕咕叫了，學校有麵包可以買，大概是二毛錢一個，我捨不得買，如果我和母親要求，她應該會給我一些零用錢買，但是父親去世後，我給自己訂下一個原則，堅決不主動找母親要錢。這個原則從十三歲那次申請學雜費補助後持續一輩子，包括我上大學期間。

飢餓之外，我還需要忍受寒冷。南方的冬天沒有什麼取暖設備，教室宿舍和外面一樣冷，冬天時，教室裡的溫度也只有攝氏五度左右，高一的時候，我還可以穿著父親留下的軍棉襖，到了高二、高三，軍大衣在多數人眼中變得很俗氣，我不好意思穿了，總不能在同學面前把自己穿得像個志願軍戰士一樣。

春夏秋這三個季節都不要緊，冬天我裡面穿件毛衣，外面套一個棉背心，然後再穿一件母親上班穿的藍袍工作服，形象上勉強說得過去，但是手臂沒有棉衣保護會冷，經常晚自習的時候，整個手臂愈來愈冷，手凍僵，寫字愈來愈慢，直到幾乎完全寫不出來，我只能跑出教室，擺動擺動手臂、熱熱身，再回來上晚自習。

我從來沒有告訴過母親餓肚子和受凍的事情，我不想給她增加任何負擔和煩惱。其他同學會因為學校伙食太差，帶奶粉和麥乳精*到宿舍，晚上睡覺前補充一下營養，我從來不享受這樣的奢侈品，因為我不會找母親要。有一次週六下午放學，我等公車回家，那是一個冬天，風很冷，站牌前有位阿姨在賣油炸蘿蔔絲餅，油炸中的蘿蔔絲餅帶著熱氣，散發香味，我猶豫再三，還是捨不得花五分錢買蘿蔔絲餅，因為這得找母親要錢。

我說這些，只是要描述在我青少年的時候，起點有多低，回首看來，青少年時代貧窮的生活，讓我學會要未雨綢繆，知道手上需要存一些錢；這些經歷教會我獨立，凡事不求人。此外，經歷物質生活的缺乏，才會珍惜物質財富，不會輕易浪費。即使今天不為了金錢而節省，我也會想，每一樣商品生產皆不易，在沒有物盡其用前，又何必把東西丟到垃圾桶。

往往經歷過最艱苦的生活後，才會變得無所畏懼。貧窮沒有什麼可怕，因為再艱苦也不過如此，你反而可以大膽去做自己想做的事情，不必生活在各種擔心和恐懼中。

每個人的性格大部分是天生遺傳決定的，但是我覺得投資理財和花錢習慣這件事情上，後天的經歷可能對一個人影響更大，節儉是一種美德，我非常感謝上天讓我擁有這些美德。認真回想，並不是我天生的基因裡有這種美德，是我少年時期生活相對艱苦所導致。

* 麥乳精是類似台灣阿華田、美祿的麥芽飲品。

節儉在我後來的生活裡漸漸變成一種習慣，我很少浪費食物，盡量不攝取超過身體需要之外的熱量，浪費肉類食品簡直是一種暴殄天物的行為；一件衣服，例如生產一件最簡單的圓領T恤，需要耗費的水資源是二．七噸，人類對地球環境已經造成那麼大的傷害，我們有什麼理由浪費那些物質財富呢？

我從來不介意別人發現我有節儉的習慣，少年的經歷讓我變得特立獨行，更多時候，我在意的是自己怎樣看自己。人的一生最好是在給社會和地球造成最小負擔的前提下，為自己創造最大的快樂和自由。在這樣的價值觀下，就會更深刻感覺到，節儉是一種美德。

02 存三分之一收入的好習慣

很多收入比你低三分之一的人，生活品質不比你差多少。既然如此，只要當自己的收入比現在少了三分之一，就可以把錢存下來了。

我一直有個信念，那就是你永遠都可以存三分之一的錢。也就是說，每個月都可以把三分之一的收入存下來，以備未來不時之需。

這個道理並不複雜，因為有很多比你收入低三分之一的人一樣活得好好的，生活品質不比你差多少。既然如此，你就當自己的收入比現在實際收入少了三分之一，不就可以把三分之一的錢存下來了嗎？

我上大學的時候，家裡經濟條件稍微有一些改善，每個月的生活費是五十元，母親會輪流把薪水寄給我和哥哥，那個時候我和哥哥都在大學念書，母親靠她一個人的收入養活我們兩個大學生。當時她一個月大概賺一百五十元，她會把收入的三分之二拿出來供我們上大學，這個月給我哥寄一百元，下個月給我寄一百元。

看到這個數字，就會知道為什麼現在美國中產階級家庭大學生喊窮，申請高額學貸是件矯情的事情，精打細算的話，大部分家庭根本不需要貸款，因為我在美國還從來沒有見過一個家庭把一年收入的三分之二拿出來支付孩子的大學學費和生活費。

出國留學遙不可及

我當時的伙食費是每個月三十元，剩下二十元可以存下來以備急需和購買一些書籍與雜物。我的伙食標準是每天一元，早飯兩毛錢，午飯和晚飯各四毛錢。兩毛錢可以買一碗稀飯，加上一個饅頭和鹹菜；四毛錢的伙食標準就是四兩米飯，再加上一個炒菜。

我同寢室的幾個同學開學一個月就花了三百元，在我看來真是不近人情的敗家子，其實他們父母的收入並不高，有些甚至從很窮的農村來，高消費的同學還喜歡在其他同學面前炫耀自己是怎麼寫信編理由找父母要錢，這樣的行為我覺得非常可恥。

印象中第一學期結束時，學校給我們這些南方來的學生發了一筆冬裝補助費十五元，讓我們買冬天棉衣。我拿了這筆冬裝補助到百貨公司給母親買了一件絨條棉襖，寒假時把棉襖帶回家，母親非常高興，那一年我十七歲。

這件衣服母親幾乎沒穿過，我不知道是衣服不合身，還是她捨不得穿，反正她一直保留著。這件事情也說明，人和人之間的快樂與金錢數字沒有關係，今天哪怕我用兩萬美元給孩子買一輛車，都不會換來當年我用十五元給母親買件衣服帶來的愛與快樂。

大學期間我從來沒有想過出國的事，當時留學對我來說是一件不可能實現的事情，因為準備GRE、托福考試，上輔導課的費用不菲，出國的申請費也是一大筆開支。

我和其他同學聊了起來，估算一下，出國前期全部費用預算大約是一千兩百五十美元，這還不保證能夠申請到學校獎學金，即使拿到錄取通知，申請到學校獎學金，大使館還不見得會給你簽證，這筆錢很可能石沉大海。

一千兩百五十美元對於一個月只有五十元生活費的我來說是天文數字，我需要兩百個月，也就是將近二十年不吃不喝，才能省到這筆錢。

領悟「會走路的錢」

不過我一直是愛學習的好孩子，功課對我來說從來不是一件難事。如果在飢餓狀態下都能考前幾名，肚子能吃飽的情況下，學習有什麼難的呢？可惜當時大學學風不好，對於多數畢業生而言，學習成績好壞對未來沒有什麼區別，因為前途取決於畢業分配，畢業分配一方面取決於籍貫，你從哪裡來，就可以回到哪裡去，另外一方面取決於和班主任的關係，關係好可以留在大城市，關係不好可能被發配邊疆。

既然畢業後工作是分配的，命運跟學習無關，大學生們忙的事就變成了跳舞、談戀愛和打麻將。我不這麼想，我覺得學習更多知識總會有用，當大家忙著跳舞、打麻將的時候，我把大部分時間都花在圖書館裡，看各種閒書。

當時我看到一本對後來投資理財非常有用的書，那是一本梁曉聲的小說。小說的故事我已經忘了，當時書中提了一個概念，就是「錢是會走路的」。作者用自家經歷描述財富會轉移的現象，即使你把錢壓在箱子裡，換成金銀首飾放在保險櫃裡，都擋不住錢會像長腳一樣走來走去——一個人的財富，會走到另外一個人的口袋裡。

我當時沒意識到這本小說對我的影響，連書名也想不起來了，只記得書中「錢是會走路」的討論。十幾年之後，我把「會走路的錢」這個概念應用在房地產、股市，獲得不錯的成果。**每一份知識都有用，勤勞獲得知識的人，終將得到回報。**

令人嚮往的新世界

大學畢業後我選擇攻讀研究所，一方面是我對「知識」非常渴望，另一方面中國在一九八〇年代末經歷嚴重的政治動盪，沒什麼像樣的工作給大學畢業生。

讀研究所時，我的經濟狀況有了進一步好轉。母親除了有一份薪資收入，還開了一間小雜貨店，賣一些菸酒糖茶生活日用品，生意很清淡，有時半天營業額只有十元，一個中午等不到一個顧客。但是母親還是捨不得回家睡午覺，寧願趴在櫃台上打瞌睡，也不放過任何一筆生意。

當時國家給研究所學生的補助是每個月七十多元，每個城市戶口居民還有糧油補助，大概是二十多元，兩筆錢加在一起，我一個月固定有一百元收入，還是老辦法，我會把三十元存下來，花七十元。

還有，我那個時候也有外快可以賺了，可以幫教授做一些現場測試的工作，幹一天活差不多能賺一、兩百元。於是第一個學期結束，寒假回家的時候，我居然存了一千元，那是我第一次擁有一千元，開心極了。

有了這一千元，我獲得一定的安全感，生活不再那麼拮据，開始買更多書。印象最深的是，我經常去外文書店買影印盜版書，當時中國改革開放剛開始，這些原文書籍價格太貴，多數人根本買不起，盜版書變成一般人睜眼看世界的途徑。

盜版英文書裡面，我讀得最多的是《讀者文摘》，今天看來簡單的通俗讀物，在當時卻打開了另一扇門，讓我看到不同的世界，這個世界就是美國，讓我嚮往又好奇。我買了一張美國地圖，掛在寢室牆上，同學們問我，你要出國嗎？我搖搖頭說不是，只是好奇，想看看另一個世界有哪些城市？有哪些山川與河流？

慘賠的投資經驗

我這一千元並沒有用來消費，因為中國那個時候發生另一件事情，就是成立了股票交易市場。中國股市一開始交易很清淡，幾乎沒什麼人買股票，深圳交易所成立後開始有人學習香港炒股，帶動股市投資熱潮，漸漸有深圳人拿著行李箱、提著現金到上海，大肆購買僅有的八支上市股票，掀起上海股市的第一波狂飆與泡沫。

我當時在上海讀研究所，所以經歷這個瘋狂泡沫的每一個細節。當時每個人都在眉飛色舞的談論股票，我有個同學從家裡拿幾萬元來買賣股票，我每天到他寢室裡，請教他買股票的經驗。

應該說當時大家對證券市場是一無所知的，總是憑藉過去的趨勢去猜測未來，看見股票一路高漲，就會覺得未來也會一路高漲。我當時對股票的唯一知識，來自茅盾寫的小說《子夜》，我不知道小說中的老闆到底是怎麼投資股票把自己搞到破產？因為小說裡沒有交代，小說裡只提到他把女兒送給股票大亨，期待可以因此得到一些內線消息。

一九八七年美國發生股災的時候，我們在中國也關注這個新聞，可是當時我最疑惑的就是，股票下跌，為什麼財富就消失了呢？股票不是和賭場一樣，是互相買賣籌碼的地方？有人賺錢、有人賠錢，財富無非就是從一個人的口袋裡轉到另一個人的口袋，這是個零和遊戲，憑什麼說股票下跌了，社會的財富就消失了呢？社會的總財富應該沒有改變才對。

這個問題我百思不得其解。應該說，一九八七年的時候，我問遍所有認識的成年人，沒有人能給我一個信服的答案。直到十幾年後我到了美國，學習證券和經濟學，才知道為什麼股票下跌會讓財富憑空消失。

我那個同學從家鄉借了幾萬元炒股，很快就賺到幾十萬元，然後又從家鄉搬來了更多錢炒股。幾十萬在當時對我來說是天文數字，因為僅僅是幾年前，我還為五分錢而犯愁。

於是我想，能不能用我的一千元也賺到幾萬元？我每天研究《上海證券報》，尋找股市黑馬。每天中午十二點廣播評論股市的時候，分析師總是把股市講得像兩軍交戰一樣熱鬧，寢室裡一群人圍著收音機聽股市評論，幾乎所有人都不會去看一家公司的財務報表，因為也看不懂，大家基本上都是跟風和憑想像，用真金白銀去賭博。

這個現象幾十年後依然如此，你會發現很多沒有受過任何訓練的人，甚至連財務報表也看不懂的人，每天追高殺低，把股市當賭場，認為自己可以透過投資股票賺到錢。

後來我在美國讀到一本書叫作《金融怪傑》（*Market Wizards*），作者訪談十幾個短線炒股和投資期貨賺錢的人，讓他們總結自己的投資經驗，這本暢銷書試圖給短線操作的新手忠告：「**如果你熱愛短線投資，最好在你很窮的時候開始。**」**反正會血本無歸，因為你很窮，不會損失太多，但可以積累很好的經驗**。

我當時沒有讀這本書，不知道投資股票到底是怎麼回事，只是看著別人賺錢，自己也想賺錢。我興致盎然的跑去證券公司開戶，證券公司營業廳裡人山人海，擠都擠不進去，每個人把錢當衛生紙一樣，一疊一疊的放在櫃台上。

我拿出微不足道的一千元，十張鈔票，遞給櫃台工作人員，讓他們幫我開一個帳戶，工作人員輕蔑的看了我一眼，似乎在說這點錢你還好意思拿出來買股票？當時我已經不像十三歲的時候臉皮那麼薄了，心裡想著，別瞧不起人，最後誰會賺錢還不一定呢？開戶那天，大盤指數剛剛下跌五%左右，根據以前經驗，每一次回檔都意味著下一輪更猛烈的上漲。

站在我旁邊的是一個看上去很老到的中年人，我問他未來是看漲還是看跌？他說不確定，我還不屑的跟他說：「有什麼不確定的，你看看之前十幾次，每次下跌五%到一〇%，後面馬上就會再漲個三〇%到五〇%，有什麼道理讓未來突然變得跟以前不一樣了呢？」我的神奇理論一下子讓他愣住了。

開戶當天，我把全部的資金投入，買進氯鹼化工。氯鹼化工是一家什麼企業其實我一無所知，只知道當下大量的物資短缺，而生產這些物資需要大量的化工原物料，買氯鹼化工肯定不會錯。另外一個同學買的是輪胎股票，每天跟我們吹噓他的英明決策，說你看看中國汽車普及率這麼低，變成已開發國家要生產多少輪胎，買輪胎肯定不會錯。

今天看來這些想法看來幼稚而可笑。一家公司經營有各式各樣的風險，公司的未來取決於政策、團隊、市場、金融各方面綜合因素，你憑什麼肯定這家公司是有希望的呢？又怎麼知道當下的股價是否合理？

股市最神奇的一件事情就是，你買入某家公司股票之後，就會開始下跌，你買之前永遠在上漲，好像一切都是針對你來的。我買入的氯鹼化工也不例外，在後面很長時間裡，我都是堅定的持有者，不願意賠錢賣出，因為那每一分錢都是我辛苦賺來的血汗錢，我怎麼捨得割捨？不認賠的後果就是愈陷愈深，財產從一千元跌到九百元，最後變到只值五百元。

我的第一次股票經歷非常符合炒股經典案例。首先是信心滿滿入場，覺得明天就可以翻倍賺錢；然後安慰自己，這只是市場的小波動，還會漲回來；接著否認現實，不再看市場價格；最後慘跌超過五〇%後，開始找外部原因，誰害了我？都是那幫證券公司的錯，都是政府的錯，壓根兒就不應該有什麼股市，都是騙子。

我和所有股市被套牢的人一樣，從來沒有把我的虧損告訴任何人。股市裡只有勝利者，沒有失敗者，因為只有勝利者會誇誇其談，失敗者都默默無語。

再次面臨缺錢困境

我的第一筆股票投資就這樣一場空，既然一夜暴富的夢想沒有實現，還是老老實實存錢過日子吧。我依舊把三分之一的收入儲存起來，很快我的金庫又有了一千元。

研究所畢業後，我用存款租了間房子，買齊家用必需品，開始第一份工作和生活。一九九〇年代中期的中國是一個收入快速成長的時期，我大學畢業時，大部分人的薪水是一百元，等到研究所畢業，大部分人的薪水已經超過一千元了。我第一份工作的基本薪資是一千五百元，加上獎金和一些績效加成，每個月大概有兩千到三千元收入。

我依舊保持習慣，把三分之一的錢存起來。我不知道存錢是為了什麼？我沒打算結婚，也沒有打算買房、買車，存錢已經變成生活中的一種常態和習慣。當時上海房價對我來說是天文數字，印象中，上海徐匯區當時的房價每平方公尺*約五千元，我工作一個月不吃不喝，也只能買〇．五平方公尺。

*台灣計算房屋面積以「坪」為單位，中國採「平方公尺」，一坪約三．三平方公尺。

一個偶然的機會，我一個大學老師問我，願不願意去新加坡留學？我說我沒有考GRE，也沒有考托福，不過英語還不錯，如果不用考試就可以出國去看一看當然好，那個老師很快幫我聯繫好，新加坡大學給我的獎學金是每月一千五百新元，我很高興，換算下來每個月有人民幣九千元。

出國留學第一大困難還是錢的問題。因為我剛畢業不久，所以要繳給國家教委「教育培養費」，我讀了四年大學、兩年半研究所，總共要退還一萬五千元的教育培養費，更不幸的是，畢業工作的時候，學校已經向我的工作單位收取了這筆費用。主管說，你要走可以，但要把一萬五千元退還給公司，我開始漫長的溝通，最終順利解決。

靠自己開創未來

來到新加坡的時候，我幾乎又是身無分文，所有存款都拿去繳培養費了。我在一片夜色中進入新加坡，當時感覺國外好極了，熱帶植被很茂密，空氣很清新。

不過一開始入學又不順利，新加坡大學的學生註冊辦公室需要我提供大學成績單，我給他畢業證書正本，對方說不行，要英文版的成績單，否則辦不了入學手續，無法入學，我就沒有辦法拿到獎學金，錢又開始變成一件讓我犯愁的事情。

我趕緊打電話給大學同學，請他幫我申請成績單，當時電話費很貴，我在一片慌亂中把需求說完了，因為沒錢，又硬著頭皮找學長借。借錢的滋味不好受，這又給我上了一課，就是一定要存錢。

隔了兩個月，終於辦好入學手續，我拿到獎學金，還了借款，生活安定下來後，我發現大家都在忙著申請美國的大學。我的同學們，特別是從中國來的同學，大部分都是申請美國大學沒有成功，才選擇到新加坡，這點和我很不一樣，我從來沒有想過去美國。

不過既然大家都在準備申請美國大學，我也跟著準備GRE和托福考試。我的考試成績非常理想，GRE和托福幾乎都考了滿分，學長對我說，你應該請一桌子人吃飯慶祝一下。我沒心情慶祝，倒是有些懊悔，早知道考GRE這麼容易，我應該在大學就準備出國了，不至於轉這麼大一個圈子，浪費這麼多年時間。

我在新加坡的生活費差不多每個月一千新元，其中四百新元用來租房，剩下來的是吃飯和零用，存下來的錢，幾乎全部用來準備申請美國學校。我在新加坡沒有待很久，拿到美國大學的錄取通知和簽證後，就退學回中國，陪母親生活一個月就準備趕往美國了。

等我買好機票、收拾完行李後，再次一貧如洗，囊中空空，口袋裡只有兩百美元，就踏上了去美國的航班。可是我不緊張，也不擔心，雖然一窮二白，但是我年輕，有自律的習慣和艱苦奮鬥的精神，當時我讀過的所有故事幾乎都告訴我，美國是個激勵人奮發向上的自由土地，只要你聰明勤勞，就能闖出一番事業，我要到這片新的土地上生活，開創未來人生。

03 人生第一筆財富

在你年輕的時候，每一次挫折和失敗都是有益的，經歷了貧困生活的人才會格外珍惜財富帶來的生存自由，連炒股這樣的經歷也最好在你最窮的時候開始。

到機場來接我的同學是一個姓宣的北京人，他父母是北京某大學的老師，家境不錯。老宣人曬得黑黑的，猛一看，挺有美國華僑的樣子，我看到他的時候就想，是不是過幾年自己也會變得一樣黑。當時是網路泡沫漸漸形成的時候，高科技產業正如日中天，他一邊開車，一邊意氣風發的跟我說他在美國的好日子。

老宣比我早兩年來到美國，但已經開著新車。車還是小意思，關鍵是他馬上就要從電腦工程專業科系的碩士班畢業了，目前在一間Lucent網路公司實習，而且畢業不用找工作，Lucent原則上已經錄用了他，年薪六萬美元。

說完這個，他吹著口哨說自己還沒想好是否去Lucent工作，因為就業市場實在太好了，他最近幾次去其他州面試工作，應聘單位都專門派加長的林肯Limousine到機場接他。那個時候找工作不是問題，因為高科技公司搶著招人。

老中的理財經

從機場到學校的路很長，要一個多小時。老宣講完他的美好生活，開始給我上第一堂美國理財課，這幾十分鐘的理財課讓我獲益匪淺。幾十年後的今天，當我回憶往事，除了感謝他在我絕望之際來接我，還有就是這幾十分鐘的理財課。老宣語重心長的告訴我，在美國管理個人財務，一定要做好這幾件事。

第一，要累積自己的信用紀錄，提高和保持自己的信用分數。我需要盡快去辦一張信用卡，然後每個月按時付帳單。他提醒，信用卡一定要全額付清，不要欠款，一旦欠款就會利滾利，愈滾愈多，不要讓銀行賺走任何一分錢。如果哪天實在忘了按時付款，記得趕緊打電話給銀行解釋，不要留下不良紀錄。

第二，他告訴我，最好買一輛五年新的日本二手車。在美國沒有車會寸步難行，五年新的二手車有幾個好處：比較可靠，所以維修成本較低；五年的二手車不用買全額保險，只需要基本責任險，保費會便宜一半。此外，日本車比較省油，最重要的是，日系二手車很保值，折舊相對比較慢。

第三，他告訴我美國各種人工費用很高，所以手腳要勤快，能自己做的事情不要請別人做。

第四，美國金融體系發達，買什麼都可以貸款。事實上，這非常坑人，因為這些貸款造成了超前消費，讓你買了本來無力消費的東西。最好的策略就是，除了房貸不要有車貸和任何消費貸款，永遠做到現金買車、貸款買房。

第五，美國最賺錢的行業就是律師和醫生，所以有事沒事，千萬離律師和醫生遠一點，不要陷入各種官司和不良生活習慣。

後面老宣又絮絮叨叨的說了很多事情，有一條我記得的是他說美國是一個資本主義國家，所以最重要的就是擁有資本，他舉了一個例子，令我印象深刻。老宣說他拿到了Lucent的錄取通知，年薪六萬美元，聽起來可能感覺不錯，可是在微軟工作的工程師們，壓根兒不在乎薪資收入是多少，他們更大的財富來源是股票。到美國，一定要學會怎麼投資，不能只存錢，股票市場才是財富成長的地方。

我幾年前有過中國股市的深刻教訓，還處於談股色變的階段，對他這句話有些半信半疑。

老宣這一路給我上的理財真經，我再也沒有從其他地方聽到過，歐美文化對錢相關的事情非常隱私，大家既不談如何花錢，也不談彼此各自賺了多少錢，更不要說怎麼管理錢了。

這幾條簡單的道理，比書本上長篇大論的知識要實用和重要得多。美國是一個民族的大熔爐，有的族裔經濟上相對成功，有的族裔一直過得困難，往往和文化有關。大部分勤勞、節儉的民族日子都不錯，再具體一點，就是在花錢和財富管理這些事情上，日子過得好壞，和能否遵循老宣這些簡單的生活道理有一定關係。

窮學生的日子

經過老宣一番鼓勵，我對自己的就業前途和生活願景充滿信心。未來很美好，可眼下的生活很骨感，仰望星空的同時，每天都需要腳踩大地，錢是當時我面臨非常實際的問題。我帶來的兩百美元，在買了一些基本的生活用品之後，所剩無幾。老宣很幫忙，沒和我要第一個月的房租和押金，他說不著急，等獎學金發下來之後再還錢。

即使這樣，我第一個月的生活費也只剩下五十美元不到，男子漢大丈夫，向人借錢是一件很羞愧的事情，我得想辦法熬過第一個月。很快有其他中國同學到來，週末時帶我們去超市買菜，這個城市中國人不多，大家都很親切的互相幫助。轉了一大圈，我除了豆腐、米和一些沒什麼肉的大骨頭之外，什麼都沒買，連五十美分一瓶的醬油都捨不得買，我想有鹽應該夠了，因為手上的錢實在不多。

一九九〇年代末是中國留學生在美國生活轉折的分水嶺。在我之前來的中國留學生，無論有沒有學校獎學金資助，清一色的去餐館打工，哪怕你有獎學金，週末也會抑制不住到餐館工作幾天，因為那個時候中國太窮了，在餐館打工一天賺的錢，就相當國內一個月的薪資。

我來美國的時候，漸漸出現有獎學金資助的學生們不再需要打工的情景，我就沒去餐館打過一天工，主要原因是中國變得富裕了一些，大家不再需要海外親戚購買家電用品寄回中國。

儘管我身無分文，可是我沒有欠下任何學生貸款，很多看起來比我瀟灑有錢的美國學生，讀大學時已經欠了一屁股債，而我連中國大學的培養費都靠自己的力量還清了，我可以驕傲的說學費都是自己賺的。不過，當時我對美國學生的經濟狀況，特別是負債情況並不是很了解，覺得自己是美國社會最底層的赤貧階層，其實我比欠了幾萬美元的人更富有。

我在美國頭半年的生活用品，一部分來自二手物品商店（Salvation army），我第一輛自行車是和另外一個同學一起買的，半新的兩輛自行車總共十美元，有了自行車，我們就可以去逛庭院二手市集（Yard sale），碗、檯燈、廚房用品、鏡框、筆記本、溜冰鞋這些東西幾乎都是用一美元、兩美元買來的，有些東西用了十幾年還沒壞。

我喜歡逛二手物品商店和二手市集的習慣持續了很多年，即使後來我的家庭收入一年有十五萬美元，週末時還是喜歡去二手市集逛逛，但我給自己立下一個約束：每買進一樣東西，就必須扔掉一個同樣大小的東西，比如買進一件衣服，必須清出去一件，買一件家具，家裡也要丟一件家具，一方面可以保持家裡寬敞的生活環境，另外一方面，可以抑制自己的衝動消費。

很多消費如果仔細分析，其實都是在享受購買和擁有的那一刻心情，「需求」是被想像出來的。女士們，你真的需要那麼多鞋、那麼多衣服嗎？男士們，你真的需要那麼多電子設備嗎？仔細看看，家裡有多少東西十幾年都沒有碰一下了？

努力爭取獎學金

來美國的第一學期，我擔任一門專業課的助教，可能是我GRE和托福分數比較高，讓學校覺得我即使沒有美國的生活經歷，也可以勝任這個角色。但我對自己的口語不甚滿意，我怕對不起推薦導師Michael對我的期待，工作得格外努力。

這些努力一方面是我想把工作做好，每個人多數時候，都渴望獲得周遭人對自己的認可，這些認可會成為進一步努力工作和額外付出的動力，一旦進入正回饋，一切都變得順利而容易。另一方面，來自財務的壓力，我不得不把這個工作做好，因為我需要建立口碑，學校給我的助教工作只有一年，第二年我必須找到研究助理的工作，才能支付學費和生活費。

Michael在第二學期一開學，告訴我另外一個學院有一個研究助理的位置在招人，我毫不猶豫就決定去申請這個工作。很多博士生在申請研究助理時，會想著和他們的研究興趣是否一致、是否對博士論文有所幫助，我沒有這樣的奢侈條件，因為研究助理和全額資助對我來說像呼吸一樣重要，一口氣都不能斷。

面試的時候，很多學生拿著自己的簡歷應徵。我去之前，把面試教授要做的研究內容弄明白之後，花了一星期時間，把實驗室的改造方案在紙上畫出來，把實驗室改造計畫、預算、日期安排都寫好，列印出來裝訂，面試時，幾句話介紹自己，就把這些資料往她桌子上一放。

這位教授幾乎沒有問我任何簡歷上的問題，而是花了一個多小時和我討論我寫的實驗方案。面試出來，我知道這個工作我肯定拿到了。到美國的第二學期，我選了四門課，同時還要兼助教和研究助理的工作，助教和研究助理的工作每週都是二十小時，但按照移民局規定，我的兼職工作不能超過每週二十小時，所以研究助理的工作我沒要錢，和聘雇的教授說，我先免費幫忙做。

這份研究助理工作涉及整個實驗室的改造。第一件事情，就是把原有的實驗室一分為二，要打造一面長四公尺、高三公尺的牆，我沒有請承包商來整修這面牆，因為我覺得這是鍛鍊自己能力的好機會。

這個經驗對後來自己裝修房子有很大的幫助，年輕的時候多吃些苦，多學習一些東西，肯定不是壞事，雖然那時候我沒想到自己以後會投資房地產。實驗室的改建涉及牆、吊頂、架空地板、通風空調系統，經歷過這樣一個大改造工程，最大的收穫是我不再害怕任何和房屋裝修有關的事。美國的房屋多半都是木質結構，大部分裝修都是簡單的木工活，可以憑一己之力完成。

我花了半個學期的時間改造實驗室，雖然沒有額外收入，但我覺得收穫很多，更重要的是，我和未來的導師建立了信任和默契，讓我一直有比較穩定的研究助理收入，在整個念書期間，不用再擔心錢的問題。

年輕時不要太在意一時的得失，有機會讓別人欠你一些人情肯定是件好事。俗話說「先做人，再做事」，就是這個道理。

兼職賺外快

當時我一個月的獎學金收入約一千兩百美元，扣除基本房租、水電和飯錢之後，每個月可以存五百美元，十個月後，我存了四千多美元，有足夠的錢去買第一輛汽車。買車時銷售人員總是會問你：每個月可以負擔多少錢？他們會幫你反過來計算，應該買什麼價位的車。這種不看總價，只看每個月能支付貸款的能力，是車行最容易做手腳的賺錢方式。

我想起老宣那五條理財真經：買車不要貸款，所以我沒有理會銷售員的話，我就是要現金買車，也不告訴對方我有多少現金，最後我買了一輛五年新的Honda Civic。有了車，我迅速提高生活品質，不用再靠別人幫忙去買菜，我還可以幫助別人，讓自己認識更多人，擴大交際圈，因而兼職賺一些外快。

印象最深的是一個錄音的兼職外快，有位台灣人撰寫一本給美國人和西方人用的中文學習教材，他在找一位中文發音標準的人，錄製教材中的對白。看到廣告我立刻打電話過去，我告訴對方，我的中文很標準。那個台灣人問我，你是北京人嗎？

我說我不是，但是北京人的國語其實並不標準，有很重的兒化韻，而且很多兒化韻是多餘的，另外，北京人說話的誇張腔調和油滑語氣，也不應該是中文教材使用的標準發音模式。可能是我說的道理打動了對方，他同意我去錄音棚裡試音，一個小時十五美元。

我對每小時十五美元的收入並不是特別在意，只要有錢賺就可以。錄音持續了一個多月，我賺了一筆不大不小的外快，大約五百美元。我也學到了一些新東西，例如如何控制說話的語氣和語速、如何控制呼吸，做到不帶任何一點地方口音。最重要的是有這段經歷之後，我對自己的聲音更加自信了，想到教材裡，我的聲音能夠被眾多的中文學習者反覆聆聽和模仿，就很開心。

實習存到一萬美元

我用了一年半的時間，幾乎以全A的成績修完博士畢業需要的課程，我覺得很大的原因是，當時我相對貧窮，沒有安全感，所以需要格外努力。我和很多中國學生一樣沒有退路，我們並不打算畢業後回到中國，所以需要好成績和口碑，幫助我們在美國找到工作。

實現目標，往往都是在所處的環境與自身互動過程中漸漸做到的，如果你有某個目標，成敗的關鍵是能否給自己創造這樣的環境，我大約是在此時明白這個道理，這讓我後來制定「十年一千萬美元」理財計畫的時候，決定先營造這樣的環境和期待氛圍，推著自己一步步實現目標。

換句話說，悶聲做不了大事，**要實現某個理想和目標，最好的辦法就是把這些理想和目標公布出來，你才會感受到周遭人的壓力，會讓你更加努力實現目標與理想**。

我的助教工作第二年就結束了，因為有好口碑，有一家挺不錯的諮商公司到我們科系招聘實習生，Michael極力推薦了我，當時十幾個學生一起去面試這個實習機會，最後被錄取的只有我一個。當然，在美國要出去工作，沒有車是不可能的，幸虧我第一年存錢買了一輛車，讓自己有這方面的自由。

有了實習工作，我的收入進一步提高了。讀書時我賺兩份錢，一份是每週二十小時的研究助理，一份是每週二十小時的實習工作，移民局簽證的規定，全職讀書的學生每週工作最多不能超過二十小時，但是有一個CT課程訓練（curriculum training）例外，CT許可申請批下來之後，我就去公司上班了。

工作內容對我來說一點都不難，不過那個時候我第一次比較深入的接觸到美國中產階級生活，對他們的財務狀況有所了解之後，感到有些吃驚，美國中產階級比我想像的窮很多。我在諮商公司的工作搭檔是大衛（David），和我關係很好，第一次拿到薪資單時，我看不懂，因為很多名目東扣西扣，領到的薪水比預期少很多，於是找他請教。

他詳細解釋每個扣款項目：聯邦稅、州稅、失業保險、社會保險、健保（Medicare），401K退休計畫，聽我抱怨美國的稅太多，他把自己的薪資單拿出來，給我看他繳了多少稅。我看到他當時的薪資大約是一個月四千美元，他大學畢業就工作，年薪大概是五萬美元，七七八八扣下來，每個月到手的錢不到兩千五百美元。

我的兩份工作，每個月到手的淨收入竟然比他高一些。我沒問他每個月可以存多少錢，但我看得出他基本上是一個月光族，他住的公寓每月租金一千兩百美元，還要支付各種生活費和汽車貸款，還要出去玩，我估計他平時一塊錢也省不下來。我卻可以省很多錢，每個月可以存將近一千五百到兩千美元，因為學校的收入不需要扣除各種社會保險和養老費。

收入再高，如果每個月沒有結餘，什麼都不屬於你，相反的，即使收入低，但是如果能控制支出，能有結餘，就會有一池子的水屬於你。在電子支付還不發達的時候，你的錢至少還能在銀行稍作停留，享受一下大手一揮、開支票的快感。電子支付發達後，銀行只會給你一個帳單，你辛苦賺來的錢轉瞬間又出去了，好像你不曾擁有過那些錢。

那個時候，我還和大衛爭論了一下，退休金和社會保險的必要，我說這是一個沒有道理的荒唐事情，社會保險等於是年輕時，把每個月賺的錢交給政府，指望老的時候政府來養我，為何不能變成我每個月存錢，老的時候自己養自己就好了。經過政府這一道手續，效率肯定低。

401K退休計畫也是一件荒唐的事，我為什麼要把錢交給公司指定的管理計畫，按照基金公司規定買股票，為什麼不能自己存錢、自己管理？那些職業經理人怎麼可能靠得住？這世上，沒有人比你對自己的錢更加上心。反正我當時既不用扣401K退休計畫，學校收入也不用扣各種社會稅金，所以錢包鼓鼓的，我要把錢捏在自己手裡，也要把命運捏在自己手裡。

實習了半年，我手上差不多有了一萬美元，看著銀行裡的存款，我內心非常激動。手上有糧，心中不慌，我不用特別擔心下個學期沒有獎學金，我可以自己付學費。

當然不是所有的事情都一帆風順。學習本身不是件難事，我的博士論文也進展順利，實驗室大大小小的事情我都可以搞定，唯一搞不定的就是我的英語。我用了兩年半完成博士論文多數內容，可是我幾乎用了一年半的時間撰寫，怎麼寫都不順暢，我的導師也頗有怨言，她幫我改過我寫的期刊論文，但是大論文是我唯一署名的作品，需要自己解決。

我只好辭去實習工作，開始努力撰寫論文。沒了實習薪資，我的收入一下子減少很多，每個月只能存五百美元，一直到畢業都是如此。我也開始寄一些錢給母親，直到畢業，我手頭的存款一直保持在一萬到一萬五千美元之間。

財富的差異

我的生活也不是一直慘兮兮的只有存錢和繼續存錢，生活安定之後，我很快迷上各種戶外活動，冬天最喜歡滑雪，夏天的時候，我和老宣經常一起去釣魚，我還經常去周圍爬山，有了車，我把附近國家公園都逛了一遍。週末的時候，我還喜歡做一件事，就是到市中心聽歌劇，門票並不貴，因為不是什麼大牌歌星，只是當地一些表演者的演出。

我還做一件事情，就是更大量的閱讀書籍，週末我喜歡從圖書館借一疊書，把自己關在屋子裡一口氣讀完。當地一間二手書店也是我經常去逛的地方，大部分二手書籍只要一、二美元，這些閱讀讓我進一步開闊了視野。

我說這些，並不是想說自己多麼會過日子，其實快樂與否和錢的關係並不是很大，大部分娛樂活動不需要太多花費，有錢的時候可以花多一些錢，沒錢的時候可以花少一些，獲得的快樂，差別不大。同樣一本書，新書可以賣二十美元，舊書可以賣二美元，一本好書就是好書，新書還是舊書，早看還是晚看，差別不大。

當時我在圖書館裡借閱的書籍很少和經濟有關，除了存錢，我當時對投資理財一竅不通。研究所辦公室經常放一份當地報紙，報紙最後兩頁，密密麻麻印著各種股票的價格，很多學電子工程和電腦的同學興奮的談論著各種股票，我對美國所有的股票都一竅不通，報紙上的代碼對我來說如同天書一樣。

但是因為大家對股票有很高的興趣，中國學生學者聯誼會還辦了一場股票投資的講座，當時一家業者過來進行投資教學，順便進行一些廣告宣傳工作。

那次廣告宣傳內容，和我之後看到所有的基金投資廣告宣傳基本上都是同個套路。開場白就是告訴你複利有多麼重要，如果你每個月投入幾百元買基金，連續堅持二、三十年，就會獲得多麼豐厚的回報，然後就鼓勵大家購買他們的基金，如果是退休保險產品的公司，就開始鼓勵大家購買他們的退休保險。

當時來介紹的是兩位剛畢業的人，大概也沒有什麼經驗，反正知道我們都是窮學生，不期待能賣出什麼產品，公司就派年輕人來鍛鍊一下。聽眾席裡有兩種人，一種是我這種一竅不通的傻瓜，還有一種就是已經開始創業的人，印象中，當時一個中國人問公司需要達到什麼規模才能在納斯達克（Nasdaq）上市？那兩個來推銷基金的人顯然不知道如何回答這個問題。

當然我也很震驚，我剛為自己存了一萬多美元就沾沾自喜，而周圍的中國人都有公司都快上市了，人和人怎麼差距這麼大呢？那位發問者來美國也不過六年，我想早點畢業，趕緊去工作，我覺得危機就在眼前。

那個時候我每週看《時代》雜誌，這個習慣我已經堅持將近二十多年。二〇〇〇年前後有一篇文章我印象很深刻，文章說這個時候再買網路公司股票的人，和參加邪教組織沒有什麼區別。參加邪教組織的人完全被洗腦，不會聽從朋友和親戚的任何勸阻，把所有身家性命拿去給邪教，當時網路公司如此高的估價，還相信股票會一漲再漲的人，和參加邪教、傳銷組織的人一樣，已經沒有辦法講道理，只能看著他們自取滅亡。

就業危機降臨

這篇文章簡直救了我，後來很多年裡我一直特別關注《時代》雜誌關於經濟類的文章評論。《時代》雜誌不是一本財經雜誌，不常寫財經方面的評論，經常半年、一年，甚至兩年才出一篇，但是每次對大趨勢的判斷都很準確。

我是從這篇文章學到二〇〇〇年的網路泡沫。二〇〇七年，《時代》雜誌寫過關於房地產泡沫的警惕文章，二〇一二年前後，《時代》雜誌出過一篇文章，告訴大家經濟會持續繁榮下去，那篇文章還寫了一句幽默的話，說這個持續的繁榮千萬不要讓普通民眾和外國人知道，不然會招惹很多熱錢湧入股市，導致泡沫崩潰和經濟危機。這些年我一直拿《時代》雜誌的經濟評論作為對大經濟形勢判斷的一項依據。

網路泡沫在千禧年電腦病毒危機平安度過後達到頂峰，我當時覺得一定要趕緊畢業，在大蕭條降臨之前找一份穩定的工作。這個判斷是正確的，幾乎就差了半年，就業市場發生翻天覆地的變化，從滿地都是工作到一個面試機會都找不到。

我的論文口試還沒有正式結束，我就和導師說我需要趕緊去工作，不然後面再也沒有工作機會了，她似乎很理解我，當我把論文草稿交給她的時候，就同意我先出去面試，再口試。我非常感謝我在美國一開始遇到的兩位導師，他們都不是把自己利益放在前面的人，不會無視他人的情感和得失。

二十年的教訓

當然在這麼巨大的網路泡沫面前，我也不是沒有幹傻事，當時我讀了厚厚一本中國人寫的美國投資理財的書，書名我已經忘記了，這本書介紹美國的稅法以及401K退休計畫、個人退休帳戶（IRA）*、Roth IRA、養老保險這些退休理財產品。這本書是我對美國各種退休計畫的啟蒙書，但不是一本好書，內容只介紹相應的法律條款，並且推崇幾乎所有避稅和延稅的退休養老計畫，整體建議就是基金產品早買早好，多買多好。

我按照書中建議去當地一家基金公司開了一個帳戶，那家公司是在網路時代赫赫有名的一家基金公司，和富達（Fidelity）這樣的百年老店不一樣，這家基金公司的口號是「因為專注，所以專業」，他們每檔基金涵蓋的公司數量比傳統基金少很多，所以在網路泡沫時代連續保持十餘年的高報酬。

開戶當天剛好有一檔新基金認購，門口人山人海，排隊排了半個多小時才輪到我。我當時是和女友一起去的，櫃台給我看了一個基金介紹手冊，那些基金長長的名字，讓我實在無從判斷哪檔基金好，我女友更加天真可愛，她說手冊上這個基金經理人長得帥，估計比較可靠。

各類基金說明上，除了基金經理人的頭像，實在看不出其他任何有用的資訊，因為每個都寫了一堆好聽的話，像是重視成長、平衡、穩健，要不就是資深業務員，歷練多年。人和人溝通，如果你沒看懂或者沒聽懂，很多時候是因為說明的人不想讓你看懂和

* Individual Retirement Account，簡寫 IRA，美國享有稅務優惠的個人退休儲蓄帳戶，發展至今市場上 IRA 帳戶的形式有很多種。

聽懂，基金公司就屬於這類，喜歡說似是而非的話。我覺得相信那些基金手冊上的話，和看基金經理人帥不帥差不多，所以就聽女友的話，找了一個最帥的小夥子操盤的基金投資。

女人喜歡帥哥，男人喜歡美女，這是生理的本能，我們第一次選基金的時候，對美國證券市場的了解程度，基本上就是這個水準，我和女友唯一不同的地方就是，我知道那些基金介紹都是胡說八道的廣告宣傳，而她卻天真的相信，她和我爭論，美國法律監管得很嚴，和中國股市不一樣。

我沒什麼證據反駁她，只是隱約覺得不信。開戶的時候，因為是在四月十五日報稅之前，所以可以用前一年和當年的免稅額度，我買了兩年的額度，一共四千美元。雖然當時知道股票泡沫嚴重，經濟危機隨時會來臨，但是女友說，這些都是專業基金經理人，他們知道如何處理風險，我剛想反駁，她接著說，你懂的股票知識，比起他們差遠了，你才來美國幾天，人家都是久經沙場了，百年老店，什麼經濟危機沒見過。

那四千美元的投資結果可想而知。網路泡沫崩潰的時候，每個月寄給我的對帳單都顯示資產逐月縮水，雖然我的錢在縮水，基金公司每個月的管理費照收不誤。我心想他們把我的投資弄賠錢了，我沒找他們要補償就不錯了，還好意思扣管理費，可是這道理沒有地方說。

我看著錢愈來愈少，最後跌到一千美元不到的時候，忍不住看了一下基金持有的股票到底是什麼？然後發現基金持有的都是那些連我都知道會破產的網路公司。如果考慮風險調整收益（risk adjusted return）的話，這些基金經理人從來沒有打敗過市場，股票泡沫即將來臨的時候，他們也不會把錢轉成現金避險，因為跌了算你的，贏了算他的，他們對於股票公司的判斷不比我們普通人高明多少。

這筆投資我持有的時間最長，因為總額不多，我好奇最終報酬是多少？到底基金公司可以變什麼把戲，我堅持持有了將近二十年，沒有做任何調整，我發現基金名字老是在變，基金公司會把績效不好的基金關閉，再開始一個新的基金，這個新基金每年的報酬看起來就會更好一點，所以你可以在市場上看到大量的股票型基金，宣揚過去十年的平均報酬都是一〇％以上，等你真的買了，就會發現根本不是這麼回事。

我投資的四千美元，持有十幾年之後才打平，又過了將近十年，才變成六千美元。冒了這麼大的風險，二十年成長了五〇％，遠遠低於大盤指數，這樣的投資報酬率令我不滿意，**但基金公司就是利用人的惰性，多數人懶得做出改變，所以我每年都在繳管理費，直到二〇一六年我痛下決心，把投資基金的錢轉出來自己管理**。三年後，我透過自己的投資安排，讓這筆錢成長為五萬美元。

這筆投資我最深刻的體會，就是再一次印證了我的觀點：「沒有人比你更在意你的錢，也沒有人會比你更用心的管好自己的錢。」

二〇〇〇年買完基金後，我口袋裡只剩一萬多美元，不敢再去投資基金和股票。一方面我需要這筆錢應付不時之需，因為我馬上要畢業找工作，另外一方面，我有過氯鹼化工的教訓，知道買股票不是一件輕鬆簡單的事情，美國股市看起來比中國股市更複雜，我不敢貿然投資。

面對高漲的股票市場，最好的應對辦法是藉這個機會，找一份高收入的穩定工作，所以我開始大量投遞履歷，也拜託我認識的每位教授，幫我介紹工作。很快，我就得到了三個工作的錄取通知，性質都相似，都是我專長的工程類研究工作，但公司分別在丹佛、亞特蘭大、舊金山灣區，我應該選擇哪份工作呢？

我知道這次的選擇很重要，因為我已經快三十歲了，這次選擇的城市應該是我停止漂泊、安定下來生活相當長一段時間的城市，一不小心就會有天堂和地獄的差別。相對於中國的畢業工作分配，至少此刻命運是在自己手上，但是我應該選擇誰呢？

04 完成不可能任務

一個人的收入再高，如果不懂得如何存錢，
就像湍急大河裡的游泳者無論怎樣奮力划水，一切都不屬於你。
存錢就像修築水壩，收入再低最終也能擁有自己的清泉。

大部分畢業生離開校園選擇工作的時候，大致上都面臨三種選擇。

第一種選擇，待在紐約、舊金山、洛杉磯、波士頓這類一線城市。大城市工作機會比較多，資訊發達、產業集中，未來職場成長空間大，缺點是生活成本比較高，尤其是居住成本，賺同樣多的錢，扣除生活費用後所剩無幾，生活品質較差。

第二種選擇，待在小城市，也就是中國經常說的三線、四線城市。這些地方土地遼闊，居住成本低，同樣的收入，扣除租金和生活費後，每個月可以存的錢更多。

第三種選擇介於兩者之間，也就是美國的二線城市，例如亞特蘭大、邁阿密、丹佛、奧斯汀，或者是曾經興旺發達但漸漸走向衰敗的區域，例如底特律、芝加哥、聖路易斯。這些地方產業也相對集中，就業機會比較多，但生活成本不像紐約那麼高昂。

大城市？小城市？

我的分類沒有什麼依據，是根據自己印象寫的，舉例說明只是為了方便表達。我的工作機會，基本上就是在三個選擇中挑一個，工作內容和公司前途沒什麼差別，在亞特蘭大是一間財星五百大公司的研究機構，舊金山灣區的工作，也是研究機構的工作，如果在丹佛工作，那裡集中了很多加州遷移出來的產業，也有很多我喜歡的滑雪場。

我像很多人一樣，詢問周圍老師和同學們的意見，但我比較尊重導師的意見。不過很多美國人只會說一些模稜兩可的話，把各種利弊都分析一輪。如果導師直接告訴我答案，責任就在她身上了，沒有人願意承擔你未來好壞的責任。

不過，以前我去過一次史丹佛大學，因此我傾向去北加州。我去史丹佛大學時觀察到一個現象，幾乎所有的人都在討論創業的事情，而在其他美國大學同樣聰明的中國學生，關心的往往只是吃喝玩樂，以及如何平穩畢業、找工作。**我們每個人每天都受到環境的影響，所以年輕的時候，應該選擇一個對自己有更多正面影響的環境。**

我選擇北加州的另外一個原因是那裡物價比較高。是的，也許這和很多人的想法有些相反，但是一個地方物價比較高，說明那裡經濟愈發達。做出決定之前，我還去舊金山灣區看了一輪，因為聘用我的單位希望我過去一下，確保我喜歡那裡的生活環境。我碰到了在新加坡的一個同班同學，他在北加州生活了一年，正打包準備搬往芝加哥。

他說你不要來灣區，灣區不是什麼好地方。我問為什麼？他的解釋是，灣區房價太貴，到處堵車，還跟我分析，他用不到三分之一的錢就可以在芝加哥買到同樣大小的房子。他的選擇可能適合他，但是不適合我，我比他更有奮鬥精神。沿著公路開車，兩邊一眼望不到頭的都是房子，我四肢健康、精力飽滿，當這些房子屬於我之後，房價高對我來說就是一件好事。當然人各有志，當著朋友的面不能這麼說。

網路泡沫破滅

我幾乎是在網路泡沫化前的六個月才把工作確定下來，雖然還沒拿到正式的畢業證書，但是我已經開始上班了。經濟危機來臨前大多數人都可以感覺到，雖然股市還沒有暴跌，影響價格的主要因素已經不再是公司獲利的好壞和基本面，而是政府政策。

當時一個明顯的例子就是聯準會下調利率，股票價格立刻反彈，但是第二天市場似乎才明白，聯準會下調利率預告著經濟危機的來臨，於是股票價格又下跌。市場變成跟著政府政策而動的「政策盤」，每天價格起伏波動都很大，通訊類股一口氣下跌八〇%，然後漲回原本的歷史高點，又崩盤下跌到零。

雖然我不買股票，但我一直從股票價格的漲跌來判斷未來經濟前景，當時在灣區，很多聰明人都意識到一定要找一份穩定的工作，而不是高薪資的工作。我去拜訪一個同學，正巧他在進行電話面試。他說這兩天新創公司全瘋了，給的薪資一家比一家高，有的是八萬，有的是十萬，但是這些公司聽起來一家比一家爛，他都不敢去，因為對於我們而言，丟了工作也就丟了合法身分，在經濟危機就要來臨的時候，誰也不敢冒險。

二〇〇一年初的消費市場，感覺不到經濟危機來臨，我認為經濟蕭條時，消費市場是最落後的指標。年初南灣的同學請我去吃飯，商場裡人山人海，根本找不到停車位，人們通常不會因為預測經濟危機到來，決定今天要縮減的消費，都是失業後才會節約開支。預測經濟最好的指標，其實是富人在做巨額投資的時候在想什麼？他們對未來的預測可以反映未來經濟走向，多數人不會想那麼多，也缺乏自律，都是今朝有酒今朝醉。

我把女友接到灣區，她也開始找工作。當時我們犯的一個錯誤是，都想求一份穩定的工作，避開所有創新公司，找一些老字號的傳統穩定公司。她收到一個錄取通知，是「鋼鐵人」馬克斯（Elon Musk）創辦的公司，當時公司正處於快速擴張，面試時公司只有三十個人，還發給新進員工股票。這份工作被我和女友果斷拒絕，現在這家公司市值已經達上千億美元，這是我們一生中錯過最大的發財好機會。

不過當時市場前景混亂，人們根本無法判斷哪一家小型新創公司會成功，哪一家會失敗？當我們都有了一份穩定的長期工作約後，長長的鬆了一口氣，不用再提心吊膽眼看股市的起起落落，就算發生經濟危機，也和我們沒有關係了。

存買房頭期款

每個搬到灣區工作和生活的人，就像每個去紐約、北京的人一樣，住房成為首要難題。在我讀書的那個小城市，租房子是買方市場，所以我可以挑挑揀揀，到舊金山灣區租房子的時候，房東都是不可一世的樣子，那個時候正是網路經濟泡沫的最高峰，每天都有無數的年輕人湧向灣區。

房租比我之前居住的城市整整高了一倍，我和女友合租一間非常小的公寓，離我上班有四十分鐘的距離，租金一個月一千五百美元，這還是我從很多競爭者手中搶著租下來的，我不想花太多錢在租房上，因為我想把錢省下來，盡快買房自住。

在網路上，租房與買房哪個划算一直是永恆的討論話題，洋洋灑灑數不清的理財顧問發表過意見。不過，對於紐約、舊金山、洛杉磯房價長年持續上漲的地方，租房子永遠是一個虧本買賣，買房子看上去每個月的支出更高一些，但是付出的每一筆錢都在幫你逐漸獲得這間房子，只要房價三十年能漲一倍，付出的錢就賺回來了。事實上，每隔三十年這些大城市房價不是漲一倍，而是漲了五到十倍。

從投資上來看，買房子的好處毋庸置疑，或者更誇張的說，自住房是政府送給你的福利。買自住房有四個最主要的好處：

第一，可以獲得政府大量補貼，房地產稅和房貸利息可以抵稅。租房子或其他投資行為都不可能有這樣稅收上的好處。

第二，其他任何投資，都不可能獲得這麼高額、低利、長期的貸款，股票也可以進行融資交易，但要支付的利息比房貸高多了。

第三，不動產是對抗通貨膨脹最好的辦法，一線城市的土地有限，不可能有那麼多新房子蓋出來。總量一定，又是剛需資產，是對抗通貨膨脹的好方法。

第四，買房子是政府送給你錢。向銀行申請利息五％、三十年期貸款，隨著通貨膨脹，這貸款就跟白送給你一樣，只要看看三十年前大家平均收入是多少，很容易算清楚這筆帳。貸款額度愈高，意味著政府送給你的錢愈多。

房子本身其實也是白送給你，只要拿三十年的資料算一下，用三十年後房子增值的價格減去三十年裡付出的房貸，你會發現，這個差額遠遠大於零，你並沒有為自己的住房花一分錢。我的這些想法不是憑空而來，這是我蒐集舊金山灣區過去三十年房價和收入的資訊做出的詳盡計算。

談到長期投資，沒什麼比買房自住的投資報酬率更高。一九八二年南灣平均房價是十二・八萬美元，平均薪資兩萬美元；二〇〇五年平均房價七十二・六萬美元，平均薪資五・八萬美元；現在平均房價一百二十萬美元，平均薪資二十萬美元。雖然每個人都知道買房自住的重要，但很多人做不到，尤其是在高房價的城市，主要有三個原因。

第一，消費管理自律性不夠，每個月都吃光用盡，沒有辦法存出頭期款。此外，當時灣區很多人希望透過公司IPO*獲得頭期款，但公司IPO有很多不確定性，二〇〇一年股災時，有些中國人IPO賣不掉，可是每年還得按員工認購價繳稅，股票暴跌，

* Initial Public Offerings，指公司首次公開募股，讓股票可以在市場上自由交易。

非但沒賺到錢，反而欠了一屁股稅。

第二，總是期待能找到更低的價格，一廂情願的認為房價不合理，應該下跌，希望自己在下跌的時候再買進。台灣和香港經濟高速發展的時候，都發生過年輕人示威遊行要求抑制房價的事件，中國「牛刀」等名嘴，也是靠年輕人宣洩房價高漲走紅。媒體是非常危險的東西，第一訴求是點閱率，所以總是挑讀者喜歡的觀點發表文章，最終害了很多人，北京地產大亨任志強的話很難聽，可是說的都是實情：「信志強住樓房，信牛刀住牛棚。」

第三，有些年輕人眼高手低，總覺得自己生來就應該擁有世界上一切好東西，而且不需要付出額外的努力。比如有的人覺得自己聰明絕頂，名校畢業，到灣區工作就應該擁有這裡最好的房子、最高的收入、最優秀的伴侶、最好的家庭，在買房子上也會期待自己一步到位，要在最好的學區有一間大院子的房子，屋齡還不能太高。

這些不切實際的幻想，天之驕子的心態，會讓購屋計畫一拖再拖，加上第二個原因，讓一些人錯過很多年的機會，天下沒有十全十美的房子，各種挑剔會讓你一而再、再而三的錯過機會。

有時一個人不想做一件事情時，扭曲現實的能力會讓人感到驚訝，和我同時來到灣區的一個朋友就是這樣。他認為把錢拿去買房地產，這筆財富永遠看得見、摸不著，因為你一直需要有地方住，不能把房子賣掉，所以買房的錢永遠不是你的錢，因此沒必要買很貴的自住房，到便宜的地區購屋就好。按照這個道理，沒必要生活在高房價地區，應該趕緊逃離灣區。

我反駁說，房子可以抵押再貸款，錢可以拿去投資，你也不會永遠住在同一間房子，年輕時也許在這裡生活，老了天知道會在哪裡。他說在一個地方住久了，就不會搬走，這話有點道理，的確很多人一輩子生活在年輕時待的地方。不過退休後可以從比較昂貴的好學區，搬到相對便宜的社區，無論如何，說自住房不是真正屬於自己的財產，是比較奇葩的論點。

我沒有這些毛病，心態也很好，決定要買自己的房子，說做就做。買房子，首先要存頭期款。如果是一個人要存錢，那很簡單，自律就好了，我已經證明自己能夠省下三〇%的收入，無論收入多低，都不是問題。但那個時候我有長期穩定交往的女友，很快將成為我的太太，我需要說服她和我一起存錢。

我太太和我的背景不太一樣，我小時候家境不錯，少年失去父親後，經濟變得非常窘迫，是吃過苦的人，我太太是家庭優渥的人，在她過去的生活經歷，從來沒有存錢的觀念，每個月都吃光用盡，偶爾還欠一點卡債。

在花錢這件事上，我奶奶是在最節儉的一端，我太太是另一種極端，每個人都嘲笑她們過於節儉，或過於大手大腳，人活一世，選擇自己快樂的方式就好。我自己覺得，一個家庭最好的花錢方式，應該是量出為出，就是只買真正需要的東西，現代社會人們擁有的物質太多了，很多買的東西，在沒有被充分利用之前，就被送進了垃圾桶。

為了買房子，我對太太建議，把我們兩個人一半的收入省下來，當時我的年薪是七萬美元，太太的薪資和我差不多，一年合起來的稅前收入是十四萬美元。我的計畫是，我們只用一個人的收入，把另一個人的薪資全部存起來，這樣可以盡快存到頭期款，手上有錢，才可能尋找一個合適的時機買房，手上沒有錢，卻說時機不對，往往都是不努力的藉口。

每月存一半收入

我們把一個人的薪水都省下來，並不意味著一年可以存七萬美元，因為還要繳稅，上班族其實沒有什麼好的避稅方法，扣掉稅金，每年能存下來的錢是五萬多美元，如果自己有小型企業的收入，就可以用各種方式合理合法避稅。

稅法是每個美國人的必修課，這麼多年來，我從一開始兩頁的稅單，到現在將近六十頁的稅單，始終堅持親力親為報稅，報稅是一個很好的鍛鍊，可以幫你總結一年的財務狀況，也可以幫你規劃下一個年度財務計畫。最近十年我的稅單變得愈來愈複雜，不得不請會計師幫我報稅，即使是這樣，我也會自己先填寫，再交給會計師，最後比對一下兩個人的報稅結果。

美國號稱「萬稅」之國，你的年薪聽起來很高，但是要扣聯邦稅、社會保險稅、醫療保險、401K退休計畫，還有州稅和州失業保險稅。發牢騷沒有用，該繳的稅還是得老實繳。除了稅金外，401K退休計畫是最大問題，401K退休計畫是美國政府鼓勵人民為退休做準備的制度，受雇員工在不超過上限額度範圍內，每個月可提撥部分薪水到個人的退休金帳戶，如果按照全額購買，那麼稅前薪資的一半就沒有了。

我把401K退休計畫歷史報酬紀錄拿來計算了一下，有充分的理由說服自己現在購買401k退休計畫至上限額度不划算，雖然美國股市長期是在成長，每年報酬率有八％到一二％，可是同樣的錢如果拿去買房自住，按照過去三十年的歷史，報酬率遠比這個高。

如果你了解美國種類複雜的退休計畫，可能會對美國政府的整個退休金體系感到絕望和莫名其妙。首先是品種繁多，有401K退休計畫、IRA，IRA除了Roth IRA，還有Traditional IRA等，401K退休計畫也有多種衍生模式，你憑直覺就會問：怎麼搞出這麼多名堂？

這些名堂除了增加稅收的麻煩、報稅的複雜和政府的管理成本，我實在看不出任何好處，為什麼不能把退休養老回歸給民眾自己控制呢？我們是過平常日子的小人物，看到社會不好的現象只能抱怨幾聲、寫寫文章，但不能指望社會按照你的意願改變，在投資理財上最好的辦法就是利用現有的規則，讓自己的利益最大化，而不是一直發牢騷。

我當時的辦法就是401K退休計畫只買到公司配比上限*，超過部分堅決不買，我要用最快的速度，累積我的購屋頭期款。

縮衣節食存錢大計

我太太很快被我的存錢計畫折磨得苦不堪言，她跟我抱怨太難過了，每分錢都要精打細算，在這之前，她是個有多少錢花多少錢的人，自從有了預算管理，每花一分錢都要記帳，讓她很不適應。

我只能不斷擘劃未來願景，告訴她，有了房子頭期款，就可以擁有自己的房子、院子，再說我們很快就會有孩子，孩子可以在院子裡玩耍，我會在後院搭一個小孩的遊樂場……夫妻交流大部分時候都要靠哄，這和公司CEO經常給員工描繪完美發展藍圖、打氣，有異曲同工之妙，有了明確目標，家庭內部才能同心協力。

縮減開支最好的方法就是記帳，**記帳對人的心理有著一種奇妙的功效，不需要記帳的時候，一筆錢很容易隨意花出去，需要記帳的時候，你就會反覆想一想，這筆錢是否需要花**。每個月把帳單重新對一下的時候，就知道自己每個月開支用在哪裡，也知道未來預算控制的方向是什麼。

預算控制也是省錢的好辦法，預算控制就是規劃好下個月開支的總額是多少、每個項目開支是多少？然後按照預定額度安排生活。如果沒有預算控制，把賺來的錢先花，

＊有些公司會依員工提撥401K退休計畫的金額，另外加一筆錢存進去，稱為公司配比，是一種福利制度，亦有額度上限，即員工提撥到401K退休計畫的金額不一定全都享有配比福利。

花剩多少再存多少，那就什麼錢也存不下來。做好預算控制，把要存的錢先扣掉，就當自己少賺了這些錢，剩下的錢再拿去消費，保證每個月都可以存到錢。

對大部分家庭而言，首先要節省的是固定開支，例如電話費、網路費、汽車維修保養費用，這些錢看上去不大，但是細水長流，累積起來數字變得很可觀。

按照當年到機場接我的老宣的理財真經，其次要避免的是人工費用。我們當時還開著我那輛本田汽車，這輛車品質很好，沒有出過什麼問題，為了省錢，我把維修保養的事情都接了過來，汽車剎車片自己換，定期調胎，汽車機油每三個月換一次，這事情自己做，大概只需要維修廠四分之一的價格。

手機我們選擇共用一支，因為家裡和辦公室都有電話，出門開車的那個人拿手機就可以了。剛工作那幾年，也沒有出國旅遊計畫，只開車到附近的國家公園旅行，連住宿費都省了，因為可以露營。當然選擇露營不完全是為了省錢，接近大自然的快樂也是住在旅館無法比擬的。

我從來都認為節儉和勤勞是美德，不會因為多出的勞動感到自卑和難過。週末的早上，我一個人在車庫換汽車剎車片和機油，悠哉聽著音樂，不疾不徐的幹活。快吃中飯的時候，滿手油膩的回屋吃太太做好的飯，她會讚許一下我修東西的本事，這種幸福的感覺不是用錢可以買來的，無論是男性還是女性，沒有人喜歡好吃懶做的大少爺、大小姐。

冬天裡我們依舊去滑雪，自己帶著鍋子煮飯吃，可能因為那個時候是愛情最甜蜜的時候，兩個人只要能膩在一起，做什麼都可以。

我太太說存十萬美元是一個天文數字，是不可能實現的任務，她從來沒有想到自己會有那麼多錢可以存。幾年前她和我一樣是窮學生，但我這個窮學生能省出一萬美元，她畢業工作了幾年，卻是吃光用盡。

但是我們真的做到了，存錢計畫執行一年半之後，也就是我工作一年半之後，我手上有了十萬美元。存滿十萬美元的時候，我們高興的買了一瓶酒，做了幾道好菜，在家裡慶祝了一番，我們不但有了購屋頭期款，可以買房了，而且我們存錢的速度一點也沒有降下來，每個月銀行還會多出四、五千美元。

生活的甜蜜不在於財富多寡，而在於未來是否有希望。然而就在我們信心滿滿開始看屋挑房的時候，災難在眼前瞬間暴發，美國經濟一下子進入了冰河期，九一一事件發生了。

05 靠薪水躋身一%有錢人

很多人做不到自律存錢，因爲他們看不清財富成長的未來。如果你知道今天的每一塊錢，都可以在五年後成長十倍，那麼你會不捨得花掉今天的這一塊錢。

很多人有這樣的經驗，當發生一些重大歷史事件的時候，每個人都記得那天自己在做什麼。多年以後回首那年，一幕幕彷彿在眼前可以重現，而重大事件以外的日子，就像從來不曾有過一般，九一一事件就是這樣的例子。

那天和平時的很多早上一樣，我迷迷糊糊的起來刷牙洗臉，做早飯，準備去上班。那個時候，網路還沒那麼發達，不像今天這樣，一睜眼先看手機。我一邊做飯，一邊打開電視機看新聞。

當大樓倒塌、濃煙滾滾的畫面呈現在眼前的時候，我最直接的反應是按錯了電視，選了電影台，不是新聞頻道，因為那畫面像極了動作大片。我本能的按遙控器換台，此時鍋上煮著的粥馬上要好了，我隨便攪了幾下，再回來的時候，我發現無論哪個頻道都播出同樣的內容，我才明白這是新聞，不是電影。

我和往常一樣去上班，到辦公室的時候，每個人都安安靜靜坐在自己的位置上工作，但是我知道，其實每個人都在查看新聞。下班後，從最初的震撼中清醒過來，我開始思考，我會受到什麼影響？廣播反覆說著：「美國將從此變得不同。」身為一個外國人，我無法深刻理解這句話，但我想著：會不會出現排外的民族情緒？會不會限制移民？

當時我還沒開始辦綠卡手續，又準備買第一間房，會不會出現嚴重的經濟衰退？好在手上有了十萬美元存款，無論發生什麼事，都有一定的能力對抗打擊。

精打細算買房

九一一發生前，二〇〇一年初聯準會已經開始一輪一輪降息，股市還是一跌再跌。九一一發生後，股票交易市場乾脆關閉了好幾天，重新開市那天，聯準會下了狠招，又把利率下調〇．五個百分點，股市跌了近千點後才稍稍穩住。此刻正在找工作的人非常不幸，大部分公司選擇等一陣子再說。

連葛林斯潘都說，不知道飛機安檢帶來的延誤會對經濟造成多大的影響？我聽到這句話的時候，覺得人們是在一種集體的情緒中失去了理智。因為只要理性思考就知道，飛機安檢多一小時能給經濟帶來多大影響？在我看來，基本上沒影響。

沒有人知道，這次衰退會有多嚴重，會持續多久。在九一一發生之前，我已經看中了一間房，幾乎和賣家談好了，合約就差落筆簽字。我當時買房子有三種選擇方案：

第一種選擇方案，是在好學區的核心區域買一間「小黑屋」，小黑屋就是持有的土地比較大但房子又破又小。矽谷早年並不富裕，一九五〇年代到一九八〇年代蓋的很多房子比較低矮，採光不好，所以被叫作小黑屋，卻是一個聚寶盆，因為房子本身不值錢，但土地和房屋建造許可值錢，但大部分人不喜歡小黑屋，所以價格比較低，居住成本比較便宜。

另外一方面，因為總價低，地價稅也比較低，把小黑屋修繕一新後，就可以坐等土地升值。這個方案從投資的角度非常好，可是生活品質會受到影響，小黑屋與每個移民者懷抱的美國夢總是有些格格不入。美國地大物博，人口密度低，居住環境比歐洲和亞洲好太多，在我後來的旅行經驗裡，沒有看到世界上哪個國家比美國更容易擁有價廉物美的房子，如果享受不到美國這點好處，到美國來又是為什麼呢？這個方案雖然經濟上非常好，很快被我否定了。

第二選擇方案的經濟效益會更好一點，是帶我看房的仲介建議的，他說在大城市，想降低生活費最好的辦法，是買一間複式公寓（Duplex），把房子一半出租，一半自住。隨著租金上漲，等房租可以和房貸打平了，居住成本就下降為零，等於讓別人幫你付貸款。

複式公寓有很多種，有的是從中間分開，兩個房共用一面牆，還有就是灣區一些老房子，屋主自己改造過的，一樓和二樓有不同出入通道，相當於上下兩層有獨立空間的房子。有人幫忙付貸款外，複式公寓另外一個好處是你搬出去之後，還可以把自己住的那部分繼續出租，租金收益要超過獨棟住宅（single family house），同時可以維持較低的房產稅*。

當然在生活上，頭十年需要委屈一下，畢竟你的房客就住在隔壁，沒有太多隱私。這兩種方案我覺得都不是好主意，居住環境是生活品質裡很重要的一個因素，因為你七

*台灣房屋持有人每年要繳房屋稅及地價稅，美國房產稅則包含房屋價值及地產價值的稅金。

〇%時間待在自己家裡。想來想去，覺得我一定要住在好學區、十年新左右的房子裡，於是制定第三個方案。

大部分在加州生活的人都建議你買房子要一步到位，因為十三號提案（proposition 13）*的關係，在好學區買一間房子，雖然每年價格在上漲，但地價稅上漲有上限。我不這麼想，我認為一步到位的可能性不大，房價數字就是買不起。

我當時面對的選擇是以下三種房子：一、好學區比較新的獨棟住宅，售價八十萬到九十萬美元；二、好學區獨立住宅的小黑屋，售價五十萬到六十萬美元；三、偏遠一點的一般學區獨立住宅，售價是四十萬到五十萬美元。我手上只有十萬美元，這是一道很簡單的數學題，買好學區的新住宅需要二十萬到三十萬美元的頭期款，我不想存了五、六年的錢後，再一步到位買自己的住房。

另一方面，我比較灣區不同區域的歷史房價變化，我發現一個規律：無論是好學區、普通學區，或是差一點的學區，在灣區長期價格漲幅一樣，例如三十年前，好學區的房價比普通學區房價貴一倍，現在依舊是貴一倍，也就是說，各種學區房價上漲比例相同，差別在於，好學區價格平穩，漲跌幅度小，比較不容易受到經濟泡沫的影響。

我覺得這是一個看得見機會的地方，利用價格前後的時間差，可以解決學區房的問題，如果你認為房價是在上升軌道，應該買相對差一點的學區房，價格成長空間比較大，賣掉後轉身就可以買好學區的房子，因為好學區價格變動沒那麼劇烈。好不容易省下來的錢，我可不想一次花完，我還有另外的打算，那就是投資中國。

房市恐慌

「投資中國」可以說我當時不敢和任何人討論這個荒謬的想法。在一九九〇年代末，甚至二〇〇〇年初的很多人眼裡，離開中國之後，他們覺得中國就是一個永遠貧窮的地方，除了接濟窮親戚，在金錢上不想和中國有任何關係。我連自己的基本住房都還沒解決，怎麼會想投資中國？

我一直堅持的一個投資理念就是不要和有錢人拚體力，最好和未來的有錢人混在一

*這是加州在一九七八年通過的法案，規定加州所有產業每年產業稅為買價的一％，年增幅不得超過二％。

起，比他們早一步看到他們的需求。我忘了這個投資理念是從何時形成的，但這是一個有效的策略，後面幾年裡一直引導著我的投資，我把這個概念統稱為「會走路的錢」原理，在下一章會詳細闡述。

這個投資理念用在房地產投資上面，就是跟著窮學生走，到窮人聚集的地方投資，我不太相信從四面八方到灣區的年輕人能夠一下子買得起核心地帶的學區房，但是人總是要找地方住，我覺得偏遠一點的普通學區是這些人的落腳點。再過幾年，這些年輕人在職場上獲得晉升，收入就會增加，房地產價格就會有上漲的希望。

因為考慮要買上海的房子，雖然我存了十萬美元，但只打算花五萬美元解決住房問題，我用五萬美元付了一〇%頭期款，購買上面第三個選項的房子。當然因為我只付了一〇%頭期款，所以我需要貸款，並且購買額外的房貸保險，我算了一下，這筆開支非常值得。

這是一個好的選擇，一方面解決我不想住小黑屋的問題，另一方面我認為這個非核心地區的房價上升速度會比學區房快。按照我的預測，過幾年後把這間房子賣出，然後用賺的錢當頭期款去買學區房。透過細心研究就可以清楚了解這個道理和邏輯，我有充分信心覺得我的判斷是對的，但九一一事件發生了。

九一一事件發生之後，房地產市場陷入了極度恐慌，包括我自己。我本來已經看中一間房子，不得不和仲介說我不打算買了。那個仲介帶我們看了一個多月的房子，很不開心，但也只能無奈的搖搖頭，說表示理解。

賣家為了急著出手，把價格又降了三萬多美元，但是我依然害怕，不敢出手，因為沒有人知道經濟會變成什麼樣子。回頭想想，當時的擔心可能是多餘的，人人恐慌的時候可能是買房最好的時機，我錯過了那個時機。

為了證明自己的選擇沒錯，我去看另一個已經看過好幾次的建案，因為房型、地點等問題一直沒有決定買。之前每次去，經理的嘴臉都是冷冰冰的，一副愛買不買的樣子，九一一事件發生後，銷售經理完全變了一個人，我去的那天，滿街插著大拍賣的旗子，開發商連房價都不標了。我直接問，還有房子在賣嗎？銷售經理笑笑說，所有的房子都在賣。

「所有的？」我有些吃驚，他說是的，開發商想出清。然後客客氣氣的把我們迎到辦公室。我問他：「這些房子現在賣多少錢？」他反問：「你想花多少錢買？」他說只要開了價，他立刻和公司協商，而且我們可以挑任何想要的房子。當時已經建好的房子大概有三十幾棟，我們不但可以隨便出價，而且可以隨便挑。

但是人心就是這樣，當所有人都恐懼的時候，你也會跟著恐懼，大家都覺得這是經濟災難的開始，我根本不敢買。我連開價的勇氣都沒有，客客氣氣的告別銷售經理，回到家裡，打算繼續存錢等機會。

上海房市的潛力

那個時候，中文網路資訊還不是很發達，大部分中文廣告還是刊登在《世界日報》，每週買菜的時候，我都會去買一份來看。《世界日報》有一個小小的廣告欄目，登了一些中國房地產的廣告，其中一則吸引我的注意力，有人在試圖脫手上海的房子，廣告大概是這樣寫的：「靜安寺三房兩廳，一百四十平方公尺，售價一百萬人民幣，可貸款。」

我在上海讀研究所買賣股票的時候，就知道在上海買房子是一個好投資。說起來很好笑，這知識並不是從任何書上獲得的，而是一九九三年一次上海公車之旅。上海交通堵塞嚴重，去城裡需要坐一個多小時的公車，有一次我在車上聽到兩個中年人侃侃而談，說過去幾年做什麼最賺錢，兩個人用一款桑塔納轎車作為計價單位來討論，當時一輛桑塔納轎車大約是二十萬人民幣。

一個說：「炒郵票最賺錢」，他已經靠炒郵票賺了一輛車。另外一個人說：「炒股最賺錢」，他已經靠炒股賺了兩輛車。一個接著說：「你賣掉股票拿到錢了嗎？沒賣掉都不算賺到錢，因為還會跌回去，明天讓你只剩下四個輪子。」另外一個接著說：「這麼說的話，養豬最賺錢。」

原來他的親戚在上海浦東用農業貸款開了一個養豬場，養豬場本身不賺錢，勉強打平，但一九九一年上海開發浦東，親戚把豬圈轉手一賣，賺了十輛車。我第一次知道什麼是投資房地產。今天的張江高科技園區最賺錢的不是鋒頭最盛的高科技企業，而是最早進駐的企業，靠早期在張江經營而擁有了大批土地和辦公室，只要收房租就賺大錢了。

我在上海待過，知道上海人對房子有一種執著。上海在整個一九七〇年代幾乎沒有興建任何新住宅，因為建新住宅有違國家計畫，熟悉那段歷史的人，都會知道居住空間給上海人帶來了多大的心靈痛苦和創傷，延續到一九九〇年代初，每個上海人都是八仙過海，各顯神通，用盡一切力量，只為了有個小小的居住空間。

我認為上海居民隨著改革開放變富裕之後，每個人都會拚盡全力拿出所有的錢去改變居住空間。綜合了很多原因，我堅定的認為要在上海多數人還沒有能力買房自住的時候，搶先買房子，只是二〇〇一年我在猶豫，應該先買自住房，還是投資購買上海的房子？

錢是為人服務的，也不能為了賺錢，弄得自住房都沒有，兩方權衡一下，我做出一個更大膽的決定：都買。雖然我只是灣區一個普通的上班族，但美國賺的錢拿到中國很好用。當時中國普通上班族每個月收入是兩千到三千人民幣，而我和太太的收入合算下來，一個月有十萬人民幣，擁有相差十倍的絕對優勢，而這個差距正在急速消失，此時不買，更待何時？

我開始在中國積極看房，委託在上海的親戚幫忙找合適的房子，上海市中心那個時候就是一個大工地，新建案層出不窮，浦東更是其中之最。不過，一位遠在北京的親戚潑我冷水，說他剛從浦東出差回來，那裡空屋現象嚴重，大量的住宅蓋好了，賣不出去；兩個中國同事和我聊起在上海買房子的事，也都是負面之辭。

我非常堅定的認為他們說的都不對，他們最大的問題就是用靜態資料分析未來，沒有考慮到未來收入和房租的變化。上海人現在不富裕，但是按照每年三〇％的成長，十年後就會變得富裕起來。

在這些討論中，我明白另一個道理：和我持相反意見的人不是不明白自己的道理不可靠，只是不願意正視對他不利的理由。如果你想做一件事情，就會找千萬個理由支持自己去做這件事情；如果你不想做一件事情，比如在當時，你不想買上海的房子，就會給自己找各種理由說明自己判斷的正確性。理由不是判斷結論的依據，往往都只是自我安慰。

你想成為富人，你想變有錢，就會想辦法實現目標。**如果一開始的結論就是買不起、無法投資、不可能有錢，自然而然也會給自己找各種理由，然後就真的不會去投資，最終也不會變有錢。**

跨海挑選投資房

年輕的時候，你經常會發現生活中很多事情全部擠在一起。在那個紛亂的時候，我和女友決定結婚了，婚禮很簡單，沒有請任何人，只是和女友的家人一起去阿拉斯加旅行。我們沒有買金銀首飾，更不用說買鑽戒，我覺得結婚買鑽戒絕對是徹頭徹尾的騙局，一句「愛情恆久遠，一顆永流傳」的廣告語，大家就被洗腦了。

至於我的母親，那就更簡單，我只在電話裡告訴我媽媽，我結婚了，然後寄一張合照給她，對我和太太來說，當時我們兩個最熱中的共同事業就是創造財富。

上海的親戚很快有了回應，幫我們挑中兩間住宅，一間在靜安寺，一間在徐家匯，建議我們回去看一下再定奪。很多當時回中國買房子的人都卡在這件事情上，要等回中國時才能順道購買，因為要先看看房子是不是真正喜歡，看來看去就把機會看丟了，因為房價蠢蠢欲動，很多人都在搶房。

我的決定是，房型不重要，因為中國公寓沒有多大區別，三房兩廳或四房一廳都是簡單的格局。美國的住宅形式不一樣，需要比較院子大小、房屋採光、平面布局、裝修風格、後院風景，光看圖片是不行的。最關鍵的是，中國買房純粹是投資行為，我又不去住，我喜歡又怎樣？不喜歡又怎樣呢？

在我買投資房前，沒有看過任何一本專業的房地產書籍，很多知識都來自一些名人的故事。比如大家都知道康有為是變法改革先驅，我讀他的故事，意外注意到他其實是在墨西哥投資土地中發了一筆財，和他同年代的梁啟超雖然學位人品俱佳，可是他和子女的書信往來有很多內容與房子買賣的討論有關，他能夠一直過著富裕的生活，很大一部分原因也是投資有方。

更近的歷史中，給我最大感觸的是連戰的母親是如何成為台灣富豪的，應該說連戰家族到台灣時，只是一個不起眼的小家族。連戰父子忙於公務，他們家有錢完全仰仗連戰母親投資理財有方，她的做法就是在台灣經濟起飛期間，購置了大量的房屋和彰化銀行的股票。

這些投資理財的故事都告訴你，房子最重要的就是地段，而地段在地圖上可以看得到，我根本不需要飛回上海去看屋，我是當時在中國買房子，少數不看房就決定的人。

在投資理財論壇上，經常有人嘆息和各種投資機會失之交臂，我觀察和思考很多人在投資重大決策面前錯失良機的原因，不是他們不明白，而是明白了，但是做不到，就是古人所謂的知易行難，我歸結為執行力。

和我同期也有很多海外華人意識到投資中國房地產的重要性，在以後的日子裡，我也觀察到很多人明明知道投資灣區房地產的好時機到了，但就是做不到。很多投資你知道，不見得能做到，但是如果你沒有做到，只能空嘆息，感慨當年如何如何。

我當時下定決心，無論如何要做到。我可以用的錢最多只有五萬美元，看中一間人民幣一百萬的房子，買房頭期款得付三〇％，外加一些稅費，大約五萬美元就夠了。當時沒有人清楚海外華人買中國房子的手續怎麼辦，我自己也不清楚，只能瞎子摸象，走一步看一步。正當我克服一切困難，準備買入的時候，不幸的事情又發生了，那就是中國發生SARS疫情。

猶豫不決的代價

SARS一下子讓上海、北京這樣的大城市一夜之間變成了鬼城，街上空無一人，每個人都躲在家裡。老外都跑光了，開發商的銷售處空無一人，沒有人知道SARS會持續多久，也不知道對經濟會有多大的影響，親戚給我的建議是，等一等吧，疫情過去再說。

我陷入焦急的等待，美國面臨九一一事件之後的蕭條，中國則是SARS下的蕭條，而美國聯準會還在繼續降息。我當時對總體經濟不是很懂，於是諮詢一位學經濟的博士。他很熱心，和我說明利率、蕭條、股票、房價、通貨膨脹等各種因素，然後大概解釋一下它們之間的變化關係。但是做學問的人總是雲裡來霧裡去，告訴你一大堆現象，但不會給你任何有用的結論。

我追問他結論是什麼？到底是漲還是跌。他對我說了實話，總體經濟學到今天只能做到解釋某些現象，預測功能還很差，隨便找十個經濟學家來問，五個看漲，五個看跌。我當時以為那是因為經濟學還不夠發達，也許哪天有牛頓這樣的人物出現，就能讓經濟學步上科學的軌道，可以預測資產價格的變化，現在我知道那是永遠不可能的事。

又過了幾個月，我打了一個電話給房仲，問一下上次我看中的那間五十萬美元的房子賣掉了沒有？仲介說，房東降了三萬美元之後，一個月就賣掉了。這讓我有些著急，一方面我急切的想解決住房問題，想過上標準美國夢的日子，另一方面我太太已經懷孕，懷孕讓女性有築巢的本能心理，她希望盡快找到一間房子，安定下來。

於是我們又到曾經讓我們開價、隨意挑房的建案看，也許我們可以開一個很低的價格，撿個便宜。不看不知道，一看嚇了一大跳。滿街大拍賣的紅旗不見了，一個人都沒有，全部撤了，好不容易找到銷售辦公室，懶懶散散的只有一個人，我問還有房子賣麼？他說都賣光了，一間不剩。

我嚇了一大跳，人們的心理總是買漲不買跌，我也一樣。我想起用假餌釣鱸魚的場景，我就是水中的鱸魚，看見眼前誘餌正在迅速離去，想也不想的要衝上去咬一口。我連忙翻看《舊金山時報》，那個報紙每週日都有一個房地產專刊，上面列著所有灣區的新建案，然後馬不停蹄的去另外一個新建案的開發商買房子。

在那裡，我看到一個新的景象，銷售辦公室門口，需要排隊抽號碼，才能夠買房子。人就是這樣，不久前讓你隨便開價、隨便買，你不敢買；漲價了還要抽號碼牌，大家不惜寒風中排隊一個晚上也要買。

好不容易拿到號碼牌，還要去喊價，自己選一個喜歡的物件，然後出價，建商給出的是底價，你需要在這個基礎上選擇加一萬、兩萬，或是五萬美元。我當時大概加了一萬美元，但是竟然沒有買到，被另一個人以更高的價格搶走了，我大受刺激。回家的路上，我和太太都垂頭喪氣的，我們又去看了一下那間退掉後被別人低價搶走的房子，門口插著的標籤被拆掉了，顯然房子已經過戶了，緊閉的大門似乎在嘲笑我們。

人們失去一樣東西的時候，就會覺得那樣東西格外珍貴。當時決定等等看的理由一下子消失得無影無蹤，剩下的都是懊悔。我們在門口閒晃的時候，覺得那間房子這裡也好那裡也好，院子不大不小正好，又是海邊的房子，可以看見一部分海灣裡的風景；周圍的公園又整齊，設施又新；外面的馬路上車又不多，交通便利。

那天晚上我們吃飯的時候，好像都沒有說什麼話。市場給我一個深刻的教訓，就是在眾人沮喪的時候，一定要勇敢。我給上海的親戚打電話，毫不猶豫的跟他們說，只要房產業者辦公室開門，就立刻辦手續，至少先把定金付了，定金付了之後，後面的手續再慢慢辦。

用高價搶到房

天無絕人之路，過了幾天，我收到一封電子郵件，說開發商上一批的房子都賣完了，但是後面又蓋了一批房子，就在下週，大家可以來預定。這次我們志在必得，電視上新聞報導說灣區幾個地區又開始出現排隊搶房的壯觀景象，有的人為了買房，排隊排了兩天一夜。

顯然九一一事件衰退是短暫的，最糟糕的情況已經過去了，而聯準會一再降息，對房價有推波助瀾的作用。後來的故事大家其實都知道，這一輪降息直接導致房地產泡沫和二〇〇八年次貸危機的暴發。這是後話，當時沒有人能夠預見這些。

現在回想一下，我能夠快速轉彎去買房的很大原因是，我不是一個特別固執的人。有些人非常聰明，但是聰明的人容易剛愎自用，當現實和他們大腦的觀點不一樣的時候，會頑固堅持自己的觀點，可是無論再怎麼聰明的人也有犯錯的時候，當事實和自己的預期不符時，要盡快接受客觀現實，修改自己大腦裡對未來判斷的模型。

這樣的例子在生活中很多，在房地產市場上，二〇〇〇年初的時候，相當比例的大城市居民不看好中國房市，然而一部分人修正自己的觀點，一部分人堅持自己的觀點。有人說，中國新中產階級的劃分基本上也是這兩派的劃分，原本大家都窮，後勢看漲買房的人變成中產階級，堅持錯誤觀點的人，則是一而再、再而三的錯過中國房市的黃金二十年，他們就沒有躋身到中產階級。

也許是長年的理工訓練讓我習慣用實際資料檢核大腦中的模型，我總是將大腦中對未來的預測當成做實驗驗證前的理論模型，理論模型要有強大的邏輯道理，但是再完美的邏輯和模型在事實面前也要不斷修正。我清楚的看到自己之前犯了錯，我決定用更加誇張的出價盡快買到自己的房子，我知道房價一旦飛漲，那一點差價就變得不重要。

第二次我們一口氣加了三萬美元，比原本的出價加了七％左右，終於買到自己的房子。雖然這個房子不是社區裡性價比最好的那間，院子比較小，房型我也不是特別滿意，但無論如何，這個時候搶到是更重要的事情。

好消息總是伴隨著壞消息，這邊手忙腳亂的搶到了房子，上海那邊卻傳來壞消息。在經歷SARS的低迷之後，買家回到市場裡發現，其他買家也以同樣的速度回到市場裡，開始新一輪的搶房，我要買的那間房子雖然已經付了定金，但開發商竟然說要把定金退給我們，因為已經沒有房子可以賣，他們收的定金數比房數還多。

「怎麼還有這樣的事？」我在電話問，定金的意思不就是訂下來？還有收了定金不賣你房的事情。但是事實就是事實，市場就是這樣火熱，這是沒辦法的事情，有這個功夫跟他們吵架，不如去尋找下一個機會。

我在美國買第一間房子的時候，幾乎是把口袋裡的最後一分錢全部用完才辦好過戶手續。為了保持資金流動性，我堅持付最低的預付頭期款一〇%，當然很多人會付更高的頭期款，比如二〇%或者三〇%，這樣可以獲得銀行更好的利息。但我覺得手上保有資金對我有利，利息差〇．二五%到〇．五%其實沒有太大的區別。當把所有的費用都繳清之後，窮得只能靠信用卡過下個月的日子。

這麼多年來我回顧過往，投資房地產的成敗最主要的關鍵取決於執行力。我感覺房地產趨勢的判斷不難，往往一個趨勢會持續一段時間，執行力好，就能夠比別人快搶到房子，執行力不好，拖拖拉拉的，最後可能就會一直兩手空空。

幾個月後，上海同樣一家開發商第二期的房子蓋好了，可能是上一期房子沒有賣給我，他們有一些歉意，這次讓我們優先挑到一間房子。吸取上次的教訓，我需要最快的速度辦理過戶手續，我耐著性子，一樣一樣把文件準備好，後來把經驗總結一下，發表一篇文章在部落格，叫作〈手把手教你如何在中國買房子〉*，這篇文章很受歡迎，曾經一天有一萬多點擊率，可見在美國華人有很多人在關注中國的房子。讓我高興的是，有不少人因為這篇文章受益。

兩間房子都買好了，接著面臨的就是裝修、償還貸款，還有把上海的房子出租等等事情。大部分人買房子的時候都會擔心貸款問題，雖然房價在上漲，但是美國失業率還在攀升，我和太太算了一下，即使其中一個人丟了工作，只靠一份薪資收入還是負擔得起房貸。

因為我們平時的消費水準並不高，每個月除了房租之外，開支約在一千五百美元，這個數字對於很多年收入十五萬美元的家庭來說是偏低的，但我覺得這個標準的消費並沒有給我的生活帶來困擾。

維持上海的房子有一些麻煩，因為需要每個月還貸款，我飛快把它裝修好，然後掛牌招租，能否把房子順利租出去在當時是件很不確定的事情，因為本地的上海居民還沒有那個租房能力。二〇〇二年，多數人每月薪資也就兩千到三千元，怎麼可能花六千元租房子？有租房能力的人都忙著存錢買房子了，不過我們運氣還不錯，一個生活在上海的德國人租了我的房子，但我每個月的租金收入比房貸少了兩千多元，換算下來需要每個月補貼上海的房子三百美元。

所以即使我們用這麼大的槓桿同時買進兩間房子，依舊沒有特別大的壓力。大部分人買房時的擔心和恐懼是多餘的，更多時候是給自己不行動找藉口。我是極其普通的工程師，在灣區拿著非常普通的年薪，我和太太只需要用一個人的薪水就可以應付所有開支，另外一個人的薪資可以全部存下來，如此一來，我們的存錢速度和之前沒有太多改變，我們依舊繼續存錢買後面的房子。

搬到新家裡，當然需要購置家具等生活用品。當時一個中西部的朋友到我新家來看看，他很為我高興，不過提醒我，買了新房子之後要窮三年。我好奇問他：「為什麼要窮三年？」他說他們習慣用房子價格一半的錢來裝修房子、購置家具，裝修好的房子才能體面，又顯得舒適。

我不這樣想，我最不喜歡的就是那些無比沉重的家具。家具的投資其實最不划算，

---

*〈手把手教你如何在中國買房子〉全文可掃描 QR Code：

即使是最好木料的家具，都毫無投資價值，因為家具款式會過時，除非你有本事買一個稀有木材做的家具，請一個名家大師，然後放上幾百年才可能增值。我喜歡輕鬆簡單的家具，過幾年不喜歡了就扔掉換一批。我去IKEA只花了兩千到三千美元，基本上就把新房子所有的家具都配齊了。

房子的室內裝修也是一件事情，那個時候我年輕充滿精力，決定自己做。我覺得對家庭的愛，最好的表現就是自己裝修房子，因為你付出勞動，所以對家裡的一草一木、一針一線都會充滿感情。

我在網上訂了地板木料，自己開車去木材公司運來。木材公司倉庫在車程兩小時以外的一個城市，我算了一下木材重量，找了一個週末來回開了兩趟。具體成本我有些不記得了，大約是請人鋪設地板費用的三分之一左右，我還是牢記到機場接我的老宣那句話：美國的人工比較貴，盡可能自己幹活。

之後一年，每個週末我幾乎都泡在家裡，做各種各樣的東西。等一切做完，我算了一下，各種裝修費用總共大概花了一萬美元，這些工作如果包給別人做，成本在三萬美元左右，因為個人所得稅的原因，如果你能省下兩萬美元，其實相當於你多賺了三萬多美元。

中美房價高漲

有了自己房子另外一個開心的事，就是可以不斷舉辦派對，認識更多人。所有我認識的中國人裡面，我幾乎是最快買房子的人，其他動手慢的人漸漸覺得很痛苦。

最大的問題就是房價開始飛漲。我搶到這間房子之後，房價半年之間又漲了十萬美元，這讓很多沒有買房子的人很氣憤，存錢速度趕不上房子漲價的速度。由於利率一再調低，房價一路上漲，帶動更多人買房，又推動房價上漲。

美國次貸危機漸漸出現，我買房子的時候最低頭期款要付一〇%，但市場上開始有百分之百貸款購屋，就是買家一分錢的本金都不用出，完全由銀行提供全部的貸款買房。不久之後，又有了一〇二%貸款，就是你不需要付一分錢，銀行幫你解決所有的購屋費用，多出來的二%用來支付買房的各種手續費和稅費。

頭期款低於二〇%時，抵押貸款會分兩部分，一部分是正常貸款，第二部分是用來付頭期款的貸款，當時我付一〇%頭期款買房子的時候，也有兩筆貸款，不過隨著房價上漲和利率降低，我有機會再融資（refinance），很快只剩下傳統正常貸款。雖然貸款總額一樣，可是因為利率降低，我每個月付的貸款就更低了一些。

過了一年，房價又上漲了二〇％，和我同期來到灣區的夥伴陷入深深的痛苦折磨之中，因為經濟基本面並沒有特別好轉，房價卻高升，這個時候是買還是不買呢？買了，擔心房價下跌，造成虧損。在美國，房價下跌是一件災難，因為銀行會不斷的評估風險，例如你頭期款付了二〇％、房價下跌一〇％，你的淨值就只剩下一〇％，此時銀行會要你多付一〇％的頭期款，提高頭期款比例到二〇％，或者讓你購買額外的房貸險。

那時候，每次中國人的派對討論最多的就是房子，有時派對主人嫌煩了，會公開聲明，今天的聚會不允許討論房價。對房價的判斷永遠有兩派，一派看漲，說灣區產業這麼多，大家都來，所以要漲；另一派會說，灣區人口在外流，房價已經貴得離譜，產業外移，所以要跌。

在爭吵和猶豫中，房價又漲了二〇％。很快，我花四十多萬美元買的房子已經漲到了七十萬美元。當時我對房價未來的漲跌持中性態度，因為足夠多的歷史資料證明，房價不可能持續上漲，當然也不可能持續下跌。回顧歷史，二〇〇六年美國房價應該是處在一個相對高的價位，所以我沒有勸任何一個朋友買房，我跟他們說如果要買房子，趕緊買中國的房子，而不是灣區的房子。

可是聽我建議的人很少，當時和我年紀相仿的人大多都急於解決自己的住房問題，投資中國是一件遙遠的事情。

中國房價更是波濤洶湧，一波接一波往上漲。上海市長在一次外商招待會上說，買上海的房子穩賺不賠，推動市民買房的恐慌。我二〇〇二年花一百萬人民幣買的房子，二〇〇四年很快就漲到了兩百萬人民幣，親戚打電話恭喜我，他說你都賺了一百萬，乾脆賣了吧！當時一百萬人民幣對中國大部分人來說是很大一筆錢，大部分人一輩子沒有擁有過這麼多錢。

不過我做過研究，知道台灣和香港房價表現，更了解韓國和日本的房價歷史，我知道這才是開始，後面漲幅還長著呢！

中國房產投資機會

我認為大量的錢會湧向中國，中國處在一個高速發展的初始階段，這個階段和日本及韓國一九七〇年代、台灣及香港一九八〇年代非常相似，當時中國房價才漲了一倍，還早，一百萬人民幣未來回頭看，根本就不是什麼錢。

我不但不賣，還醞釀著在中國買第二間房。第二間房我不想買在上海，而想買在北京，主要原因有兩個，首先，二〇〇四年的時候，上海房價已經漲了一倍，但北京房價還沒有漲起來。

很多北京居民認為上海房價是炒起來的，因為上海黃牛多，有投機的風氣。房價飛漲其實和炒作沒有任何關係，反映的是供應和需求的不平衡，北京這種不平衡在我看來會比上海更嚴重，因為北京比上海有能力吸引更多外地人，特別是明星大學的年輕人，因為北京著名大學比上海多，最終會把中國最聰明的孩子都集中起來留在北京，他們未來都是高收入族群。

另外一個原因是，北京很多國家企業、駐外機構、國際辦事處，這些單位和人最終形成的經濟影響力會超過上海。北京當地人卻不這麼想，二〇〇四年我出差去北京時和當地人聊起來，一個親戚跟我說北京房價太高了，北京國貿附近的房子一平方公尺六千人民幣，她說這麼高的房價誰買得起？

這個房價在未來會顯得便宜的微不足道。當然在北京買房，我太太堅決反對，她覺得我們擴張得太快了，剛剛買好兩間房子，應該好好消化一下。但是我覺得這是千載難逢的好機會，錯過就沒有了。

北京那個時候的房子還不是特別搶手，銷售處的服務員熱情極了。我傾向在北京國貿區買房，正要買的時候，我太太在北京的親戚說他們企業協會有四套房子要賣掉，如果我們感興趣可以買，會有優惠價格。於是我沒有買國貿區房子，幾個月過去，等我們再問的時候，那個親戚說，協會的四套房子被一個人都買走了。

北京的房子我前前後後看了很多次，很多次都要買了，因為種種原因，最後就是沒買，其實我完全沒有必要用出差的空檔去買房子，而是應該專程請一星期的假，飛到北京，把買房子的事情辦好。

我雖然明白這個道理，但就是做不到。別忘了，這本書裡寫的所有事情都是工作八小時以外的閒暇活動。另外還有一個原因，我周圍的人都有意無意的阻止我不要在北京買房子，我需要額外的精力說服他們。

雖然我覺得自己的執行力還不錯，但北京的房子從二〇〇四年一直看到二〇〇九年，整整五年時間過去了，在各種猶豫、徘徊、失信之間，把所有的機會都錯過了，直到後來北京出了限購的政府法令，這件事我再也不想了。

在好學區買房

二〇〇五年，和我同時期到灣區的夥伴對於買房還迷惑、不知道該怎麼辦的時候，我按照自己原來的計畫，決定把住了兩年多的房子賣掉，從前面第三選擇的住房，換到第一選擇——灣區好學區、比較新的房子，也是我最終想住的房子。

回想起來，我也不知道當初是怎樣準確的判斷市場。**其實房地產市場的趨勢判斷不是特別難，大部分時候，人們出於對涉及重大金額的決策感到害怕，而不敢有所行動。**我的第一間房子買在二〇〇二年，住了三年。買的時候不知道多久要賣掉，只知道如果市場上漲，它的漲幅會比好學區房子多，但我知道，這不是我們長久居住的地方，我們需要搬到更好的學區去。

最主要的原因還是作為中國人，我非常重視教育，要送孩子進好的公立學校。那年我的孩子已經三歲了，我需要找一個合適的時機搬到好學區。前面我說過，好學區和普通學區的房價長久來看漲幅是一樣的，但好學區房價比較穩定，壞學區房價暴漲暴跌，雖然我的孩子才三歲，我還可以再等幾年，但是對市場的解讀讓我感覺當時的房地產市場是山雨欲來風滿樓。

我的房子二〇〇二年是以四十三萬美元買進，二〇〇五年已經漲到七十二萬美元。我感覺市場會出問題來自於一次和一位仲介的對話，這位仲介在我住的社區業績很好，我問他，我們社區最近的買家都是什麼人？他說最近從南美來的移民比較多。這樣的話似乎只能問相熟的中國仲介，美國仲介對族裔問題很敏感。

我說他們怎麼能夠負擔起頭期款？他說你不知道嗎？現在貸款額度都是一一〇%，買房不但不需要頭期款，還能有多出來的錢，用來支付各種交易費和裝修費，有的人乾脆拿多出來的錢買一輛新車，反正都是銀行的錢，不買白不買。買了房子漲價，過兩年賣了，可以賺一筆錢，如果房價下跌，把房子扔給銀行就好了。

我和他都覺得這個市場嚴重的不正常，也有很多主流媒體反映這個現象，應該說大家都能感覺到房地產危機正一步一步來臨，只是不知道何時會暴發。

從過去歷史來看，防備危機最好的辦法就是把房子換成好學區的房子，在下跌時較能保值。當時在好學區花一百萬美元可以買到比較新、坪數大一點的房子。如果全憑自己辛苦靠薪水賺錢，買一百萬美元的房子，我需要五到十年才能存夠頭期款，我把增值的房子賣了，手上立刻有三十萬美元現金，作為下一間房子的頭期款綽綽有餘，而且我付的頭期款超過三〇%，可以得到比較優惠的利率。

我把新房的目標鎖定在一百萬美元，主要原因是一百萬美元是當時很多人心理上難以跨越的價格障礙，我和太太又重新開始了找房的生活。

和上次不同的是，這次我們不再需要仲介，每個週末開車，在好學區裡閒晃找房。我覺得對買方來說，仲介是一個可有可無，或者說是對你不利的服務，因為透過仲介，賣方要付三%左右的錢給買家仲介，如果請賣方仲介雙重代理（dual agent）的話，那至少可以省下一部分的仲介費，或在出價競爭時讓自己更有優勢。畢竟決定賣給誰的時候，賣方算的是能實拿多少錢，賣家仲介也是。

當然這只是我的見解，如果不放心，還是可以聘用買方仲介。那個時候市場依舊搶手，我看中一間房子，一切都符合我的要求，對方開價正好是一百萬美元，這個價格嚇走很多人，我只用二十分鐘就決定買下來。

我太太嚇了一跳，因為一百萬美元是一筆這輩子從來沒有花過的大錢。她對我在二十分鐘內就做決定感到很驚訝，其實那是因為我早已經花很多時間做好了功課，我知道我要什麼房子，要用什麼樣價位購買，一旦找到符合條件的房子，可以很快的決定買下。

第一個百萬美元

我搬進了新房子，生活開支直線上升，我再也不能只用一個人的薪資支付所有的生活費和貸款，存款速度開始下降，似乎我中了《富爸爸窮爸爸》作者羅伯特．清崎（Robert Kiyosaki）說的「中產階級陷阱」，意思是大部分中產階級隨著收入增加，換到更大的房子裡，不斷擴大自己的生活負擔，導致收支永遠在平衡線上，然後因為無法財務自由，永遠看老闆臉色過日子。

那個時候我已經有了第二個孩子，每個月房貸是三千美元，加上房產稅一千美元，每個月花在房子上的固定費用是四千美元。另外，因為有兩個孩子，不得不請一個住家的保母，費用是每個月兩千五百美元，加上其他生活費用兩千美元，每個月生活總開支增加到八千美元。

我們和很多中產階級家庭一樣，掉落收入的陷阱，就是你賺得愈多，花得也愈多，因為要住更大的房子，會連帶造成更多的開支。好在我和太太的薪資也有所成長，二〇〇一年到二〇〇五年，我的薪資每年都增加約七%，二〇〇五年的時候，我們的家庭收入也漸漸到了十八萬美元。

我依舊奉行之前的策略，超過額度的401K退休計畫都不買，這樣一年可以省三萬美元，這三萬美元幾乎是我每年可以動用的全部投資資本。

另外一方面，上海的房子房價一漲再漲，二〇〇六年時已經漲到了三百萬人民幣，我頂住所有的誘惑依舊沒有賣房子。美國第二間房子，過了一年我做再融資的時候，銀行估價已經在一百二十萬美元，而我的貸款只有六十萬美元。二〇〇六年中的時候，我粗略算了一下，各種財產，加上退休基金、股票和公司的一些員工認股，我的淨資產差不多有一百萬美元。

我從一個一文不值的窮小子，到美國之後，用了九年時間，財富從零元變成一百萬美元。我只工作了六年，我和太太只有三十五歲，在當時美國三十到三十五歲年齡層中，只有一〇%的人淨資產超過二十萬美元、一%的人淨資產超過一百萬美元。我沒有得到什麼意外橫財，公司沒上市，我也沒有創業當大老闆，只是憑著普通的薪資收入，就做到了這點。

這個時候是我需要靜下來想一想的時候。我整理一下自己的思緒，投資的關鍵點到底是什麼？之前我有什麼經驗、教訓可以吸取？下一個目標是什麼？

這時，我在文學城投資理財論壇上寫了一系列的部落格文章。一方面是討論，另外一方面是反省自己，我把我的投資理念總結為「會走路的錢」，把具體操作方法分為「懶人投資法」和「勤快人投資法」，下面幾章一一來討論。

第二部

財務自由靠執行力

如果不懂得用對方法，
永遠無法靠投資理財致富，
了解自己的本質、瞄準未來有錢人布局，
才能在投資市場獲得勝利，
進而因為財務自由實現自己的夢想。

06 會走路的錢

按照「會走路的錢」的投資原理，你要做的就是用自己的錢，欺負那些未來會很有錢、但是現在還沒有錢的人。

我用打仗一樣的飛快速度擁有第一個一百萬美元，這個時候我需要喘一口氣。應該說，我投資理財的最核心價值就是「會走路的錢」，所以我想用一章說明這個觀點。這個投資概念不是一天形成的，最早的思路源自於二〇〇七年我在文學城上發表一篇投資理財文章〈會走路的錢〉*，以下截取部分內容。

會走路的錢（二〇〇七年六月六日）

人和動物會走路，錢也一樣。你可能會覺得奇怪，錢沒有腿怎麼會走路？可錢真的會走路，有的時候是慢慢蹭，有的時候是健步如飛，即便你把它壓在箱子底下，埋在地裡，藏在被窩裡。事實上，不但錢會走路，所有的財富都會走路。我們生活在大千世界裡，人來去匆匆，財富也是來來去去。有時看得見，有時看不見，要想投資理財，就得有二郎神的眼睛，專找那些別人看不見、正在走路的錢。

先講個錢走路的故事。

我工作的單位裡有個亞裔老美同事，六十歲了，再幾個月就退休了，等著領退休金。他年輕的時候在韓國服過兵役。據他說，當時什麼都很便宜，他當大兵一個月的津貼是當地韓國人十幾年的收入。幾年前，時隔三十多年後，他再次回到韓國，發現一切變得驚人的昂貴，他吃碗牛肉麵都心疼，首爾市中心的公寓都以數億韓元計價，現在輪到他用幾十年的收入也買不起一間公寓了。

錢為什麼會走？一方面是通貨膨脹的影響。更重要的是，財富是相對的，有錢或沒錢是相對於其他人而言的，別人的錢多了，你的錢就相對少了，即使你的絕對數量沒有變化，財富就是在這樣的此消彼長過程中走來走去。

對於美國的華人而言，無形中錢在往哪裡走呢？

* 〈會走路的錢〉全文可掃描 QR Code：

傻子都能知道，錢正從美國往中國走。看得見的走是人民幣升值，目前累計有八%。看不見的走是中國收入成長和兩國通貨膨脹的差異。我現在就算給你看每年有多少錢從你的口袋裡悄悄溜走。不算不知道，一算嚇一跳。

中國實質GDP成長是一〇%，美國是三%。美國人口成長比中國高將近一%，所以，實質人均收入中國每年比美國多漲八%。中美兩國通貨膨脹的差距是五%，當然官方公布的差距沒這麼大，不過我不相信那些數字。所以，名目人均收入中國每年比美國多漲一三%。

未來人民幣每年升值大約有二%，加上一三%，每年中國人民的收入比美國多漲一五%，或者說你薪資的相對財富在以一五%的速度悄悄溜走。

面對正在走路的錢，大多數人採取沉默的態度，彷彿它們不存在。就像我同事一樣，儘管他現在悻悻然的說，如果當時娶個韓國大美女，在首爾買個花園就好了。當然，面對每年一五%的財富變化，我們也可以採取積極的態度和對策。我每天都有火燒火燎的割肉感覺，你呢？

這篇文章在網路發表後有不錯的回響，在我早期部落格文章中，這篇文章有很多網友有正面回覆，於是我寫了〈會走路的錢〉第二篇*，進一步闡述會走路的錢背後的邏輯和道理，以下截取部分文章。

會走路的錢（二）（二〇〇七年六月八日）

以前看過黃仁宇的自傳，別的不記得了，有一段抗日戰爭剛結束時候的故事非常有趣。當時的黃仁宇是國民政府的中級軍官，當了接收大員，從重慶先飛到上海。

由於當時在上海地區，日本人的偽幣停止流通，國民政府的法幣還沒有在日本統治區大量發行，他一下子發現自己非常有錢，一個月的薪資可以去高檔餐館吃幾千頓飯，可是他當時沒有敏銳的商業頭腦，竟然天真的認為自己變富裕了是抗戰結束的結果，以後永遠有這樣的好日子。他還不捨得把法幣薪資全花掉，打算把大部分的錢存下來。後來的結果當然大家都知道，那些法幣很快連廢紙都不如。

和他同行的人中有幾個有眼光，用法幣換金條，再到重慶賣金條買法幣，來回一趟就

* 〈會走路的錢（二）〉全文可掃描 QR Code：

可以賺一百倍，大發了一筆。黃仁宇在回憶錄中自嘆，錯過人生中最容易發財的好機會。看別人的故事感覺傻得可笑，可今天的美國華人中，還是有很多人天真認為同樣是寫軟體，在美國的薪資就會永遠比在中國高，好日子可以永遠繼續下去。

上一篇文章我算了一下財富轉移到中國的速度，大家還關心到底人民幣會升值到哪一天。根據購買力平價指數（PPP），按二〇〇六年的物價水準計算，人民幣兌美元匯率為四．二比一；根據大麥克指數（Burger Index），人民幣兌美元為三．六比一。大麥克指數真的很準，二〇〇〇年的時候成功預測到歐元被低估，現在又顯示美元被低估了。

人民幣有兩種方式最終達到這個匯率水準。一種是表面上的名目匯率升值，現在牌價每天都在變，但是政府的步伐很小，即便最近加速升值，一年的變化也只有二%到三%，一種是暗地裡的變化，往往為人們忽視。

今年人民幣的實際發行量比去年同期成長二二%！人民幣透過內部劇烈的通貨膨脹，以更快的速度達到匯率平衡。你可能問，多發了二二%，為什麼沒見中國有惡性通貨膨脹？中國政府透過發行公債來吸收市場上的人民幣，貨幣供給只成長一七．四%，減去一〇．五%的GDP成長，實際通貨膨脹應該在七%，比政府公布的四%高一些，但和一〇．五%的副食品漲幅傳遞的信號差不多。

人民幣匯率從八到現在的七．六四用了一年的時間。根據這個升值速度，三年後的名目匯率是六．二比一，但人民幣的通貨膨脹也會把大麥克指數推到五比一。開發中國家的物價水準應該比已開發國家低一些，特別是中國沒有自己的產品品牌，必須靠價格取勝，除非哪天有自己的品牌了，所以我估計未來的名目匯率應該在六比一左右。

但大家不要只盯著名目匯率的變化，以為升值速度和幅度很小就可以高枕無憂。史無前例的財富正在朝中國滾滾而去，中美工程師的薪資差距目前是五倍左右。按照我前文計算每年實際正以一五％的速度變化，十年左右，兩地的薪資就會拉到兩倍以內。別忘了，二十年前，兩地可是差近一百倍。

這對美國白人沒有關係，想要未來退休回中國過著像國王生活的人最好現在就去趕緊享受你的「國王生活」，不然，夢想就永遠只能是夢想了。

「會走路的錢」這個想法是從時間中漸漸摸索出來的。回想我二十多年的投資理財經歷，每過一個階段，我會反思一下自己之前走過的投資道路，也會思考一下未來應該怎樣實現下一步的目標。

瞄準未來有錢人布局

在我的記憶中，有幾個比較大的思考里程碑，一個是擁有一百萬美元資產的時候。我只工作六年，為什麼就能擁有一百萬美元？這和教科書上以及各種報章雜誌上的投資理財計畫都不一致，按照報章雜誌一味宣傳的**401K**退休計畫長期固定投資方法，只有在很久以後——一直到你退休，才能成為百萬富翁。

另外一個思考的里程碑是在我快完成十年理財計畫的時候（存到百萬美元後，我給自己定了一個全新、看似難以實現的計畫，就是再加一個零），當初制定這個十年一千萬計畫的時候，我甚至完全不知道如何去實現。後來實現的時候，我又陷入了很長時間的思考，經過這兩輪思考，我漸漸領悟出「會走路的錢」的投資理念。

什麼叫作「會走路的錢」呢？用一句能說清楚的話簡單概括就是：各種投資商品的價格與生產成本和使用價值無關，價格也非固定。**一件投資商品的價格未來會不會上漲，取決於擁有的人未來會不會比現在更顯著的有錢，特別是那些未來必須擁有這項投資商品的人，也就是剛性需求族群，會不會比現在有錢**。

我可以舉幾個簡單的例子，說明「會走路的錢」原理。

在全世界的古董拍賣會上，各種唐宋明清的文物，價格都非常高，圓明園曾經用過的水龍頭其實沒有什麼藝術價值，年代也不是很久遠，價格也被炒到上億的天文數字。這些東西在改革開放的時候並不那麼值錢，一個外國人哪怕是中產階級，到中國都有能力收購，現在這些東西卻變得非常值錢，這是因為中國整體變富裕了，中國人有錢了。

能夠看到這一點的人就可以發財。比如改革剛開放的時候曾經有一個法國人到中國收購各種現代繪畫，我喜歡的岳敏軍的繪畫就是其中之一。當時這些繪畫在中國並不值錢，也不算文物，但是對於我這個年紀的人現在看來就是珍寶，因為這些繪畫可以觸動我童年很多回憶，讓我產生各種強烈共鳴。我們這一代中國人現在變得有錢了，這些畫也就從一幅幾千元漲到幾千萬元。畫還是那幅畫，倘若我們這代人沒有變富裕，就不會變得值錢。

如果你覺得藝術品市場無法理解，來看一看大家熟悉的股市。一九七〇年代的日本股市曾經有一波小幅上漲，但是又陷入下跌，當時很多人認為那是泡沫，但是一九八〇年代日股一口氣漲了幾十倍，主要的原因就是那一代日本人變得有錢了，之後，日本陷入人口老化，新生人口變少，收入陷入停滯，股票和房子在泡沫後再也沒有恢復過來。

再舉一個我在中國看到的例子，前陣子我去杭州餘杭區的阿里巴巴總部開會，餘杭區那一帶原來都是農田，屬於城鄉交界，住著一些到城裡做小買賣的農民。二〇一五年的時候，房價也不貴。當杭州市中心房價突破每平方公尺五萬人民幣的時候，那裡的房價只有七、八千人民幣。

但是阿里巴巴的總部遷到餘杭區，修建一個巨大無比的產業園區，要聘雇數萬人工作，這些員工來自全國各地的頂尖聰明年輕人。比起其他公司，阿里巴巴的員工收入很高，這些年輕人將來都需要結婚生子買房，他們的到來，一下子把餘杭區的房價推高到每平方公尺四萬到五萬人民幣。

如果你關心餘杭房價，就會注意到當阿里巴巴要遷移的消息傳開時，房價出現一波上漲，漲幅不大，大概五〇％左右。真正讓房價漲起來的是這些人陸續搬入園區之後。

房地產的價格和股票不一樣，房地產的價格變化市場效率沒有那麼高，股票價格在消息出來之後，往往幾秒鐘之內價格可以漲到位，除非你有特別快的電腦能夠捕捉到這個差價，不然大部分人只能望洋興嘆。

房地產價格則不一樣，因為買房需要籌措資金，需要時間。固然也有人看到了房價的趨勢，進行投機活動，把房價拉高五〇％，但是真正的推升還需要真金白銀的出資者投入，利用這個時間差就可以賺錢。

你要做的就是跟著年輕人走就好了，你可以觀察這一代最聰明、未來收入成長最快的年輕人，他們去哪裡、在做什麼，以後有什麼剛性需求，去他們未來要去的地方，把資產買好。等這些年輕人來的時候，資產價格就會上漲。

美國房地產也是一樣的道理，比如灣區的房地產就是這樣。灣區集中全世界最頂尖的聰明人，這些聰明人來自歐洲、美國其他地方、中國或印度，他們來的時候往往手上沒有錢，有錢也不太敢花，因為他們全部的注意力都在創業上，等事業有成之後才有能力買房子，所以你比他們領先一步就可以了。

「會走路的錢」核心原則就是不要和有錢人去拚體力，這是在房地產投資上人們經常犯的錯。

拿上海做例子，上海分浦東和浦西，浦西是傳統上海舊城區，浦東則是新的城區。老浦西人對浦東存在一種傲慢的態度，有句老話說：「寧要浦西一張床，不要浦東一套房。」這些傲慢給傳統的上海市民只會帶來傷害，我在上海的親朋好友中，大部分人只在自己熟悉的舒適圈裡購買房屋，在他們眼裡，浦東是鄉下，那裡人說的上海話都不夠標準，只有在舊租界裡的房子才是高檔房子。

可是回顧上海的房價歷史，會發現浦東的成長幅度大約比浦西房價高一倍，原因是浦東大多數是新移民，集結一批新興產業，浦東新區在發展過程中建造大量住房，而浦西是在老城區裡改建，總體建設面積不如浦東大。二十年前，浦東房價遠遠低於浦西，隨著新興產業發展，年輕人愈來愈多，現在浦東房價幾乎跟浦西一樣。

這就是如何在一個地區和一個城市內，利用發展速度的不平衡去管理自己的錢。國家和國家之間，跨越的時空大一點，也能夠看到這種變化。我在部落格那篇〈會走路的錢〉裡舉的例子就是國家之間的例子，我那位華人同事，韓戰期間既沒有用一個月的津貼去買一間房子，也沒有去追求一個韓國姑娘，他把錢花在酒吧裡喝啤酒，想的只是服完兵役趕緊回美國。

按照「會走路的錢」的投資原理，你要做的就是用自己的錢，欺負那些未來會很有錢、但是現在還沒有錢的人。

在美國，星巴克的CEO出了一本關於房地產投資的書，他發現一個規律，就是星巴克周圍的房地產價格，升值速度要比其他地區更快。同樣的道理，那些穿著很潮的年輕人聚集的社區，房價就會比其他地方升值潛力高一些。這些很潮的年輕人，大部分的錢都用來談戀愛和打扮自己，一旦結婚成家步入中年，就會把每一分錢都花在必須的投資商品和房地產上，所以你比他們稍微超前幾年就可以了。

「會走路的錢」的投資方法，總結原則就是，**把投資瞄準未來可能成為有錢人、現在還是窮人的人，購買這些窮人未來可能會需要的東西，欺負他們現在還沒有錢，不要和那些比你更有錢的人去拚體力**。這些投資商品可以是藝術品、房地產，也可以是任何東西，抱著這個「會走路的錢」的原則，我二〇一六年前後開始投資比特幣，實戰經歷將在第十七章說明。

早期擁有或購買比特幣的投資人，很多是名校博士，未來可能會變得很有錢，但是當時只有二、三十歲出頭，在社會上沒有穩定的經濟基礎，將來變有錢了，比特幣價格也就會被推上去。他們沒有錢的一個證明就是「披薩事件」，二〇一〇年Laszlo Hanyecz用一萬枚比特幣買了一個披薩，這一萬枚比特幣現在大約值七千萬美元。早期玩比特幣的人都是窮小子，不然也不會去吃披薩。

當我觀察到這個現象時，毫不猶豫的開始買入比特幣。

通貨膨脹讓財富縮水

提到投資，不可避免的要搞清楚通貨膨脹。財富是在到處走動的，財富永遠在此消彼長的變化過程中，哪怕你什麼都不做，把錢存在箱子裡，放在銀行保險庫，放在你睡的床墊，錢也在不停的走路。你要做的就是為這些錢選對正確的方向，跟著錢一起走。

老年人經常犯存錢而不投資的錯誤，我認識不止一個老人生活節儉，一輩子都在存錢。特別是經歷過一九五〇、一九六〇年代艱難生活的老人，一直把相當大比例的收入存入銀行，最終一輩子也沒有存下什麼錢，通貨膨脹把他們的財富全消耗掉了。

關於通貨膨脹的計算，很多投資理財的人可能都有一定的誤解。要麼覺得美國隨時會陷入通貨膨脹的災難，美元會變得一文不值，要麼覺得美元永遠保值，只要安安穩穩的存美元就好了。為此我還在二〇〇七年專門寫了一篇文章〈美國發生超級通貨膨脹，該怎麼辦？〉*，今天看來基本觀點依舊成立。

總體而言，美元過去沒有亂發，現在沒有亂發，未來也不會輕易亂發，不會有超級通貨膨脹，但是另一方面，政府總是在緩慢的讓錢變得更加不值錢。這個緩慢的力量一時半刻你感覺不到，但是十年、二十年下來就能知道它的厲害。

舉個例子，官方公布的通貨膨脹比率經常是一％到二％之間，讓你覺得好像沒有什麼大不了，只要投資報酬超過二％，錢就可以保值，一個例子就是讓大家去買美國抗通膨國庫券（簡稱TIPS），就是在通貨膨脹的基礎上，加上幾個百分點的利息作為利率回報。然而其實TIPS是一個巨大的陷阱，長期買這類債券會讓你的錢變得一點都不值錢，因為通貨膨脹率只代表物價水準的變化，不代表社會相對財富的變化。

今天的中國和美國雖然意識型態高度對立，實際上兩個國家愈來愈像。美國聯邦政府愈來愈龐大，愈來愈像中央政府，福利愈來愈多，愈來愈像社會主義；中國則是愈來愈吸取資本主義的成分，隨著發展速度減緩，中國未來的通貨膨脹和美國過去、現在、未來的通貨膨脹情況估計差不多。

通貨膨脹對於大部分中國人來說，想到的是國民黨時期貨幣濫發，總覺得那是相對遙遠的事情，在政權穩定的時候不會發生這樣的事情。其實政權穩定的時候並不是貨幣濫發導致財富縮水，快速成長的經濟也會導致你的現金財富縮水。

我對這件事情的直接感受是在美國博士即將畢業的時候，當時辦公室來了一位從南方某間大學來的老教授，我正在和同學聊天，比較我的三個工作錄取通知。那位老教授聽到我的薪水後，憤憤然的說：「我幹了一輩子，薪資也就一年七萬多美元。」他覺得

*〈美國發生超級通貨膨脹，該怎麼辦？〉全文可掃描 QR Code：

非常不公平，年輕人一畢業就可以拿到七萬多美元的收入，他大學畢業時，能夠拿到一萬美元的收入就是高薪了。

當時他的話讓我吃了一驚，我還不知道一九七〇年代美國的薪資收入那麼低。我去查了一下，他說得沒有錯，可是三十年來通貨膨脹引起的貶值沒有那麼高，把過去三十年的資料拿出來計算一下，按照每年一％到二％的通貨膨脹率，收入應該只差了五〇％到一〇〇％，為什麼會有這麼大的差異呢？這是因為大家對貨幣和通貨膨脹率的理解出了問題。

假設某個國家的GDP是一兆美元，為了更簡單的計算，如果貨幣流通速度是一，就需要一兆美元的貨幣作為支撐；如果經濟成長五％，GDP就變成了一．〇五兆美元，若通貨膨脹率是零，政府就要多印五百億美元鈔票，也就是貨幣總量變成了一．〇五兆美元。

所以即使通貨膨脹率是零，持有現金的話，你的財富也會縮水。你可能會說財富沒有縮水呀，因為價格沒有變，原來口袋裡的一百元和現在口袋裡的一百元買到的東西一樣多。

然而當我們比較貧富的時候，比較的是相對數字，而不是絕對值，我們富裕感並不是來自絕對財富有多少，而是相對財富有多少，也就是比起你的左鄰右舍，比起你熟悉的人，比起你的親戚同學，是不是你的財富更多。當然很多人會批評這種比較方式是不對的，不需要和他人比較。

但事實上我們因財富而產生的快樂感，因成功而產生的成就感，都是和他人比較而形成的，不然富比士也不會每年公布全球富豪榜，因為相對數字是比較財富最可靠的標準，比如說如果你擁有一美元，原本擁有的財富是全部錢的一兆分之一，現在政府多發了五百億美元，你所占的財富就縮水了。

你可能又說，不對呀，大家的現金很少，大部分是其他形式的資產，現金多少沒關係，因為現金占總財富的比例很低。事實上，資產也在源源不斷的被生產出來，房子愈蓋愈多、公司股票也是愈發愈多，如果通貨膨脹率是零的話，現金的成長比例和資產的成長比例一樣。所以即使通貨膨脹率是零，只要GDP在成長、社會總財富在增多，你的相對財富就在縮水。

然而政府掠奪財富的方式通常比這個要再貪心一點，僅僅憑空製造五百億美元還不夠，政府還喜歡加一點通貨膨脹，美其名曰刺激經濟，政府如果想保持二%的通貨膨脹，就需要多發七百億美元。相對的，你的財富也就會按照七%的比例縮水。

那到底是通貨膨脹吃掉了你的錢，還是經濟發展吃掉了你的錢？有人會說政府公布的經濟資料有虛假，其實總體經濟資料很難做假，至少很難長年累月的造假。如果經濟成長率是一〇%，貨幣通貨膨脹率是五%，你的收入是按照每年一五%的比例在縮水。

我認識的一個中國老人，會計出身，一輩子擅長精打細算過日子。他的存錢習慣和我差不多，在一九八〇年代末一個月薪資只有一百元的時候，他會存二十元，一九九〇年代薪資是一千到兩千人民幣的時候，他會拿出兩百元存錢。然而他存了一輩子的錢，去世時帳戶只有三十萬人民幣。說點諷刺的話，那時一個像樣的墓地價格已經漲到了十五萬人民幣，在經濟快速成長的社會環境裡，只存錢不投資是沒有意義的。

不但存錢沒有意義，存黃金也沒有意義。因為在快速成長的經濟環境裡，人們的收入和資產的成長超過任何一種貨幣。在改革開放之初，我的記憶中，結婚時需要買一條金項鍊作為聘禮，到了現在，沒有人會認為一條金項鍊是可以拿得出手的體面聘禮，因為大部分中國人工作一星期就可能買得起一條金項鍊。

我哥哥在一九八〇年代中期的時候經別人介紹和女方家庭相親，女方家要求男方家準備一條金項鍊，當時一條金項鍊約一千人民幣，而平均月薪只有一百到兩百元，要存一年的錢才買得起，我哥哥因此和相親的姑娘不歡而散。

金項鍊的故事告訴我們，僅靠對抗通貨膨脹的投資並不是一個好的投資。黃金是對抗通貨膨脹很好的投資商品，然而存黃金在快速成長的經濟環境下是沒有意義的，因為新的財富製造得太快、太多。

存錢還是消費？

無論中國還是美國，從全國的指數看經濟成長率是沒有意義的，因為你不可能平均生活在全國各地，肯定生活在某個特定的城市，某個特定的社區，所以你因財富多寡而產生的幸福感，是跟周圍的人進行比較。

有的人可能會說中國經濟高速成長，美國從來沒有過高速成長，所以上面說的事情和他無關。這個觀點也是不可取。以灣區為例，實際薪資成長率或者GDP成長率在五％到八％之間，如果你的財富成長，沒有比這個速度再加上通貨膨脹更高，其實你的財富就是在縮水。

另一方面是，通貨膨脹率並不反映勞動生產率的提高。在不同產業的生產部門，勞動生產率的提高速度不一樣，比如農業的勞動生產率就沒有提高很多，單位農民產出的ＧＤＰ並沒有特別快的成長，而在有些行業，比如金融或電腦高科技領域，單位人均ＧＤＰ勞動產出成長的要快一些。

所以對一個年輕人而言，到底是花今天的錢還是花明天的錢，最好的判斷是比較今天的收入和未來的收入。如果你覺得收入成長會超過一〇％，而投資報酬率只有五％，你就應該花今天的錢而不必存錢，如果你覺得未來收入成長會低於投資報酬率，就應該老實存錢，盡可能多存錢和投資。

投資也是，你的投資報酬率一定要超過你所在人群的收入成長率，這樣的投資才是好的投資，否則其實就是貶值的投資，不如直接去消費。

財富保值的方法

會走路的錢最重要的第一件事，就是防止錢從你家裡走掉。你可能說自己沒有那麼聰明、沒那麼幸運，也不認識什麼年輕人，不知道哪些年輕人未來會成功，所以沒有辦法追逐他們的腳步，讓錢走到自己家裡來。那麼，至少要做到讓財富不縮水，如何保值呢？

前面說過僅僅買抗通貨膨脹的投資商品是不能保值的，最好的方法，還是認清形勢和總體環境的變化，然後在趨勢下持有稀缺品。房產其實不是稀缺品，因為不停會有新房子被建造出來，幾乎沒有什麼不動腦筋的模式可以保證財富保值，這個世界永遠在變化，沒有什麼以不變應萬變的策略，股票、黃金、比特幣、藝術品、債券，沒有一樣能夠做到不動腦筋百分之百保值。錢就是這樣，你一個不小心，它就從你家門縫溜走了。

在美國底特律，如果你一九五〇年代在那裡買了房產，會發現怎麼買都能賺錢，因為有源源不斷的工人湧入，美國生產的汽車賣到全世界各地，全美國的錢都匯集到底特律來了。然而在一九八〇年代之後，你還長期持有底特律房產的話，無論你是多聰明的人，你的錢也會變得愈來愈少，因為產業一蹶不振，人口在流失。

投資的時候有一句話叫作「趨勢是最好的朋友」，房地產更是如此。房地產的趨勢更加穩定，更加持久，一個興旺的房地產市場會持續二、三十年，一個走下坡的房地產市場也會持續走二、三十年，中間當然會有一些小幅反向的波動，一個聰明人要看清楚大方向，然後堅決果斷的做出投資決策。

今天的紐約，沒有出現金融業會離開的任何跡象，所以曼哈頓會長期興旺很久，但是也很難再有快速的成長，灣區則不然，因為未來愈來愈多錢會匯集到灣區，灣區還在上升期。但是天下沒有不散的宴席，縱觀人類歷史中城市的興亡，雖然每次跨越的時空尺度很大，但沒有永久興盛的城市。

要實現資產保值，最好的辦法就是敢於突破自己，離開自己熟悉的環境，到年輕人聚集的地方去，這些地方全世界各地都有，例如柏林就比巴黎更有希望。遺憾的是多數人並不這樣想，他們很少從投資的角度去思考自己生活在哪裡，特別是到了中年之後，更會沉浸在自己熟悉的環境，有熟悉的朋友和親人，即使他們心知肚明，知道自己生活的城市正在一天天衰退，也不會離開。

如果你擁有其他類型的資產，比如黃金、股票或藝術品，也需要注意自己資產的轉移，比如英國人擁有中世紀時期大量藝術品，隨著英國人經濟規模在世界經濟體占比的下降，會漸漸變得不是那麼值錢，而一些新興地區的藝術品，會變得愈來愈值錢，比如越南和印度。如果你膽子大一點，可以購買北韓當代藝術家的繪畫或雕刻，因為北韓現在的狀況不可能永遠持續下去，有一天政權改變了，你就可以獲得不菲的投資報酬。

當然這樣風險有些高，而且有些投機的意味，最好的方法還是等機會真正來臨的時候，就是政治發生重大變革後，再去投入，你只需要比大部隊領先一步，而不是十步。

黃金也是相同道理，年輕人沒有經歷過戰爭，對黃金沒有深刻的印象，經歷過的人才知道，到了國家一切信用體系崩潰的時候，真正的財富只有黃金。目前還沒有跡象顯示全球的金融信用體系會崩潰，所以投資黃金不是一個好主意，我把黃金歸為永不分紅的股票，而且現在手中持有黃金的都是有錢人，你完全沒有必要和這些老人拚體力，所以擁有黃金不是財富保值的好辦法。

在投資理財界，總是有一群黃金迷，為此我專門寫了一篇〈永不分紅的股票〉*說明，為什麼黃金不是平時長期持有的好投資。**中老年投資人千萬不要只盯著周圍的人在投資什麼？要多看看年輕人準備投資什麼？因為年輕人才是未來的希望**。

如果不投資黃金這些老年人才喜歡的東西，是否應該像孫正義那樣永遠走在時代的最前線，去追逐最賺錢的股票？我覺得對於一般人而言顯然不是一個好主意，因為風險太高。

對於一般人而言，生活中最大的財富其實就是自己的住房。除了自己的住房，還有就是在自己生活的城市購買一些投資房，最好的辦法就是遷居到有潛力的城市，搬到最

*〈永不分紅的股票〉全文可掃描 QR Code：

有潛力的社區。

這是最簡單的投資方法，我知道一位東南亞華裔美國人，他用簡單得不能再簡單的投資方法，把自己住的街道上的房子一間一間買下來，平時省吃儉用，等到有人賣房子就買下。幾十年後，他買下三間房子，安安靜靜的退休了。

至於買股票，你很難得到內線消息，很多時候只能從報章雜誌上猜測公司的經營狀況，其實公司經營受太多因素影響，外界很難了解。房子看得見、摸得著，如果你生活在這個社區裡，應該比地球上任何一個財務經理更了解社區的房子，你不但知道房子的價格和租金，你還知道房子建造的一些缺陷，甚至了解每一個競爭對手，因為你了解左鄰右舍是什麼樣的人。有這麼多豐富的知識不利用，實在太可惜了。

還是有人會說我不喜歡房子，也不想管理房子。投資房地產還是股票，一直是投資理財論壇上熱烈爭論的話題，其實兩者殊途同歸。在我看來，首先要了解自己是一個什麼樣的人，根據自己的特點，決定買股票還是房子，我把這兩個投資思路分別總結為「懶人理財法」和「勤快人理財法」，接下來兩章就分別討論這兩種投資方法。

07 懶人理財法

投資是和他人博弈的過程，如果對自己不了解，怎麼能獲勝？人們經常犯的一項錯誤就是，明明自己是個懶人，投資上卻選擇一個勤快人該做的事。

你不是電腦，而是有血有肉活生生的人，很多人做投資決策的時候忽略了這點，例如，當比較兩個或多個投資決策的時候，人們最喜歡做的就是打開Excel檔案，計算投入的金額以及未來可能出現的報酬，用內部報酬率（IRR）、淨現值（NPV）一些指標來評價一個投資的好壞。複雜一點的Excel表還能做未來預測分析，給出投資可能實現的收益範圍。

然而，這些表格計算往往是無效的。一方面是因為市場有太多不確定性，難以全部統計在表格中，另一方面就是這些表格都忽略人的作用：投資執行者的因素。同樣一個投資產品，如果不同的人去執行，結果自然不一樣，我把這個現象歸結為執行力。

執行力用中國的一句老話來說就是知易行難，你明明知道這是一個好的投資產品，但就是沒有辦法去投資。

投資最重執行力

我從投資北京房地產的經驗深刻明白這個道理，我前前後後決定買北京的房子有四次之多，最接近成交的一次，連合約都簽好了，只差把定金匯過去，結果還是因為各種陰差陽錯沒有買下來，而在上海我的執行力稍微好一點，主要原因是親戚朋友給了我更多的幫助。購買房地產需要執行力，說白了就是自己是否勤勞，一個勤勞的人，在房地產交易上總體來說執行力會好一些。

在股票市場則不然，股市效率很高，一個消息出來，價格立刻反映在股價變動上，這個時候執行力不是比你有多勤快，因為再勤快也比不過電腦的速度。

股票市場的執行力就是你能不能按照一個事先想好而且是有效的策略，堅定不移的執行。當市場價格下跌的時候，人們出於恐懼總是不敢買進；當價格上升的時候，出於貪婪，總是喜歡追漲，電腦其實是股市交易執行力最好的機器，一個固定的策略放進去，沒有人為干涉，交易策略就不會改變。

在我十幾年的投資經歷中，深刻領悟到執行力的重要性，所以我把投資方法歸結為兩類，一類為懶人投資法，一類為勤快人投資法。

古人云：知己知彼，百戰不殆。投資本質上是一個和他人博弈的過程，如果你對自己不了解，怎麼能在博弈中獲得勝利呢？人們經常犯的一個錯就是明明自己是個懶人，投資上卻選擇一個勤快人該做的事，或者明明自己是個勤快人，卻做了懶人要做的事情，一個人的性格和行動能力是沒辦法在Excel表格上找到位置表達出來的。

先說懶人的投資策略，在股票市場過去幾十年甚至上百年歷史中，能夠長期保持不敗的投資方式，就是用定期定額買進股票指數型基金（ETF），這是一個簡單得不能再簡單的策略，你不需要去預測明天股票是漲還是跌，只需要把每個月的存款拿來買ETF就好了。

為此我專門寫了一篇文章，叫〈懶人理財法〉*，根據這個投資法，十六年之後你可以永遠有錢花，而且子子孫孫永遠都有錢花。

*〈懶人理財法〉全文可掃描 QR Code：

懶人理財法（二〇〇七年六月十三日）

投資理財實在累，往大了說，要通曉全球政治、總體經濟、利率變化、匯率調整、通貨膨脹。往小了說，要精通當地經濟產業變化、人口流動、好壞學區。往橫裡說，要領悟股票行情、期貨石油、貸款種類。往上了說，要了解稅收政策、教育基金、形形色色的退休金。往後了說，要明白風險管理預期報酬。

十八般武藝樣樣要精通。多年辛苦不算，一個不小心，一步走錯，誤判市場行情，就會竹籃子打水一場空。我教你一套懶人理財法，簡單易學，什麼人都能做到，包學包會、全部免費，讓你年紀輕輕，逍遙自在。就三招，一分鐘保證讓你學會。

第一步，找一份工作，每月把三分之一收入存下來。去 E-Trade* 開一個交易帳戶，把三分之一的收入拿去買 SPY（S&P index）†。第二步，連續這樣十六年。第三步，停止工作，每月從這個帳戶，提領和每月薪資一樣多的錢，重複十六年前的動作，直到永遠，子子孫孫，永不停息。

簡單吧！每個人都會做。你要是相信我，就此打住，不用再看了，趕緊去做。你要是還有疑惑，那就接著看看是怎麼回事。我的計算是假設你的薪資每年漲四％，標準普爾五百指數每年報酬是一二％，累積十六年後，你每年總資產的增值將超過薪資收入，你就可以把增值部分當薪資發給自己。

我這裡沒有扭曲任何假設，標準普爾五百指數長期報酬就是一二%，美國每年薪資成長也是四%。要是二十歲開始用我的妙法，三十六歲就可以告別朝九晚五的日子。用我的懶人妙法，再也不用擔心那些亂七八糟的理財東西。通貨膨脹？沒問題，股票是對抗通貨膨脹的最好辦法，要是發生通膨，標準普爾五百指數只會漲得更快。

錢會走路？沒關係，錢愛往哪兒走，就往哪走，你不要跟別人比，只跟自己的過去比，每年收入比上一年多四%，直到永遠。

因為這篇文章開拓了大家的思路，回覆意見比較多，於是我又寫了一個續篇〈懶人理財法補充篇〉‡，說明如何做到懶人投資，詳細內容可以在我的部落格閱讀。

---

* 億創理財公司，是美國一家金融服務公司。

† 標準普爾五百指數，是追蹤美國五百家上市公司股票的指數。

‡ 〈懶人理財法補充篇〉全文可掃描 QR Code：

這篇文章是二〇〇七年寫的，到現在已經十三年過去了，還有三年就可以實現財務自由。如果讀者有興趣的話，可以用過去十三年的收益，看看是不是像懶人投資法預測的那樣。因為這是懶人投資法，讀者應該懶得提筆計算，因此我算給大家看。

下面表格是我用過去十三年美國標準普爾五百指數股票指數價格實際計算出來的收益，看一看和我當初預測的差多少，結

懶人理財法報酬計算　單位：萬美元

投資計畫年份	年收入	年投資存入	預期年收益	預期資金總額	實際年收益	實際資金總額
2007	10	3	12%	3	5.49%	3.2
2008	10.4	3.1	12%	6.5	-37%	5.1
2009	10.8	3.2	12%	10.5	26.46%	9.6
2010	11.2	3.4	12%	15.1	15.06%	14.5
2011	11.7	3.5	12%	20.5	2.11%	18.3
2012	12.2	3.6	12%	26.6	16%	24.8
2013	12.7	3.8	12%	33.6	32.39%	36.7
2014	13.2	3.9	12%	41.5	13.69%	45.6
2015	13.7	4.1	12%	50.6	1.38%	50.3
2016	14.2	4.3	12%	61	11.96%	60.6
2017	14.8	4.4	12%	72.7	21.83%	78.3
2018	15.4	4.6	12%	86.1	-4.38%	79.4
2019	16	4.8	12%	**101.2**	21%	**100.9**
2020	16.7	5	12%	118.3	—	—
2021	17.3	5.2	12%	137.7	—	—
2022	18	5.4	12%	159.7	—	—

果讓我都嚇了一跳，因為太接近了。原本預測的是第十三年你應該擁有一百零一萬兩千美元，實際執行下來的結果是一百萬九千美元，兩者差距不到一％。恐怕讓你猜一下自己銀行裡有多少存款，都達不到這個精準度。

在研讀歷史的時候，大家總是習慣把一切當故事看。事實上歷史形成的趨勢很難改變，特別是那些一再被驗證的歷史，就像太陽明天會升起一樣。我預測的投資結果和實際投資結果驚人的接近。

懶人只買一檔ETF

我這篇〈懶人理財法〉有超過一萬人次閱讀，然而有多少人看了文章後去實行呢？我個人感覺是零，一個都沒有。大家只是當消遣，看看熱鬧，非常可惜。當然懶人投資法有稅務上的缺陷，更好的投資法是「不那麼懶的懶人投資法」，就是在這個基礎上考量稅賦影響，這裡就不寫了。

再看看投資理財領域的另一個怪現象，就是大家都知道巴菲特是一個無人能敵的投資人，他是一個長年打敗標準普爾五百指數的人。既然巴菲特是股神，為什麼還會有那麼多人選擇自己炒股，而不購買巴菲特的股票呢？難道你覺得自己比巴菲特還要厲害？為此我寫了一篇文章，叫作〈股神、401K，肥肉與涼水〉*。

股神、401K，肥肉與涼水（二〇〇八年三月十七日）

巴菲特到底是不是股神？巴菲特的成就是嘆為觀止的，過去幾十年的投資報酬是二二%，遠遠高於標準普爾五百指數。如果你在一九六五年買了一萬元的標準普爾五百指數，現在報酬是五十萬，如果你買了巴菲特旗下波克夏一萬元股票，現在總市值為三千萬。

但是巴菲特同志到底是不是股神呢？發財有兩種，一種是矇的，一種是因為他們的確有過人的地方。可惜世上沒有哪個勝利者承認他們是矇的，勝利者總是能編出一套套偉大的理論來唬人。等你去實踐就發現完全不是那麼回事，光聽他們說是不行的，要拿出資料來好好分析一下才可以。

當年我在拉斯維加斯的時候，曾經在輪盤賭桌前連續看到莊家一口氣開出十一個紅。試想一下，如果當時有人把一個籌碼留在紅框裡，內急上廁所，十幾分鐘後回來，立刻就有千倍的報酬。如果這個人能吹能寫，也能編出一套偉大的理論，比如輪盤賭局與瀉藥，或者什麼輪盤賭局三原則來矇人。要當賭神嗎？簡單！請記住下面三個原則：第一要吃肥肉；第二押下籌碼立刻喝涼水；第三，不要忘了以上兩點，新一代賭神就誕生了。世上沒有賭神，特別是人對上機器的時候。市場有效的話，也不會有任何股神，但號稱是股神的人此起彼落。

好了，現在算算巴菲特靠運氣的機率是多少？出老千的機率是多少？

標準普爾五百指數的報酬一二%，年報酬率的標準差是一五%，假設常態分布和風險相同的情況下，根據偉大的數學王子高斯發明的公式，如果巴菲特完全靠運氣，一年的報酬率達到二二%的機率是二五%。矇中一次的可能性是二五%，四十年連續矇中的可能性就小的可憐了。當然巴菲特不是連續的，需要改個方法算，總之，從統計上來看機率很小，千萬分之一以下。

反對意見的人說，如果價值投資如巴菲特所說的那樣，豈不是人人仿傚，個個都發了。巴菲特同志說，我的妙法雖然簡單，可惜很難模仿，因為你手上需要大量的現金，沒有

*〈股神、401K，肥肉與涼水〉全文可掃描 QR Code：

幾十億美元在手，價值來了也輪不到你。

這話聽著很耳熟，從小老師就說：「機會是留給有準備的人。」反對者再問，那你年輕時起步的時候沒有幾十億是怎麼玩的？巴菲特答：「因為我會研究，能發現被低估的股票。」全世界就你眼光好這種話，我從來都不相信，這點上來看，我傾向巴菲特雖然有過人之處，但早年運氣好的成分很大，資金大了以後，可能的確摸索出一套別人難以模仿的辦法。

此文當然是娛樂為主，主要還是想說在股市要謙虛，逢低買進、逢高賣出看起來很容易，實踐起來比登天還難。

但是為什麼股市總有無窮無盡的投資人在做短線交易呢？在我看來就是這些人太勤快了，勤快的背後原因可能是他們喜歡買進賣出的過程，在各種預期和刺激下享受快感。在股市裡反覆短線操作的人，和拉斯維加斯賭場的人沒有什麼區別，他們並不是為了賺更多錢，只是在滿足賭博一樣的心理快感。

那些中產階級呢？既然你們都知道巴菲特是股神，為什麼不買入巴菲特的股票，而去持有那些莫名其妙的基金呢？

也是因為你們太勤快了，勤快到喜歡比較各個基金過去歷史報酬。事實上，大部分人又不是那麼勤快，不太知道各個基金的歷史報酬，又用哪些手段動了手腳。美國股市經歷幾百年的發展，有近百年的資料證明，唯一有效的投資策略就是投資ETF的懶人投資法。

男人懶還是女人懶？

投資領域不需要肌肉，我並不是帶著性別歧視，但是不得不說，男性總體適合投資房地產，女性適合投資股票，因為房地產投資牽涉到很多動手的事情，比如房間需要做一些敲敲打打的修繕工作，下水道也許壞了，屋頂也許會漏水，這些體力勞動相對來說男性更適合一些。

一方面是男性做這些事情可以減少費用，另外一方面是當男性去和工程團隊討價還價的時候，工人不太敢矇騙男性，因為人們本能覺得男性可能了解術語和工程，就像修汽車一樣，女性去修車廠，被宰一刀的機率要遠遠高於男性。

股票投資不需要出賣體力，你只需要冷靜的思維，冷靜的思維這件事，乍看之下似乎男性比女性有優勢，因為大家常說男性是理性動物，女性是感性動物。其實不是這樣，男性往往盲目自大、剛愎自用，聽不見別人的意見和勸告，一個男性很難聽從另外一個男性的勸告，這可能是寫在基因裡面的。

為此我專門寫了一篇文章〈投資理財，聽男的還是聽女的？〉*，因為有學者把台灣過去幾十年的證券交易歷史調出來，觀察男性和女性投資人誰的投資報酬更高一些。

投資理財，聽男的還是聽女的？（二〇〇七年八月二十三日）

貧賤夫妻百事哀，很多人都是在結婚以後才意識到投資理財的重要性。夫妻共同經營財富固然好，三個臭皮匠勝過一個諸葛亮。可惜，在一個家庭裡，常見男女一方各持己見，為一些投資問題爭得不可開交。到底投資理財是聽男的呢？還是聽女的？

男方多半是一家之主，喜歡控制，但愛面子，好大喜功。女方多半掌握經濟大權，比較顧家，但有時缺乏戰略眼光，太注重細節和心情的感受。每家都有本難唸的經，我不想告訴大家明天誰該來管錢，拿資料說話，最近看了一個很有趣的研究，其中的結果或許對你有所啟發。

大家知道，在股市上來回買賣愈多，就輸得愈多。比如前幾天，股市下滑到一萬兩千九百點，不少人彈冠相慶，慶幸自己在崩盤之前全部變現了。可一轉眼，股市就上升到一萬三千兩百點，現在一下子變成一腳踩空了。短期的股市起伏是無法預料的，頻繁的買賣注定要輸，除非你是天才。輸多少呢？平均來看，一個月買賣五次比買賣一次每年要虧一○%。

好了，有了這個資料，我們再看看男女在股市投資的區別。男性由於自信，剛愎自用，在交易的時候周轉率（turnover rat）要比女性高得多，單身男性比單身女性高三○%。不但如此，結婚的女性，由於受丈夫不良的影響，周轉率要比單身女性高，結婚的男性周轉率比單身的男性低，大概受到太太的正確影響了。

好了，再看看投資報酬率吧！首先，投資股票的人報酬比市場長期平均報酬要差，男性比女性差，單身男性最差，單身女性最好，投資股票實在不是男性擅長的東西。可為什麼男性一個個奮不顧身呢？主要有以下幾個原因：

一、控制欲。男性喜歡控制。不喜歡被動投資，不喜歡由別人掌握命運。

---

*〈投資理財，聽男的還是聽女的？〉全文可掃描 QR Code：

二、過分自信。男性比女性更容易覺得自己了不起（包括我），更容易相信自己知道的比實際知道的要多。

三、情緒化。男性比女性更容易衝動，無論是買進還是賣出。當然，這也是情有可原，不會衝動的男性沒有後代，早被大自然淘汰了。

好了，總結一下。投資理財到底是聽男的，還是聽女的？答案是要看投資什麼。投資股票，需要懶人、被動的人、有自知之明的人，女性比較合適。投資房地產，需要勤快人、不辭勞苦的人、會控制別人的人、會修修補補的人、和房客打官司的人，男性比較合適。

現實情況如何？大千股市，男性居多。我愛我家，女人為主。可憐，可惜，可嘆。

在股票市場上，總體來說女性的投資報酬更高一些，就像在賭場裡男性賭客比女性要多一些。女性的賭徒心理會比男性整體而言稍微輕一些，而賭徒往往是盲目自信的，這些都是投資股票需要特別忌諱的事。

非常遺憾，如果你仔細觀察實際市場上的情況，就會發現投資股票的族群大部分是男性，而女性更加熱中於買賣房屋，至少中國人是這樣，很多女性有築巢的心理，房子給女性帶來安全感，而股票買進賣出，像打麻將一樣給男性帶來的是心理刺激。在股票市場上，你交易次數愈多、愈勤快，就輸得愈多。

還是回到本章一開始的那句話，投資首先需要了解自己，知道自己是個什麼樣的人，懶人有懶人的投資方法，勤快人有勤快人的投資方法。

08 勤快人理財法

勤快人理財法效率高，理想條件下，
差不多十年可以實現財務自由，但必須勤快一點，
把投資當成一件事情做。

在美國的投資理財論壇上，有兩個永遠爭議的話題，除了前面討論過的投資房產好，還是投資股票好，另一個就是生活在德州好，還是生活在加州好。大部分意見都是考量自己的人生經驗，生活在加州的人永遠覺得加州好，就像投資房地產賺了錢的人，就會鄙視投資股票的人，投資股票的人賺了大錢，就會嘲笑投資房地產的人是「掏糞工」。

掏糞工是投資理財論壇發明的特殊用語，如果房子的馬桶堵了，很多小房東會選擇親力親為幫房客通馬桶，後來投資房產的人乾脆自我嘲笑，稱自己為掏糞工。

在各種投資雜誌上，永遠有文章比較股票和房地產投資到底哪個更優、更劣？這個話題在我看來是用Excel算不出來的，因為到底投資什麼，完全取決於你住在哪裡，你

是一個怎樣的人，你的投資到哪個階段了？

美國投資房產優勢

總體而言，房地產投資的報酬和通貨膨脹一致，在美國過去兩百年歷史上，房地產投資報酬率大約四%，而股市平均報酬率在一〇%到一二%，猛一看，你會覺得股票的投資更好一些。然而我想說，如果你是一個勤快人，世界上幾乎沒有什麼投資能夠超過美國房地產。如果你想不明白，那你需要好好補補課，主要有下面這些原因。

一、政府低利貸款

股票投資原本比房地產更好一些，有更高的報酬率，可惜投資不單是資產增值的問題，還牽涉到國家法律稅收及政府補助。現實的狀況是在美國投資房產的整體報酬會勝過股票，因為政府給你擔保，可以讓你貸到大額、低利、長期的貸款，貸款利息還可以用來抵稅，投資其他任何行業都不可能拿到這樣的長期低利貸款，不用白不用。

二、資訊對稱

股票投資總體來說，對投資人而言資訊是不對稱的，除非你有某家公司特別的內線消息，當然你搞內線交易是違法的。沒有特別的資訊管道，在投資的博弈過程中，很難贏過那些職業投資專家。在股票市場上，幾乎所有人都比你掌握更多資訊，你只是一個業餘投資人，公司CEO以及公司職員獲得的資訊都比你多。因為這個原因，投資個股即使賭中了，也只是你的運氣好而已，你沒有把風險計算到報酬中，所以投資股票你只能選擇投資ETF。

在房地產投資上，個人擁有大機構專業經理沒有的資訊優勢，同一個區域，兩間房子在資料上可能非常接近，比如擁有相同面積、蓋在相同年代，甚至有相同大小的院子，但一間在山坡上，一間在山坡下，一間可能是在吵雜的馬路邊，一間是在社區的深處，安靜又安全，兩間的價格就會很不一樣，這些資訊大機構的專業經理是沒有的，相反的，生活在該社區的人有著很大的資訊優勢。

專業投資人投資房地產還有一個劣勢，就是拿不到你能拿到的政府補貼，在貸款上，個人能拿到的低利貸款，甚至比大機構能夠拿到的利息更低，而且你的利息可以用來抵個人所得稅。

三、跑道優勢

前面我說過，房地產是一個效率偏低的市場，市場訊息不會立刻百分之百充分反映在價格上，一家工廠要遷入，這個區域的房價不會一步漲到位，即使賣家想把價格一步漲到位、漲到應有的價格都不可能。因為買房的時候，買家往往需要向銀行申請貸款，但銀行評估貸款的時候，不允許你把未來價格計算進來，而是根據最近成交的價格給出合理的估價。

比如亞馬遜公司要遷入某個社區，建立一個集團總部，未來這個地區的房價也許會漲兩倍，但是需要半年或者一年的時間。在資訊公布後第二天購買房子的人，貸款時銀行需要對房子進行估價，但只能根據過去的交易歷史進行估價，這個時候銀行估價最多比歷史市場價格稍微高一點，也許是一〇%，也許是二〇%，再高的話，銀行貸款部門不會接受。

房價有僵固性*，個人投資比法人投資更有優勢。股市有一個「搶跑道」的概念，跑道寬，賣的時候第一個賣掉，買的時候第一個買到，法人在股市有很大的優勢，因為他們的跑道寬。

*價格僵固指需求變動時，價格變化緩慢的現象。

在房產市場，買進一間房子需要受很多法律約束，個人投資房產，在法律框架上比法人更有優勢，各個國家政府，無論是中國還是美國，都希望個人持有自住房的比例能夠高一些，所以總是給予鼓勵政策，特別是針對首購族。

四、經營風險可控制

房產投資本質上是一個小本生意，並不是一個被動投資，因為是小本生意，所以你擁有靈活的經營權，比如你可以把房子一分為二，然後分租給不同人，或者買入一間院子比較大的房子，在後面加蓋一間住房，克服市場完全競爭效率帶來的阻礙，這裡指的是根據個體經濟學，當市場充分競爭的時候，價格已經反映市場的所有資訊，也就是租金收入和未來房價成長的預期會全部反映在房價上。當你把房產投資當成生意經營的時候，可以主動選擇一些策略來提升擁有的房地產價值。

五、用他人的錢

投資房地產還能讓你在融資方面更有靈活性。投資的目的就是要生錢，而錢生錢的祕密就在於滾雪球，錢之所以能滾動起來，就是因為你能獲得更多資金投入。最早期的資金投入可能來自你省下來的每一分錢，但是後面的資金投入，最好的辦法就是來自房產抵押的融資。

投資股票沒有這個功能，你沒辦法把自己的股票抵押出去，讓銀行給你更多貸款，即使銀行給你貸款，你也不敢要，因為股票價格波動太大，當價格下跌時，銀行隨時會收回你的貸款，或者要你增加更多抵押品。如果你沒有辦法增加更多抵押品，銀行就會強制平倉。

房地產則不然，當房地產增值後，你可以用房子做新的抵押貸款，把錢拿去購買新的房子。舉一個例子，十幾年前我購買第一間房子的時候，幾乎用光了所有存款，但我購買第八間房子的時候，沒有從口袋掏一分錢，都是用銀行的錢，我把已經升值的房子做了抵押再貸款，百分之百用銀行的錢買入了一間新房子。

未來幾年後，隨著新房子的價格或租金繼續上漲，我可以用新房子加上原來那間房子去貸款，再買入兩間房子，這就是滾雪球的效應，這個效應在股票投資裡並沒有，事實上，投資股票比較好的策略也是長期持有，但長期持有很難產生滾雪球效應。為了更完整的說明這個滾雪球效應，我發表了一篇部落格文章，叫作〈勤快人理財法〉*。

*〈勤快人理財法〉全文可掃描 QR Code：

勤快人理財法（二〇〇七年七月七日）

勤快人理財的法子在理想條件下，是十年達到財務自由，二十年資產達到年薪的一百倍，聽起來夠嚇人的吧！完美的理論來自一個簡單的假設，我的勤快人方法也只有一個簡單的假設：「每年找到一個現金流打平的房子，房價有八％的年成長。」

好了，鑑於你是個勤快人，拿出你的筆和紙來，或者打開你的Excel，算算在這個假設下會發生什麼結果。首先，每年存三〇％收入。

第一年，用存下來的收入付二〇％頭期款，買第一間房子，出租。

第二年，用存下來的收入付二〇％頭期款，買第二間房子，出租。

第三年，用存下來的收入付二〇％頭期款，買第三間房子，出租。

第四年，把第一間房子的淨值（房屋價值減去貸款沒還的錢）借出來，加上新存下來的三〇％收入，付二〇％頭期款，買第四間房子，出租。

第五年，把第二間房子的淨值借出來，加上新存下來的三〇％收入，付二〇％頭期款，買第五間房子，出租。

第六年，把第三間房子的淨值借出來，加上新存下來的三〇％收入，付二〇％頭期款，買第六間房子，出租。

第七年，把第一間、第四間房子的淨值借出，加上新存下來的三〇%收入，付二〇%頭期款，買第七間房子，出租。

第八年，停止，除非你一輩子想做勤快人。當房東很累，想過上好日子，必須學會從勤快人變成懶人，如果只想財務自由，第八年、第九年，安心守著房子過日子，第十年開始賣出，因為你的被動收入已經超過你的薪資收入了。要是為了一千萬美元需要一路滾雪球玩下去，二十年以後，你會有一千萬美元。

很多人看見這個假設馬上會跳起來說作夢，上哪找這樣的好事。我承認這樣的好事難找，勤快人應該通曉全球經濟變化，憑良心說，這樣的好事並不是不可能的任務，灣區過去二十五年平均房價漲幅為七．八%，只要你不是特別倒楣，達到平均水準就夠了。中國過去十年裡的房價年漲幅也超過八%，勤快人嘛，通曉全球經濟，努力找，是可以找到的。

勤快人理財法比懶人理財法效率更高，在理想條件下，差不多十年可以實現財務自由，但必須勤快一點，把投資當成一件事情做。外部條件就一個，你需要找到一個地方的房價能夠每年增值五%到八%。這個說難也難，說容易也容易。

這篇文章寫過之後的十年裡，我基本上是按照勤快人理財法的原則來管理自己的投資，當年我能夠喊出「普通家庭十年一千萬美元」的理財計畫，也是基於這樣的計算。在過去十幾年的實踐下，我也實現這個投資法裡指定的一些目標。

房租用來滾雪球

這個投資法有兩點需要注意，**一個就是保持槓桿，才能夠在總體投資報酬率比較低的情況下，實現比較高的現金報酬率（cash on cash）**。這點被很多業餘房地產投資人忽略，買進一間房子，看到房價成長了幾倍，就每天沉浸在歡樂裡，沒想著要從這間房子的淨值拿錢出來進一步投資，當房租收益大大多於房貸和房產稅的支出，有了正現金流，或者正現金流愈來愈高，他們會把這個正現金流當成額外的收入，拿來支付自己的日常開支。

殊不知「生於憂患，死於安樂」，當沉浸在快樂的時候，就是你投資收益下降的時候。房價漲了固然是件好事，但是隨著房價成長，你的槓桿下降，投資收益也在一天天下降。投資房地產一定要長期保持槓桿，關於這件事情，二〇〇七年我也專門寫了一篇文章〈投資房地產往往不如股票〉*，說明投資房地產要不斷舉債，不停的貸款，如果不夠勤快，長線來看投資房地產的收益確實不如股票。

使用勤快人投資理財法除了自己要勤快，對很多人來說，最難的是需要找到一個每年房價上漲五%到八%的地區，這樣的地區其實不難找到。一個地區土地的價格，基本等同於名目GDP的上漲，因為只有那麼多的土地，隨著GDP上漲，單位土地價格會按照同樣的比例上漲。

這點生活在中國的人會有清晰的感受，因為美國GDP的成長比例沒有那麼高，人們對土地升值的感受並不明顯，而中國經歷了快速成長，人們能夠深刻感受到土地增值帶來的好處，比如在中國的浦東新區，改革開放後，很多人在浦東建廠經營，這些在浦東經營企業的人，過了三十年之後基本上分兩類，一類賺了很多錢，一類什麼錢也沒賺到，差別在於有的人租借別人的工廠，有的人自己購買土地建工廠。

經營傳統行業的人很少能從本業賺到大錢，因為市場充分競爭，即使賺到了一點錢，大部分又投入擴大生產去了。有些人賺到一點小錢，趕緊找銀行抵押貸款買廠房，

*〈投資地產往往不如股票〉全文可掃描 QR Code：

有些人不敢邁出這一步，有點錢就忙著買設備擴充產能，結果公司有一天沒一天的慘澹經營，常年租房，三十幾年過去，很多行業完全從上海被淘汰了出去，因為隨著勞動力、土地價格上漲，有些傳產業已經變得完全不賺錢，而擁有廠房的人一拆遷就發了財。

勤快人投資法也是一樣，房租收入並不是你真正要賺取的收入，房地產投資人不要本末倒置，房租收入只是用來支付貸款利息，你不需要把貸款還清。事實上，也沒有人傻到縮衣節食把貸款還清，房租和貸款只是房地產投資的手段，甚至房屋本身都不是你要的，房子也只是工具和手段。

你真正的目的是獲得房子下方那塊土地，房客、房租、房產稅、保險、房貸、利息、維修費、通馬桶，這些都只是讓你持續玩房地產這個遊戲中的一部分。

哪裡土地升值最快？

在全球化的今天，特別是在我們能夠到世界各個角落自由走動的今天，找到持續上漲五％到八％報酬率的房子不是很難，你只需要選擇GDP快速成長的地區。另外一種就是跟著重大基礎建設走，這一點在中國尤其重要，沒有哪個國家像中國在過去二十年裡有如此飛速發展的基礎建設。

上海從只有一條地鐵變成世界上擁有最長地鐵線路的城市，只用了二十年時間，每興建一條地鐵，規畫公布出來的時候買進地鐵站附近的房子，等地鐵站建好了，租金上漲就會推動房價上漲，你的房子漲價了，把錢從銀行貸款出來，再去買下一間地鐵周圍的房地產。

我在二〇〇八年前後看明白了這個道理，二〇一〇年專門寫了〈投資上海的主軸線〉*這篇文章，說明鐵路建設對上海房價的影響，在我的「普通家庭十年一千萬理財計畫」第七年總結裡，再次驗證這個投資方法的操作模式。

美國沒有經歷這麼多的基礎建設，但就我熟悉的灣區而言還是有一些變化，灣區城市最大的變化就是仕紳化（Gentrification）。

這裡我不想介入種族和社會公平方面的討論，投資人切記，你只是一位投資人，

* 〈投資上海的主軸線〉全文可掃描 QR Code：

並不是政治家，我們需要做的是觀察社會未來的變化，根據這個變化做出正確的投資策略。改變社會是其他人的使命，如果你實在喜歡改變社會，還是先站穩腳跟，賺點錢，再說後面的宏偉藍圖。

仕紳化現在發生在聖荷西、奧克蘭，以及舊金山的一些社區裡，本來以低收入族群為主，社區比較破爛，隨著比較好的社區房價成長到一定程度，人們受不了高昂的房價，就會搬到低收入社區，導致這些社區中產階級比例增加，安全和衛生條件改善，然後加速吸引更多人搬來，實現仕紳化。

奧克蘭在一百年前本來是個白人城市，隨著非裔湧入，白人中產階級漸漸搬出。一九八〇年代最高峰的時候，奧克蘭幾乎一半是非裔人口。最近這些年舊金山房價高漲，愈來愈多中產階級白人被迫搬到奧克蘭，奧克蘭非裔人口持續下降，一旦社區白人中產階級達到人口一定比例，大家就會感到安全，吸引更多中產階級湧入、非裔遷出，這個基本上就是仕紳化的過程。

所以當你觀察到一些社區開始有仕紳化跡象的時候，就應該考慮買入這裡的房子，而且另一個社區的房價也會受到影響，不可能一個社區的房價一路狂飆，緊鄰的另外一個社區價格不動，我總結這個現象為不動產滲透（real estate infiltrating），就是一個社區的價格上漲了，最終會讓這個社區的低端人口選擇遷出，而遷出的首選是附近相對便宜的社區，然後在新社區製造同樣的現象。

這就是為什麼高端的白人學區房漲價，最終肯定也會帶動暴力叢生的非裔社區房價上漲。

反過來也是一樣，經濟衰退的時候，中低收入的族群會因為付不起房租或房貸，不得不搬走，臨近相對富裕社區的低端人口也會遷移到這些比較便宜的社區。富裕社區的人口流出會讓住房供過於求，造成房租和房價下降。所以即使富裕社區的人沒有出現失業或破產現象，也沒有拍賣房屋的情況，房價還是會下跌。

一個城市的所有社區都是不斷在這樣的變化中輪迴，你要做的就是判斷社區變化的規律，實現最大獲利。

勤快過頭滿盤皆輸

前面我講了，股票投資是懶人應該做的事情，如果一個勤快人去投資股票，大概會演變成一個災難，因為他很快就會變成賭場裡的賭徒。當然我說的不是所有人，畢竟有些人天賦異稟，我不想一竿子打翻一船人，但絕大多數兼職的普通人投資股票都變成了災難。

賭場裡的賭徒都很勤快，他們不吃不喝，經常通宵達旦的忙碌，可是最終一無所獲。如果反過來，一個懶人去做勤快人應該做的房地產投資，會發生什麼事呢？以我的觀察，多半的結果是他還不如去投資股票。

投資房地產最容易犯三個錯誤，首先，沒有實現滾雪球效應，長期財富成長只能維持在三%到四%。二〇〇五年我搬入美國買入第二間房子的時候，碰到要搬回北京的老太太跟我說：「買房投資不划算。」當時她在我們社區已經住了十年，她拉著我的手語重心長說，扣掉各種成本和開銷，她發現持有房子十年，居然沒有賺到什麼錢，房價只漲了五〇%，遠遠不如股市。

我寫了一篇文章來說明她的觀點，她說的資料都對，最主要的是她把自住房和投資房混為一談。另外她不是特別勤快，一切維修都要請人；她沒有用槓桿，在居住期間，也沒有碰到房價大起大落，她還沒有開始投資之前就退出這個遊戲。

投資房地產另外一個常犯的錯就是勤快人太勤快了，整個投資的槓桿率過高，當經濟大衰退或者一個投資失誤，滿盤皆輸。

中國有句老話：「勝者為王。」二〇〇八年金融危機來臨的時候，我寫了一篇文章〈剩者為王〉*，「剩下」的剩。房地產投資成功的一個奧祕就是用時間和複利戰勝一切，需要你能夠堅持一直玩下去。

長期投資就像火車行駛一樣，保持高槓桿可以讓列車行駛得更快一些，可是列車行駛過快，穩定性和抗壓性就會變差，一旦有風吹草動，資金鏈崩潰就會導致滿盤皆輸。

這一點在二〇〇八年金融海嘯時表現得尤其明顯，二〇〇二年我在美國買第一間房的社區裡有一個中國人，他當時一下子買了三間投資房，房價高漲的時候他非常開心，房價跌二〇%的時候他覺得壓力無比沉重，每天惶惶不可終日。當房價跌到五〇%的時候他只能清算退出。

這個社區的房價我買入時是四十多萬美元，最高曾經漲到七十三萬美元，最低曾經跌到二十六萬美元，經濟危機結束多頭市場來臨時，房價又從二十六萬美元一路漲到六十五萬美元。

---

* 〈剩者為王〉全文可掃描 QR Code：

你可能會問，下跌的時候不用理它，不就好了嗎？事實上你做不到，這裡面有幾個原因，主要是你的心理會發生變化，會覺得這時候把房子賣掉可以把銀行貸款都還掉，然後用現金在更低點買房。

事實上這麼做的人不在少數，有一部分人採用更為穩當的方式：先買入一間新房子，再把自己的房子拋售還給銀行（以低於剩餘貸款的價錢出售），這樣至少他在市場上擁有的房子數量前後沒有變化。這樣做雖然不是很道德，但是從投資角度來看無可非議，只是他們給自己留下一個不良信用紀錄，在未來很多年沒有辦法持續投資。

我稱這種行為是「占小便宜吃大虧」，人不能過於精明，違背基本道德底線的做法，還是不要做比較好。

另外一點就是當房價下跌的時候，經濟危機來臨，市場低迷，租金收入也跟著下降，手上的正現金流一下子可能變成負現金流，原本可能勉強打平的人，就會出現負現金流。

負現金流對投資人的信心打擊很大，一開始兩個月可能還滿不在乎。但是別忘了收入降低，不單是租金收入降低，薪資收入也會降低，經濟危機的時候，工作也不見得穩定。過了一、兩年，就會想我為什麼要做這樣的事情，為什麼每個月把辛苦賺的錢拿去補貼房客。

有了這樣的心理，往往是信心動搖賣出房子的開始。二〇〇八年金融危機後，我看到很多明明能夠維持現金流，卻又決定賣房的例子，大部分是投資人的心態問題。

當你看到其他人新買入同樣的房子，價格只有你當初買入的六〇％，你的心態會迅速崩潰，比如新買房的人房產稅比你低很多，這個時候你就會覺得社會不公平，同樣兩間房子憑什麼我要比別人繳更多房產稅，不如把房子賣掉或者退給銀行，然後用更低的錢去買一間新房子，我的房產稅不就變低了嗎？

當所有人都在最後一刻把房子賣出的時候，往往就是房市的最低點。我認識的那個中國人基本上就是這樣，他的三間房子在二〇〇九年到二〇一一年間分別賣出了。雖然他可能沒有什麼損失，但是我再也沒有看到他進行房地產的投資，因此也錯過二〇一一年到二〇一八年美國灣區波瀾壯闊的多頭行情。

「剩者為王」的道理就是遊戲只要一直玩下去，最終總可以把雪球滾得很大。投資報酬是八％也好，一〇％也好，隨著時間推移，最終財富都可以滾得不錯，十年達到財務自由和十五年達到財務自由有多大分別呢？

不買跌價中的房子

勤快人投資房產第三個常出現的失誤，就是沒有正確判斷市場時機。投資股票的人都會有一種體會，就是不要試圖賺盡市場上的每一分錢，你永遠不可能在最高點賣出，也不可能全部在最低點買入。

房地產投資比較容易判斷市場時機，但是有一個重要前提，不可以太貪婪。我的感覺是不要在下跌過程中買房，下跌過程中，人們都希望自己買在底部，但是這個底部非常難把握，形勢不明朗的時候，很容易接到一把落下的刀。

二〇〇九年的時候，房地產價格開始下跌，跌最快的是前幾年漲最多的城市和地區。投資理財論壇幾個比較熟悉的網友開始去拉斯維加斯買房，因為那時候拉斯維加斯的房價已經比最高點跌了將近三〇%。對照歷史，跌三〇%已經非常可觀，在過去二十幾年間幾乎沒有發生過。

有一位網友在投資理財論壇和大家分享她的心得體會，她說她買入後把房子租給一個開著名牌跑車、帶著大金鍊子的黑人兄弟，黑人兄弟笑呵呵的，每個月按時付房租，她則起早貪黑修房子，雖然幹活時苦著臉，內心同樣笑呵呵，她覺得自己撿了個便宜，在網上自嘲一下，覺得真是不知道「誰是楊白勞，誰是黃世仁」*。

最後的結果是她做了楊白勞，黑人兄弟做了黃世仁。因為拉斯維加斯的房價繼續下跌超過五〇%，她沒有買在底部，而是抓住落下的刀子。

總結來說，投資房地產並管理出租是一件辛苦的事情，至少在美國是這樣，在中國會好一點。在美國，你需要不斷修房子、招房客，鞍前馬後的伺候房子，最後結果僅僅也就是打平現金流，搞不好還倒貼錢進去，如果房價不漲，就虧大了。既然投資房產是辛苦的事情，晚買比早買可能要稍稍好一點。

買房最好的時機是房價從底部漲了一段之後，不用漲很多，漲個五%左右，等市場趨勢基本確立後，再進去買，二〇〇九年我在投資理財社團的名言就是「不漲不買」。房價一旦上漲，就會連續漲很多、很多年，通常一個週期有五到十年，所以錯過頭半年的上漲行情，不是什麼太大的事情，只要後面抓住正確的市場方向就行，不像股票市

* 這句話出自魯迅藝術學院集體創作的《白毛女》，在這個故事中，黃世仁是一個惡霸地主，放高利貸，無惡不作；楊白勞是受黃世仁欺壓的佃農。

場，如果錯過了半年的多頭行情，也許你就錯過了大半個行情。

維持正現金流

穩健投資房地產的第二個核心奧祕就是維持正現金流，這往往是投資者永遠面臨的兩難困境。市場上沒有十全十美的房子，在房價比較高的地區購買房子，比如紐約、舊金山、上海、北京，難免是負現金流，如果在中西部、德州或土地不那麼昂貴的地方買，房子雖然便宜，立刻就可以實現正現金流，但是房子增值緩慢。

最後會導致兩種結果，在房價比較貴的地區，因為房貸可能高於房租，很難實現正現金流，買入之後每個月還要貼很多錢進去，很難實現滾雪球的效應，所以房價比較貴的地區普通人很難變成大地主，除非有一些特殊歷史原因。

而在房價比較便宜的地區，雖然可以實現正現金流，但是房屋增值緩慢，需要很長的時間才能嘗到甜頭。不過這些地區的普通人有機會成為專業地主，只要一心一意做好房地產投資，比如在學校周圍買房，靠正現金流不斷滾動，最終可以做出較大的規模，我在美國這麼多年看到的大地主，多半屬於這類。

在昂貴的大城市尋找正現金流的房子是不可能的，只能在房租和房價的變化過程中實現正現金流，為此我寫了一篇文章〈正現金流——房產投資的夢想〉*，說明如何尋找正現金流的房子，這也是勤快人理財法的一項重要技能。

正現金流——房產投資的夢想（二〇〇七年六月三十日）

正現金流是每個投資人的夢想，如同老鼠愛大米，老美愛打伊拉克，老中愛好學區一樣，都是愛你沒商量。問題是怎樣才能做到正現金流？在有望升值的地方，比如灣區、上海，不可能存在正現金流的房子。因為，每天都有那麼多飢餓的眼睛盯著，撿到正現金流的房子和看電影被章子怡愛上的機率一樣。

先講個例子，我有朋友從一九七〇年代開始在灣區投資房產，從他那裡我受益良多。這也是我堅持待在灣區的一個原因，其他地方沒有那麼多不同背景的中國人，老美是從來不會和你談論經濟情況的。在灣區，消息相對靈通。

*〈正現金流——房產投資的夢想〉全文可掃描 QR Code：

一九七〇年代的時候，這位老兄也是月光族。不知道動了那根筋，決定要告別看人臉色的日子，追求自由幸福的生活，開始投資房地產。在那個年代，灣區房價比其他州要貴很多，同樣壓根沒有正現金流的項目，儘管當時的房價只有六萬美元左右。

一九七〇年代中，美國能源危機引起高通貨膨脹。聯準會為了抑制通貨膨脹，把貸款利率一路提到二〇％。這時候，他出手了，由於高昂的利率，銀行緊縮銀根，貸款很難。他當時把所有的錢都掏出來，不但如此，他還向所有的親戚鄰居把能借的錢都借來，才買了間房子。用他的話說，買完後，不但房子四壁空空，連買鍋子的錢都沒了。

按當時的計算，這間房子絕對是個負現金流。當時他之所以會出手，是因為這間房子在大學附近，租金有保障，經濟衰退對他的威脅不大。而另一方面，他不認為高漲的通貨膨脹會長期持續，利率也會下來。

果不其然，他買的時候利率是二一％，一年以後，利率降到一四％，同時，由於飛漲的物價和房租，一年以後他的房子就是正現金流了。由於他買的是複式公寓，三年以後，他發現他不用付貸款了，因為房租可以支付所有貸款。這是這位老兄的第一桶金，由於他沒有貸款要付了，可以拿出更多薪資收入來投資。以後的投資是一路順暢，愈滾愈大。

但對於這間房子而言，直到今天，沒有任何時候有正現金流，可他在動態過程中把握機會，實現了正現金流。這是利率下降過程中，房貸減少，動態尋找正現金流的例子。

其實，現金流的計算很簡單，像所有的商業活動一樣，收益和成本，主要就兩個因素，一個是房貸，一個是租金。可以利用宏觀大氣候來實現正現金流：第一，利率下滑，利息支出下降；其次，經濟好轉，通貨膨脹，租金上調。也可以利用具體地區、房子的小氣候來實現現金流，例如買間破房子，翻修後漲租金、買複式公寓等。

總結這麼多，天上掉餡餅的事情很難遇到，要投資房產的朋友不要妄想會有靜態的好專案等著你。如果你覺得房價看漲，可以用上述手段在動態中做到正現金流。

房地產投資和股票投資一個顯著不同的地方就是房地產市場可以抓住時機，前面我已經一再說明了。股票是無法抓住時機的，股票市場價格反映全部的已知資訊，所以只能用懶人投資法，採用定期定額的方式。

房地產市場可以用趨勢抓住時機，除了我上面說的趨勢辦法之外，還有一個重要的指標，就是房地產市場和股票波動掛鉤在一起，這樣的研究很多人已經做過了，明確表明了房地產和股票的相關性。房地產價格的變化，通常要比股票價格的變化晚半年到一年左右，這個規律在中國、美國、日本、香港、歐洲都被屢次證明。當然也不是百分之百準確，只是大致上有這樣一個規律。

股票價格上漲之後，早期投資人的收益增加了，會選擇落袋為安，賺到的錢最終是要改善生活，所以這些錢會流入房地產市場，推高房價。不信你去看看華爾街的那些年終獎金，最終都流到哪裡去了？很多在華爾街工作的金融界人士，年終獎金的夢想就是買間曼哈頓的公寓。

股市下跌後，通常會引發經濟危機，錢包會縮水，失業率會上升，於是房地產市場也會跟著衰退。股票比實體經濟大約提前半年到一年左右反應，因為股票價格反映的是對未來的預期。房地產價格是反映實體經濟好壞之後的結果，所以房地產價格的反應會比實體經濟的反應落後，因為人們有工作之後才會有錢去買房子。

二〇〇七年中國股市大暴發，由於各種原因，資金迅速進入股市，一路推動股價創新高，投資理財論壇上很多人在討論是否要去中國購買股票，我寫了一篇文章〈如何在中國股市大發橫財〉*，用股票和房地產的關係，解釋此時反而是買房子最好的時機。

如何在中國股市大發橫財（二〇〇七年四月二十九日）

中國股市屢創新高，股市的前景難以預測，即使是泡沫，也可能愈吹愈大，沒有人知道何時會破滅。無論你做多、放空，同樣風險巨大，賺錢的多半是靠運氣，賠錢的是因為時運不濟。如何利用這個賭場發財呢？我先給你講個故事。

歷史上，加州第一個百萬富翁叫Sam Brannan，他在一八四八年的淘金熱中大發橫財。他之所以成為百萬富翁，不是因為挖到了金子，當所有人往山裡去的時候，他連夜趕回舊金山，把所有五金商店的工具一掃而空，當舊金山的人一窩蜂去挖金子的時候，他靠賣五金工具發財了。去挖金子的人，反而沒幾個發財。

中國股市已經創造兩兆人民幣的財富，市場不可能永遠這樣瘋狂下去，當一切平靜、盛宴結束的時候，上證指數有可能穩定在三千點，也有可能是一萬點、還有可能回到一千點。這不重要，就像買Sam Brannan工具的人能不能挖到金子，對Sam Brannan而言根本不重要。我只知道，將有上兆人民幣的資產要從這個人手裡轉到那個人手裡。有人是贏家，必定有人是輸家。

中國股市每天的成交量達到三千億元，每月的印花稅、手續費達到六百億，一年

*〈如何在中國股市大發橫財〉全文可掃描QR Code：

七千億。滬深兩地的證券公司、基金經理人今年大賺特賺，我估計最終財富轉移到這兩個城市的總量將在兆元以上，而這些人民幣最終會落入兩地金融行業的從業人員與成功的個體投資者手中。

如果你今年突然有了一千萬，你會怎麼辦？是繼續賭，賺下一個一千萬呢？還是保值為先？我覺得大多數人會選擇後者。在中國如何保值呢？答案只有一個，房子。所以我告訴你，滬深兩地的房子，特別是高檔區的房子一定會大漲特漲。

股市只要再有幾個震盪，賺錢的老手們感到要落袋為安的時候，這筆錢就會立刻砸在地產市場上。證券公司、基金經理人的分紅通常在隔年初，那時，這筆錢也會結結實實的落在房市上。

勤快人理財法基本的內容就是這些，勤快人適合房地產投資，而房地產投資需要做好以上幾個注意事項。但是無論如何，任何人都有惰性，時間一長總是會懶散，怎樣才能一直保持一顆勤勞勇敢的心呢？這就要想明白，自己為什麼要投資？

09 投資不是為了退休

投資理財對我來說最大的動力就是自由，
擁有財務自由，才擁有生活的自由，
才有選擇的自由、思想的自由。

在美國，絕大多數時候投資理財和退休掛在一起。我在美國第一次接觸到投資的入門讀物也是教你怎麼靠投資退休。然而我覺得為退休而投資是一個最無聊、最無趣、最讓人喪氣、最讓人失去奮鬥精神的理由。

為退休而理財，就好比中國傳統社會常說的：「人活著一輩子，就是為了賺棺材板錢。」在年輕的時候存一些錢，死了之後才能給自己買一個金絲楠木的好棺材，如果你沒錢，可能就是草席捲一捲就被埋掉了。

全世界幾乎沒有哪個地方像美國這樣，對著年輕人天天宣傳退休的思想了。二十多歲的中國年輕人幾乎都沒有像美國人這樣想著退休。當美國年輕人每個月忙著數自己401K退休計畫的金蛋有多大的時候，太平洋對面的中國人在四處盤算著去哪裡開公司，怎樣賺錢，商業模式是什麼。美國社會把提早退休當作夢想的宣傳，讓整個國家失去了銳氣。

退休不需要太多錢

年輕人很難接受為退休而理財的想法，這樣的想法也很容易被「活在當下」的口號推翻。退休都七老八十了，走也走不動，跑也跑不動，要那麼多錢幹什麼？因為輿論宣傳把退休和投資掛鉤在一起，很多年輕人根本不想投資的事情，吃光用盡再說。

其實退休不需要多少資產，因為退休之後通常你有社會保險或年金，更主要的是開支減少，不再需要撫養孩子，房貸也基本付清了；你身材走樣了，對衣服和穿戴失去了興趣；甚至對這個世界失去探索的興趣，不再熱中旅行，生活沒有那麼多開支，也不必生活在物價高昂的市中心或是學區裡，可以選擇住在廉價的郊區。

很多人夢想著六十幾歲剛退休的時候就去環遊世界，但是旅行很快就會變得索然無味，走遍千山萬水，還是自己的家好，等過了七十歲手腳不靈活的時候，多數人選擇不再出門旅行。

你可能說如果不旅行，有錢我可以吃好、穿好、住好吧？其實年紀大的人真是無法吃好，無法穿好，不能像年輕時那樣放縱自己，你需要顧及身體健康和飲食平衡。穿好更是一個笑話，因為地心引力把你連皮帶肉一起往下拉，你會覺得穿什麼衣服都不對勁，最後選擇以寬鬆為主的衣服。

如果理性的想想，只要保持和退休前相似的生活方式，退休的時候，需要的金錢其實並不多。大部分退休前賺了很多錢的人，最終都沒能力把自己的錢花完，而老人最需要的親情——親人的陪伴和子孫同堂的快樂，往往又和金錢沒有太大關係。

年輕人如果是抱著為退休而投資的想法，往往容易失去對投資的熱情。既然投資不是為了退休，年輕的時候你好好工作，為什麼要投資呢？為什麼不能保持吃光用盡的狀態，有一天過一天？其實投資理財有遠比退休更高尚和激勵人心的理由，那就是為了擁有更多財富而投資，為自由而投資，為我們能有更多選擇而投資。

中年後的危機

錢不是萬能，但沒有錢確實會寸步難行。在職場上競爭非常激烈，當你年輕的時候，只需要出賣自己的勞動力就可以了，我說的勞動力不僅僅是體力，也可以是智力和腦力。但是隨著年齡增加，等到中年的時候，你會發現你在世界上的競爭力漸漸下降。

我自己也做過雇主，對雇主而言，最喜歡雇用工作三到五年的人，這樣的人有一些經驗，不需要從頭訓練。對於雇主而言，應徵者工作經驗在五年以上的人，沒有太大區別，但是有十年工作經驗的人，薪資會大大超過有五年工作經驗的人。

換位思考一下，如果你是一個三十歲的主管，你願意雇三十歲以下的人，還是三十歲以上的人？除非有一些特別技能的需求，肯定願意雇用比你更年輕的人，因為指揮得動他們，哪怕年輕經驗少，也更願意花錢培訓他們，而不願意雇用那些可能在你面前倚老賣老、年紀比你大的人。

你可能說我在公司勤奮努力、獨當一面，做個經理當個主管，也許腦力和體力不如年輕人，但是有豐富的管理經驗，懂得如何和人相處，知道如何管理一個專案的進度，知道如何調配各方資源，準確完成一項任務，總可以了吧！

非常可惜的告訴你，在一家企業裡，隨著職務愈高，競爭優勢也在同步在下降，並不是你的管理能力變差，而是需要你的職位變得愈來愈少。一家公司可能需要十個一般員工、兩個中階職員、一個更高級的主管，那麼這十個一般員工最終都去哪兒了呢？因為主管只有一個，剩下的九個人隨著時間推移，都去哪裡了？

被淘汰掉的，往往是離開這家公司，繼續做入門級的工作，他們一天天變老，競爭力就會愈來愈差，過了四十幾歲，就會惶惶不可終日，即使還能保住最底層的工作，重要性也愈來愈低，學習能力愈來愈差，一有風吹草動就渾身緊張。即使你在公司表現出色，升了主管，但是當公司整合或者公司被出售的時候，整個團隊就不一定能夠保住，而這一切又完全不是你和團隊透過努力就能夠把握的事情。一個失業的中年主管除非主動跳槽，如果是被動裁員，很難一下子找到另外一個主管的職務。

我博士畢業後的第一份工作才做了幾個月，就活生生看到一個案例，給我上了一課。那時我剛剛到灣區不久，網路泡沫的經濟危機風暴如期而至，一開始只是股市劇烈下跌，人心惶惶，一年後就業市場變得特別糟糕，九一一事件發生，就業市場簡直到了冰點。

有一次，我對面辦公室來了一個客人，說他是客人，其實是另外一個部門的同事，他當時應該有五十多歲，也是一個中國人。那天，他幾乎用一種哀求的方式與主管說話，他工作的部門因為經費的原因被砍掉了，他需要在企業內部找到一份工作，否則只能被裁員回家。

這位不說中文的老中開始自我介紹，說明他們部門的不幸，接著開始述說自己的工作能力，以及做過的很多工作。我在遠處靜靜聽著，一個已經在職場上混了二十多年的中年人，面對比他年輕將近十多歲的人，低聲下氣的說話，請求幫助。主管回答的言語裡帶著一些猶豫，表示會認真思考，過幾天再給答覆。明眼人都知道，這是一種婉拒。

這位老中離開主管的辦公室，在走廊裡走了十幾步後，又重新回到主管門前，這次簡直是用哀求的口氣在說話。他說他有兩個孩子，都已經在上大學，所以處境非常嚴峻，只要再熬過兩、三年，孩子大學畢業就好了，眼下這份收入對他的家庭很重要。我能感到他硬著頭皮說話，難過得快要哭出來。

後來我望著他遠去的背影，發了一會兒呆，彷彿可以想像自己的未來。如果我和他一樣，糊里糊塗混到中年，每天過著吃光用盡的日子，有點風吹草動，也免不了要找人搖尾乞憐。我堅定的下了決心，這樣的日子我不要過。

財富帶給你自由

另外給我上一課的人是一個香港人。我們單位的宣傳部門有一位香港移民，負責做各種海報和網站設計。當時我剛工作不久，有一次他語重心長對我說，買房子千萬不要申請三十年的貸款，而是要申請十五年或最好是十年的貸款。我不是特別明白，因為在我的投資理念裡，低利貸款總是時間愈長愈好，這樣通貨膨脹可以抵消掉一部分本金，我就問他為什麼？

他說三十年太長了，你很難有一個三十年穩定的工作，年輕時咬咬牙，十五年也就付清了，這些錢如果你不用來付貸款，糊里糊塗也就花掉了，付清了，就不用為每天的工作提心吊膽。後來我才知道他工作得不開心，但是一直選擇忍讓，原因就是房貸還沒有還清。他反覆說，他最後悔的事情，就是年輕的時候沒有對自己稍微狠一點，稍微節省一些，也許現在房貸就付清了。

在美國大城市裡，房貸付清就可以實現財務自由，不用再看上下級的臉色行事。**自由，是的，就是這兩個字，早日擁有選擇自己生活的自由，才是投資理財的第一目標。**

哪個人不渴望自由呢？美國人民熱愛自由，中國人民又何嘗不是。美國宣傳自己是世界自由的明燈，而中國天天宣傳的核心價值觀，也赫然寫著「自由」兩個大字。政治自由跟普通人沒有特別大的關係，和你真正息息相關的是自己的財務自由，生活選擇的自由。

投資理財對我來說最大的動力就是自由。擁有財務的自由，才會擁有生活的自由。擁有生活的自由，才會擁有選擇的自由；擁有選擇的自由，才會擁有思想的自由。

我不必看別人的眼色行事，工作不開心了，可以直接和上司頂嘴，不用擔心失去工作。我不用特別擔心這一季或下一季的業績，也不用擔心自己是不是在公司裡負責核心業務，更不用鉤心鬥角搶任務，以避免在公司裡被邊緣化。我可以憑著自己的喜好，而不是外在的壓力工作。經濟危機來的時候，我也不用夾著尾巴做人，渾身緊張。

沒有一定的物質財富，人會活得悶一些，這還是次要的，大丈夫能屈能伸，一時的委屈、忍讓也算不了什麼，更重要的是心靈的自由和思想的自由。

每個人來到這個世界上，並不是為了朝九晚五每天坐在辦公室，也不是為了參加冗長、無趣的會議。生命只有一次，每一分鐘逝去之後，就再也沒有了。我們最渴望的就是做自己喜歡做的事情，也許你喜歡讀書，喜歡寫書；也許你喜歡繪畫，喜歡舞蹈；也許你喜歡發明創造，喜歡創業。

在你實現財務自由之前，大部分情況下，你沒有辦法全心全力的做真正想做的事情，所以你也沒有辦法探索自己內心的渴望，到底那些夢想是不是自己最想做的事情，還是只是因為得不到而造成短暫的好奇。

比如你想做一個職業的旅行者，做一個偉大的探險家，像日本探險家植村直己一樣，勇敢的去漂流亞馬遜河，寫下偉大的遊記，可是因為你還要養家餬口，你有很多責任，所以做不到像他一樣去探險，那些兒時的美夢，就只能永遠停留在你的夢想裡。

你可能會說，我的行業是愈老愈吃香，我也熱愛自己的工作，事業蒸蒸日上，所以沒有必要投資理財。我可以舉個例子來反駁你：愈老愈吃香，工作穩定的職業之一，就是拿到終身教職的大學教授，大學教授和中醫一樣，愈老在學術圈的地位愈高，在行業的影響力愈大。

就算是這樣的職業，當你獲得財務自由之後，能夠做的事情也會更多。我認識一個從麻省理工學院退休的教授，其實他還沒到退休年齡，可以再做幾年，很多學校搶著聘用他，但是他選擇了退休，因為他不必煩惱學校的各種約束，比如發表一定數量的論文，爭取一定的研究專案經費。

這位教授選擇退下來，是因為他有一個經營得比較成功的公司，賺了一筆錢，他退休後，不再需要花時間申請專案經費，寫灌水文章，而是自己花錢做研究，這樣他可以把生命中有限的創造力用在真正解決問題上。

財務自由帶來的好處不是在沙灘上無聊的閒蕩，財務自由對你的事業也有幫助，你可以全心做最想做的事情。我覺得我不是一個特別懶惰的人，不會因為有錢就躺在沙發上，每天看電視，混吃等死的日子無聊透頂。我有自己的夢想，無論是在事業上還是生活中。人們的這些夢想、計畫，統統可以歸結為一句話，就是自我實現。

人的一生可能唯一有意義的事情就是快樂，快樂的最高等級就是自我實現。一個例子就是各種政治大人物，他們每天忙碌的主要目的其實是自我實現，他們已經不愁吃，不愁穿，為什麼還要每天忙國家大事呢？因為人們內心深處渴望自我實現。

其中一個例子就是美國總統川普，雖然我和很多人一樣不喜歡他。他本來可以過著逍遙的日子，摟著模特兒嫩妻，在莊園別墅裡閒逛，但為什麼要吃力不討好的去競選總統，然後每天被人罵呢？因為他要自我實現。即使他自我實現失敗了，也許不能連任總統，也許在總統期間被彈劾了，但是他依舊可以退而求其次，過著富足無憂的生活。

財富的負面影響

已故知名作家李敖說過一句話讓我印象很深，而且我覺得很有道理。他說一個人如果想做一點事情的話，需要有點小錢，他勸每一個要從政和打算追逐理想的人，先賺點錢再說。

大部分工作、職業一旦變成了賺錢的工具，就會變得無聊而且無趣。在我看來，最主要的原因是大部分賺錢的職業都要求從業者有比較高的綜合素質，你不但要聰明，而且要很高的情商；不但會說，而且還要會寫；不但要學會管理自己的情緒，還要學會引導別人的情緒。

一個十全十美的工作，一個自己非常熱愛、有穩定報酬又非常符合自己性格特點的工作，簡直和印度人開中餐廳一樣稀少。理論上可以成立，但在現實生活中卻很少出現，至少我可以說大部分人找不到，我看到更多的是中年人小心謹慎的熬日子，工作只為賺錢。

當然，人的欲望是無窮的，對於錢的欲望也是無窮無盡，對金錢無止境的欲望也會毀掉一個人的幸福和快樂。最好的狀況是有一點錢，享受財富給你帶來的自由狀態，太多錢不會給人帶來更多快樂，反而會成為生活和生命中的負擔。舉例來講，沒有人會喜歡和比他們高一個財富或社會等級的人交往，而是喜歡跟同一個社會階層的人來往。

有錢之後，你的心態也會發生改變，尤其你知道「別人知道你有錢」之後，你會忍不住猜疑和防範著別人，似乎千百年來很多富人都明白這個邏輯，大部分富人選擇低調和隱藏，也是出於同樣的考慮。

也許我受中庸之道的影響，我認為如果想獲得錢帶來的最大快樂，應該是小富就滿足的狀態。常言道，能力有多大責任就有多大，當你擁有更多財富的時候，就會忍不住承擔更多社會責任。當然這沒有什麼不好，本來富人就應該承擔更多社會責任，比爾蓋茲把大部分時間花在各種慈善計畫上，把他手中的錢花出去，為社會謀取更大的福利。如果你想成為錢的主人，而不是錢的奴隸，最好不要擁有太多錢。

二〇〇六年，我綜合考量這些問題，覺得給自己訂定一個不大不小的目標更加合適，但是具體訂多少為目標呢？我又怎樣能激勵自己的鬥志實現這個目標呢？這個時候，我不得不搬出「理想」這個魔幻工具了。

10 投機者該人人喊打？

步入社會現實的生活中，
大部分人的生活目標就是擁有更多財富。既然這麼想，
爲什麼要做僞君子，不大聲喊出來呢？

為什麼要投資？因為我要有錢。為什麼要有錢？因為那是我的理想！理想和信念的力量很強大，樹立理想和信念最好的方法就是說服自己。說服自己，才能說服整個世界。如果一個人真心想做成什麼事，上帝都會跑過來幫助你。人世間有些人能夠做成一些事情，有些人做不成一些事情，很大的一個因素就是你是否真心的說服自己，讓自己充滿熱情和決心去做成這件事。

這個說服自己的過程叫作洗腦也好，叫作樹立志向也好，都不重要，最主要的是讓自己形成一個明確的決心和目標。

有宗教情節的人，往往可以做成更大的事情，為理想而奮鬥的人，最終目標往往都可以奮鬥成功。沒有理想，沒有目標，沒有堅定意志的人，很容易一時興起，三天捕

魚、兩天曬網，過了幾天，碰到一些困難，就會給自己找出很多理由。

理想有助提高執行力

投資理財也是一樣，有理想的人知道自己為什麼要投資理財，為什麼不是過一天算一天收支平衡即可，另外一種人只是簡單的喜歡財富帶來的快樂，財富能讓他們消費更多東西，他們並沒有認真的把投資理財變成自己的理想，只是為了更好的生活，或者是退休的時候擁有更多錢。

然而，如果投資理財只是為了吃吃喝喝，為了獲得更多財富從而享受更好的生活，那麼在存錢過程中，或是投資過程中面臨困難的時候，就會不斷給自己理由打退堂鼓，你會對自己說：何必呢？投資也好，賺錢也好，是為了有更好的生活，何必讓自己陷入焦慮呢？不如不用想那些煩人的操心事了。

就投資理財而言，肉體上的痛苦很少，大部分來自精神負擔造成的痛苦。做出投資決定的時候，需要你用精明的頭腦判斷出未來的風險，但是當面臨風險的時候，人們總是害怕，因為風險給人帶來很多不愉快。如果只是為了貪圖財富和享樂而進行投資，你很快就會質疑自己是不是做出正確決定。為什麼要讓自己心驚肉跳？為什麼不過好每一天，活在當下呢？

「活在當下」是一句流行語，人們的大腦大部分時間並不理性思考，而是被語言中的修辭所左右。修辭能夠影響我們的情感，可是不會給我們帶來最大的收益。

我的感受是這些類似「活在當下」的心靈雞湯、口號，是用來寬慰人心，但是不能用來指導我們的行為。行為需要用理性、邏輯指導，雞湯和口號是遇到不順、心靈不愉快的時候，用來舒緩一下自己，這些口號只是安慰劑。未來固然有很多不確定性，如果你現在不計劃，光想著這一分鐘、這一秒鐘的感受，然後高呼口號「活在當下」，一點都不理智。

投資理財，如果有什麼口號能激勵鬥志的話，那就是「人生如逆水行舟，不進則退」、「人無遠慮，必有近憂」。

為追求財富正名

有人對擁有財富有一些本能的罪惡感，然而擁有的財富愈多，你對社會的貢獻愈大，只要這筆財富不是靠拐騙獲得，你每創造一塊錢，每擁有一塊錢，就為社會創造遠大於一塊錢的財富。

社會並不是一個零和遊戲，並不是說你擁有一塊錢，別人就少了一塊錢。但是無論是東方還是西方，無論是古代還是現在，無論是宗教還是現代的人文道理，經常給民眾灌輸一個思想是，獲得更多的財富是一個邪惡的事情。

他們看到了事情的一面，感覺這個世界財富就是從一個人口袋到另外一個人口袋的過程。我的錢多了，其他人的錢就少了。但是沒意識到每一個獲得財富的人，其實都在創造財富，哪怕獲得財富的過程並不是現實的生產實物。

實物生產固然重要，但是非實物生產也在整個流通過程中創造了財富。比如商人在商品交易過程中，實現了財富成長。投資人購買股票，把資金交給公司的經營者，當公司生產出商品，發放薪資的時候，購買股票的人也獲得了財富。

並不是只有在工廠或在農田裡幹活的人在創造財富，華爾街也可以創造財富。你投資股票賺錢的時候，說明社會資源重新做了合理分配。一個人如果獲得了更多財富，只要是合法合理，無論你是投機行為，還是商品交換，其實都是在為社會創造財富。

人們經常把投機和投資這兩個概念分開，比如他們會說巴菲特是一個投資家而不是一個投機者，其實投資和投機本質上沒什麼區別，從行為上來看，都是在某個時間買入某個投資商品，過一段時間再把這個投資商品試圖以更高的價格賣出，無論是否成功。

人們用貶義和褒義詞來描述投資和投機，就像戰爭中勝者為王一樣，打勝戰或投資成功的人，他們就把這個行為叫作投資，而那些可憐的失敗者，統統被歸為投機份子，然後非常鄙視的對他們說：要投資而不要投機，偷雞不著蝕把米。

其實這些評價往往是事後諸葛，事前哪裡分得清誰是投資，誰是投機？硬要區分的話，也許有人會用投資時間的長短來區別投資和投機，比如長期的價值持有者是投資，而每天買進賣出的交易者是投機。其實投資和投機對社會的貢獻都一樣。沒有短線的投機者市場，哪來的流動性？

以特斯拉股票為例，特斯拉公司的股價上漲了，你投資的錢帶動電動車和綠能發展，但是如果特斯拉最後破產了，你的投資變成一場空，那就說明你誤導了社會資源，這些社會資源應該投資在更有價值的產業。短線投機特斯拉股票的人，貢獻是讓特斯拉股票不至於暴漲暴跌，當長期投資人持有不動，或無法正確判斷股價的時候，投機者幫市場增加流動性，判斷其應有價格。

股票的道理也許大家都懂，用在房地產投資，大家就有些糊塗，收取房租的房東彷佛都是邪惡的貪婪者，比如我說的要跟著年輕人去買房子，你會覺得我豈不是在剝削未來的年輕人嗎？其實不是，正是因為有我們這樣的投資人提前買進房子，促使開發商蓋更多房子，未來年輕人搬入的時候，房價才不至於出現更大幅度的暴漲。

投機者或者是投資者，無論什麼稱謂，最大的貢獻就是對市場價格進行引導，讓市場提前看到未來哪裡的價格會上漲，然後把社會各種生產要素，無論是土地、承包商、混凝土還是磚頭，都調集在最需要生產的地方。因為大部分人對投資房地產的人有一些偏見，我專門寫了一篇文章〈投機倒把的偉大意義〉*來論述這個觀點，為投資理財的人正名。

投機倒把的偉大意義（二〇〇七年五月十九日）

古今中外的聖賢們共同特點是重道德、重農耕、輕商業，一個比一個視金錢如糞土。無論是亞里斯多德還是孔老聖人的門徒們，都認為商人把貨物從甲地搬到乙地，不勞不作，憑空吃差價是件很不道德的事情。

你也許會問，商人的價值我懂，把貨物從甲地搬到乙地，付出勞動，提高了資源配置，創造了價值。甚至炒股對社會的貢獻我也懂，因為炒股增加了市場的流動性。但炒房，投機倒把†、坐地漲價，到底為社會創造什麼價值？連柏拉圖老前輩都認為，秋天買稻米，春天原地加價賣出的行為，根本就是罪惡。

我講幾個例子，讓你明白投機倒把、倒買倒賣的偉大意義。

中國古代常常發生天災引發的飢荒，每每有易子而食的慘劇。每到這時總有災民搶劫大戶，囤積居奇的商人被一搶而空，政府往往也嚴厲打擊亂漲價的商人，道理很簡單，別人都快餓死了，你怎麼能趁人之危，大發國難財呢？

但現代經濟學家表明，正是這些讀聖賢書的父母官和搶劫大戶的災民害了老百姓。如果在災荒年，可以維持自由、自願的市場，保證商人的利益，就會有很多人事先囤積糧食，災荒年糧食的供應不但不會短缺，價格也不會有太大起伏。

例如第二次波灣戰爭打響前，很多人預測石油供應會受到影響，開始囤積原油，戰爭開打後，原油的價格不但沒有急劇攀升，反而因為存貨太多下跌。由於投機商的存在，保證

---

*〈投機倒把的偉大意義〉全文可掃描 QR Code：

†大陸用語，指轉手賣出以謀取暴利。

了原油平穩供應和世界經濟的平穩。

對於炒房而言，長期來看不會造成房價上升？因為炒房者買的房子，最終是要賣的，不會對市場長期供需有任何影響。短期來看，炒房增加市場的交易量和流動性，便於大家買賣房子。長期來看，由於炒房者的存在，反而讓有房子需求的人可以住便宜的房子。

美國一九二〇年代是鐵路泡沫的年代，隨著經濟發展，鐵路運費開始上升，鐵路大亨們建造大量鐵路以圖獲利。但後來，發現鐵路造的太多了，導致運費急劇下跌，投機鐵路的人血本無歸，運費卻降下來了，需要鐵路運輸的人反而撿了個便宜。

事實證明，投機商蜂擁到一個行業，加大了那個行業的投入，形成泡沫，泡沫破裂後，會留下廉價的資產造福社會。

事實上所有的投機行為只要沒有壟斷行為，都對社會有重大貢獻。但為什麼社會總是視投機行為不齒呢？「君子喻於義，小人喻於利」，聖賢們以錢為恥，視謀財獲利為大逆不道，可惜君子實在對社會沒啥貢獻，反而小人們在謀利的過程中推動了社會發展。

投資理財、投機倒把的同志們，你們是背負小人之名，行偉人之業，我在這裡為你們搖旗吶喊。

這篇文章寫過之後將近十年，二〇一七年的時候，中國喊出了一個口號：「房子不是用來炒的，而是用來住的。」這個說法導致更高的房價，所以我又寫了一篇文章，來說明這個口號背後的經濟規律。其實中國房價從二〇〇〇年後開始飆升，很多都是因為一系列政策不尊重市場規則所導致。只有對政策造成的經濟後果做出相對正確的判斷，才能夠實現比較好的投資報酬，以下為文章內容：

從炒房者的社會貢獻說起（二〇一六年前後）

「房子是用來住的，不是用來炒的」，這句話讓炒房者幾乎一夜之間陷入過街老鼠人人喊打的境地。現代經濟學認為所有的交易都是好的，只要是自願的，並且不涉及暴力和欺騙。因為在每個交易所中，交易雙方如果出於自願，都是由於能夠增加自己的收益才會交易。炒房過程中，買賣都是自願的，炒房的行為應該屬於亞當斯密所說的：「每個人都為自己的利益而努力，全社會因此整體而獲益。」為什麼從經濟學理論上看起來一個好的行為，反倒成為過街老鼠了呢？

我們先看幾個例子，來正確理解炒房者的社會價值。

商人從江西用一斤一百元買入茶葉，運到遼寧以一斤兩百元賣出，獲利一百元。中國傳統是個重農輕商的社會，根據儒家思想，認為商人沒有創造價值。因為茶葉是農民種的，憑什麼你一轉手就謀取暴利。大家只看到了生產者對社會的貢獻，卻沒有看到流通和貿易對社會財富的貢獻。

現代社會對經濟學有些了解的人，就不會這樣認為，商人實際上創造了兩百元的價值。因為如果沒有商人的協助，江西那一斤茶葉沒有需求，根本就賣不到一百元的價格，如果沒有商人的工作，農民收入就少了一百元，社會總財富就少了兩百元。農民、商人、消費者是在協作基礎上的非零和博弈，共同創造了兩百元的價值。

如果你明白經濟學基本原理，炒房者對社會的貢獻，和買賣茶葉的商人沒有任何區別。房子和茶葉本質沒有任何區別，都涉及各種生產要素，比如土地、勞動力、技術等，如何把這些生產要素有效的組織起來，最有效的就是價格指引。炒房者對社會房子的總需求沒有任何改變，因為炒房買進的房子，最終都是要賣出去，重新回到市場上。打擊炒房者，只會讓房子的建設量變得更小，人為造成短缺。

這也是愈限購，房價愈漲的道理。因為愈限購，開發商愈看不清未來的市場銷售前景，蓋出來的房子自然就少了。愈是打擊炒房者，市場愈是沒有人接手，愈會導致後期房產短缺。你可能會認為房子和茶葉不一樣，茶葉是可有可無的東西，房子屬於剛性需求，炒房者在我前面搶先一步，不勞而獲就賺了一倍，憑什麼？

首先在一個自由買賣的市場，炒房者不可能長期獲得高額利潤。如果把風險因素考慮進去的話，炒房者實際的獲利空間，不會比這段時間的資金成本還大。對於未來市場的判斷都已經反映在當前價格上了，炒房者誰有資金都可以進入市場，按照個體經濟學市場充分競爭的理論，獲利不會大於資本成本。換句話說，你光看見吃肉的，卻沒看見挨打的。

二〇〇七年，美國佛羅里達州房價被炒房者抬高了好幾倍，開發商爭相建設，遍地都是樓房。但是到了金融危機，炒房者血本無歸，卻給佛羅里達留下了大量的空置樓房，從紐約州來的退休族群低價搬入，如果沒有這些炒房者抬高房價，刺激生產，恐怕這些退休者最後住不到便宜的房子。

社會很多問題看似是分配不均導致的，其實很多問題的來源是錯誤的觀念導致錯誤的政策。

面對炒房者，人們的本能也是一樣，各種貶義詞傾瀉到炒房者身上，諸如炒房團、奸商、投機商等等，甚至動用法律手段進行打擊。炒房的「炒」字也是抹黑他人的辦法，給人不務正業的感覺。其實炒房和投資房地產是一樣的，你可以說川普是炒房的，也可以說他是地產大亨。名稱只會讓你困惑，如果沒有看到炒房者創造的價值，恐怕只會讓供應不足，房價繼續攀升，最終受苦的還是真正的購屋者。

限購看似可以短期抑制需求，但是經驗告訴我們限購某種商品，一定會導致這個商品價格奇高。改革開放前，中國曾經限購肉、蛋、油，同期這類商品常年短缺。常年限購的中國房地產價格也在脫離生產成本，保持在不可思議的高度。

賺錢要理直氣壯

中國是一個社會主義國家，可以理解推出抑制資本獲利的政策，但是資本主義國家的美國，似乎也變得愈來愈像社會主義國家。

美國四年一度的大選就是這樣情緒的宣洩，每次不斷有政客跳出來，主張瓜分富人口袋裡的錢，把這些錢分給窮人，這些政客的特點就是特別喜歡花別人的錢，為自己買榮譽，我從來沒看到他們把自己的錢捐了再說。

我不是說國家不需要有基本福利，這些是需要的，國家需要給一些殘疾的人、喪失勞動能力的人或老人最基本的社會保障，但是如果消滅了創造財富的激情，那麼社會總體財富會變得愈來愈少。無論那些超級富豪擁有多少錢，他們擁有的錢並不是從別人口袋裡挖來的，而是因為他們創造了更多財富。他們擁有的財富，只是他們創造了更多財富中的一個部分，甚至很多時候只是一小部分。

比如沒有比爾蓋茲就不會有微軟，沒有賈伯斯就不會有蘋果，比爾蓋茲的財富雖然在全世界排名前三，可是他擁有的財富，只占微軟公司股票總市值很小的一部分。

美國也有仇富心態，不像中國那樣赤裸裸且暴力，而是隱藏在人們內心。總體而言，歐美文化對錢這件事情保持高度隱私，不願意和別人分享，表現出來就是很多基督徒內心深處覺得作為個體，不應該擁有太多錢，對擁有更多錢的人，多多少少會搞一些道德綁架，對他們提出更高的要求。當然一個原因也是部分富人總是喜歡用豪宅、名車、漂亮老婆、奢侈的生活方式，來刺激老百姓。

也許你認同一個人合法賺的每一分錢都創造了社會財富，但是你會質疑富人花掉的每一分錢，特別是那些奢侈的享樂，是不是對社會資源的浪費？

其實富人能夠消費的財富並不多，一個大富豪能夠消費掉的財富無非是一日三餐，可能外加幾個一般人沒有的管家、傭人、祕書、司機等，比爾蓋茲也好，巴菲特也好，他們一生花掉的錢，真實的消費不見得比你我高多少，因為房子、珠寶首飾、藝術品本質上都是投資商品，他們可能比你我實際的消費高出十倍、一百倍，但絕對達不到十萬倍或上億倍的程度。

我在美國生活了這麼多年，我看到富人把社會資源浪費掉的例子只有一個，那就是鬧得沸沸揚揚、著名高爾夫球手老虎伍茲的前妻，把老虎伍茲送她的豪宅，用推土機鏟平這件事情。如果你不喜歡，可以把房子賣掉，甚至捐贈出去都可以，因為一己之怒把房子用推土機鏟平，是對社會財富的破壞，會引起美國人的憤怒。除這類現象，我很少能找到富人浪費大量社會財富的例子。

存錢也對社會有益

有錢人不可避免會把一部分錢存在銀行裡，擁有大額存款有時也會讓人覺得富人們為富不仁，好像你把錢存在銀行裡，就是把社會上的財富鎖起來一樣。

很多人有個偏見，認為只有消費才是利國利民的事情，因為每一筆消費都促進了社會生產。社會財富似乎應該在流動中才能被大家所掌握，才能生產出更多財富，而把錢存在銀行裡，似乎只是吝嗇鬼和葛朗台*才會做的事情。

存款其實是促進社會生產最好的方法，你把錢存在銀行裡，銀行是不會讓這些錢在保險箱裡睡大覺的。銀行會把錢投入生產環節，因為銀行的錢需要貸出去，這些存款即使不投入生產環節，也會透過消費貸款進入更需要的消費環節，人們願意支付更高的利息去消費，說明有更急迫的消費需求。

存錢、投資和生產與消費一樣是對社會有促進作用的事情，為什麼大家總覺得像葛朗台這個守財奴一樣，存款是可恥的呢？

總體來說還是漫長的文化影響，人類進入資本主義時代的時間並不長，人和人透過和平合作的方式共同生產、創造出更多社會財富的時間經歷也不長。在早期暴力掠奪的時代，你擁有更多財富，多半是從窮人那裡掠奪而來的，所以自古各個民族、文化都有鄙視富人的傳統，而富人總是在不停的存款、放債。

今天我們知道利息的本質是選擇權，就是股票交易中經常說的期權。因為放債人把錢借出後，就失去了選擇的權利，沒有把錢借出去之前，他的錢可以今天花，也可以明天花，錢借出去了，那他只能明天花，等於丟掉自己今天花錢的自由，因為少了這個選

* 葛朗台是法國作家巴爾扎克小說《歐也妮．葛朗台》中重要人物，他是一個有錢的商人，但為人非常吝嗇。

擇，他必須獲得一定金錢的補償。

這個人並沒有坐在這裡不勞而獲，因為他失去了這個選擇權，把自己的財富投入更需要的生產過程中，這樣會使整個社會的生態效率更高，只要你明白一些數學和基本的經濟學常識，就知道很多傳統的道德綁架，根本站不住腳。

我想說的是，**賺錢是光榮的，存錢是光榮的，獲得財富和擁有財富也是光榮的，沒有必要為追求財富、炒房子、炒股票、倒買倒賣這些事情感到心虛和自卑**。也許大家心裡這麼想，但是沒有人敢像喊口號一樣把這句話說出來。事實上你會發現過了青春期，步入社會現實的生活中，大部分人的生活目標就是想擁有更多財富。既然是這麼想的，為什麼要做偽君子，不能大聲喊出來呢？

有了理想，才有目標。有了具體目標，我就會制定詳細、周密的計畫，一步步實現這個目標。二〇〇六年我在網路文章公開發表，大聲喊出「十年一千萬」的目標！

11 十年一千萬理財大計

這個投資旅程，從華爾街到香港、從上海到灣區、從實物到虛擬，
我像是探險樂園裡面的旅行者，
時而被驚嚇，時而開懷大笑。

除了說服自己，我還需要一個外界的壓力，為此我在二〇〇六年耶誕節寫了一篇〈普通家庭十年一千萬的理財計畫〉*。我用「臭名昭彰」形容這篇文章，因為網友在投資理財論壇上就這個話題討論幾乎整整十年，累計十萬次左右的閱讀。

普通家庭十年一千萬的理財計畫（二〇〇六年十二月二十五日）

我的投資理財目標不大，有一千萬美元就可以了。錢財多了有害無益，但適量的富足

*〈普通家庭十年一千萬的理財計畫〉全文可掃描 QR Code：

可以給人帶來安全、自由、舒適和小小的成就感。我的計畫是五百萬美元的時候，太太不工作，可以全心照顧剛上小學的孩子們，一千萬美元的時候我退休。退休不是什麼都不幹了，而是不為衣食工作，徹底實現財務自由。計畫看起來好像太遙遠，但我覺得再有十年時間，運氣不太壞的話，在四十五歲以前可以實現。

我們家是灣區再普通不過的家庭，家庭稅前年收入將近二十萬美元，年終獎金多的時候可以達到二十二萬美元。六年前我們一文不名來到灣區的時候，年收入只有十四萬美元，看著灣區的天價房產，感覺生活毫無希望。

五年前，我對太太說，五年後我們會有一百萬美元。我太太說我做夢，就算不吃不喝、不繳稅，把薪資全都存下也不會有一百萬美元。我說不是這樣算的，過去六年裡，每年年終我都會計算一下家庭帳目，下表為過去六年

BayFamily 年度家庭財帳目 單位：萬美元

項目	2001年	2002年	2003年	2004年	2005年	2006年	2007年
現金	0.5	0	3	2	5	1	2
股票	0.5	2.5	2	2	0	0	0
退休金	3	6	9	12	16.3	21.05	29.2
房產	0	8	12	23	45	64.75	89
總計	4	16.5	26	39	66.3	86.8	120.2
成長率	—	313%	58%	50%	70%	31%	38%
總債務	84						

的結算。

六年以後果然有了一百二十萬美元，買房時間分別是二〇〇二年、二〇〇三年、二〇〇五年、二〇〇六年，地點是灣區和中國輪著來。這樣的資料大家可能都看膩了，同樣的故事在灣區千千萬萬的中國人家庭裡上演著。

我想說的是，如何從一百二十萬美元，再用十年左右的時間達到一千萬美元。首先看成長率，頭幾年的成長率比較高，在五〇%到六〇%左右，因為還沒有什麼資產，最近幾年下滑到三〇%到四〇%，主要是資本大了，每年固定的現金進帳比率相對減小。

我估算了一下，未來三年裡成長率會下降到一五%，原因是槓桿用光了。我的投資策略還是保守的，每次至少付一〇%頭期款，現在全部貸款八十萬美元，是我們收入的四倍，加上房租收入，貸款只有三倍。債務資產比也控制在五〇%左右，就是說美國、中國房價明天一起跌掉一半，也不要緊。但槓桿確實是用光了，第一不能再融資了，因為我們現在的利率很好，第二，大房子收益很差，小房子太辛苦了，擔心管不過來。

未來幾年的行情很難說，保本最重要。如果不開拓新的投資管道，十年後我們家的資產將只有兩百五十萬美元左右，離一千萬美元還很遠。也許太太十五年後可退休，我還得再奮鬥二十年，才會有一千萬美元，那時也五十多歲了，沒什麼意義。

過去六年裡，我的現金總是很低。要想達到一千萬美元，又要規避過多的風險，只有一個辦法，就是增加自己固定的現金流。我家每年現金淨存款是五萬美元，過去，我們每年可以用它槓桿出三十萬美元的資產，如果每年現金淨存款可以提高到二十萬美元，在槓桿作用下可以獲得一百二十萬美元資產。如果十年房價報酬是八〇%到一〇〇%的話，加上現有的一百二十萬美元，十年以後應該可以賺到一千萬美元。

帳算好了，幾個問題要一一解決。

一、如何把每年的淨存款提高到二十萬美元？沒什麼好辦法，趁自己還年輕，改行做金融，兩年前改行的兄弟們，現在一年的收入已經在二十萬到三十萬美元了。

二、房子多的管理問題，公寓超過五間的時候，我要成立管理公司，雇人來管。

三、入市時機，我打算房價漲起來以後再開始買。房子要麼不漲，一旦開漲，會持續很多年，錯過開始的一〇〇%漲幅無所謂，現在的首要任務是累積現金。

四、現金流，很多人抱怨灣區找不到正現金流的房子，那要看你怎麼算，如果在寬限期只還利息，並且把房子出租，不是不可能。

五、風險，如果房價不漲，持續下滑，我壓根沒有風險，因為我不會入市。如果房價漲了一年又連跌十年，誘我入市，也沒關係，因為有強大的現金流保證，我就長期持有，等待下一個革命高潮。我擔心的是，房價今年又開始一路猛漲，那我的計畫就落空了。

六、如果像很多人預計的那樣，房價這兩三年持平，未來看好，房價重蹈加州過去四次循環軌跡的話，我可就發了。下一個循環結束的時候，我四十五歲前資產肯定會超過一千萬美元。

如意算盤打了一圈，各位見笑了。這裡的大師很多，千萬資產的就好幾個，歡迎砸磚，也請前輩多賜教。理財是人生要做的諸多事中必不可少的一件，相對埋頭苦幹而言，理財勞神不多，報酬豐厚。

文章發表之後網友的評論不一而足，有叫好的，也有嘲笑的。別人嘲笑不要緊，我一輩子都喜歡特立獨行。成吉思汗有名言：人生至樂，就是打敗曾經壓迫過、蔑視過、欺辱過你的敵人，然後占有他的一切，看其終日以淚洗面。我當然沒有成吉思汗那麼邪惡，我只是喜歡他的強人思維。

現在回顧起來，這個投資計畫其實很不成熟，主要有下面幾個缺點：

一、過度依賴曾經有的經驗，過去六年我實現了財富十萬美元到一百萬美元的成功成長，但是未來是不是會出現一樣的市場機會不好說。事實上後來出現了我在二〇〇六年完全想不到的市場機會——比特幣。

二、對提高自己賺錢能力過於樂觀，我當時是用調侃的口氣說話，其實沒有從事金融業的想法。事實上，後來收入沒有變高，反而更低，因為我轉身去創業了。

三、租金控管（Rental control）＊地方的房子是不可以買的，那個時候我沒有經驗，完全沒有涉足租金控管的房子，想得過於樂觀了。房子超過五間也要自己親力親為管，忘記考慮自己的時間成本。

四、對未來的計算也有些問題，後來灣區房價確實像我預言那樣，重蹈之前四個漲跌循環，但是我也沒有辦法賺滿一千萬美元。

寫下目標具體落實

過了這麼多年回首，當時這篇文章大方向的預測沒有錯，最重要的是這篇文章給自己樹立了一個燈塔，一個目標，讓自己可以追尋。

當然也有人平心靜氣的和我討論我的目標，最主要的質疑就是為什麼要那麼多錢？為什麼要一千萬美元，不是幾百萬美元就可以退休了嗎？為此我寫了一篇文章和大家解釋〈為什麼要「十年一千萬」〉†。

爲什麼要「十年一千萬」（二〇〇七年六月一日）

一千萬美元是我的目標，因為有生之年，我只想做這麼多勞動了。我一生短暫，只想奉獻十年，透過賺一千萬來貢獻社會。另一方面，我不是聖人，賺一千萬也有私心。

首先，生命誠可貴，愛情價更高，若為自由故，兩者皆可拋。擁有一千萬，可以換取財務自由，這樣我的人生會更有趣，因為我可以領略更多不同生活。人生短暫，我可不想一輩子朝九晚五坐在辦公室裡。

其次，我希望我愛的人更快樂一點。我不想看到太太長期為薪水工作，不能和孩子在一起，不能隨意做她喜歡的事情，我也不想讓我的孩子們，在有能力的時候，無法受到最好的教育。

---

* 為了保障低收入者付得起房租，美國在特定區域實施租金控管政策，規定房租收費標準，房東不能任意調高。

† 〈為什麼要「十年一千萬」〉全文可掃描 QR Code：

第三，太多的財富是累贅。君不見億萬富翁，個個要保鏢，擔心被綁架。達賴喇嘛曾經講過，有錢人很難有真正的朋友，因為錢愈多，人與人之間的關係愈虛偽。要是我能賺一億的話，對社會貢獻更大，我只是說如果，沒有吹牛的意思。

可是，我想自己的日子好一點、朋友多一點，我就不能有超過一千萬。牛皮吹上天，滿紙荒唐言。但句句屬實，信不信由你。

當時我寫這篇文章的時候，帶著一些輕浮的語氣。有的時候在網路上說話太認真會吃虧，因為網路上一方面是交流，更多的時候是打口水戰，尋開心。當時我並沒有對很多問題有系統性的思考，很多理論是我回顧的時候所整理出來。

如果有什麼新的補充思考的話，就是我感覺身為社會的一份子，應該是豐富而全面的，錢只是生活中的一部分，但是我這本書寫的是關於錢的故事，所以重點放在討論錢的問題。

無論你是否信仰宗教，總希望自己的生命過得更豐富多彩。**我們多多少少都有一些精神上的追求，而那些追求總是要在滿足了物質的基本需求之後實現。**

四階段投資旅程

思考這些問題的時候，不可避免會涉及生死之說。雖然這本書不是一本哲學書，但是因為投資理財涉及理想，理想又涉及人生信仰等哲學問題，我後來又寫一篇文章〈我們為什麼活著〉*，試圖理性探討這些問題。這個話題很大，我只是很粗淺的論述一下，每個人都需要建立自己對生命的認知系統，我也不例外。

除了投資理財，我的人生有三大理想，如果都能夠實現，我會相對比較滿足。

第一個理想是我享受這個世界上大量的物質財富，我有義務生產相當數量的物質財富，回饋社會。也就是說我需要盡可能多創造物質財富，這些物質財富可以是有形的，比如一棵樹、一樣工具，或建立一家企業；也可以是無形的，比如你幫社會提高了商品轉換的效率，讓社會更安全，讓人民思想更自由。總之我感覺社會待我不薄，有必要反哺。這既是我的責任，也是令我愉快的事情。

*〈我們為什麼活著〉全文可掃描 QR Code：

我的第二個理想在思想領域。今天能有幸福的生活，是受益於古代前輩們思想和知識的貢獻，我能夠伸手打電話、出門搭飛機、生病有藥吃，要感謝偉大的科學家和思想家，是他們發現新的自然科學定律，發現人類社會更好的協作方式，發現憲政政府抑制王權的重要性。因為有這些先賢，把新的思想、知識、資訊帶到這個世界。

我是這些思想的受益者，所以也想生產足夠多的思想和知識回饋社會，也許是寫一本書，也許是我發現的一個新知識理論，或者說我寫的那些部落格，因為我產出有用的資訊。這個理想也是我多年堅持寫文章，以及寫這本書最原始的動力。

我的第三個理想來自親人和愛。人如果擁有夠多的物質和精神財富，但是沒有愛，沒有親人，孤獨一世很可悲、可憐。我能有幸福的生活，是因為周圍的人給了我愛，我的母親，我的愛人，我的朋友，我的親人，我也有必要把更多的愛回饋給他們，「快樂自己，幸福他人」我拿這句話作為寫部落格的座右銘。

當然這些愛不見得一定要給我認識的人，也可以給我不認識的人，比如看到部落格網友回信表達感謝的時候，我就會很快樂滿足，因為我知道帶給這個世界更多的溫情，更多的溫暖。我並不期待得到什麼回報，只是想給這世界帶來更多的愛，希望這些愛和溫情能夠被更多人傳播到更廣闊的世界。

二〇〇六年我幾乎用了一年時間思考這些問題，當一切都想好了，我就開啟「普通家庭十年一千萬理財計畫」的旅程。

這個投資的旅程一共分四部分，一部分是知識準備，其他三部分是實戰。從華爾街到香港，從上海到灣區，從實物資產到虛擬資產，有意想不到的轉折，有驚喜，有絕望，有突如其來的機會，我像是探險樂園裡面的旅行者，時而被驚嚇，時而樂得開懷大笑。你坐好板凳，我會把旅途中一路看到的風景，一段一段慢慢講給你聽。

第三部

十年理財大計

理想和信念的力量無比強大，
擁有堅韌不拔的態度、克服困難的決心，
普通收入的上班族，也能財務自由。
一個人不想做什麼事情，可以找出一萬個理由；
一個人想做什麼事情，老天都會來幫忙。

12 窺探金融業賺錢祕密

我一直想不明白，爲什麼從事金融業的人，
薪資待遇遠遠超過其他行業？
我決定充實知識，去讀在職MBA。

我的十年投資理財計畫第一步並不是去賺錢，而是去充實知識，我選擇去讀在職MBA。很多人走向衰老開始回首往事時，可能都有的感觸就是年輕時應該盡可能接觸更多事和更多人，每一種經驗、每一次經歷，以及和不同背景的人打交道，對自己總是有好處。

我讀MBA的靈感也是來自一個朋友，這個朋友性格有些內向，說話有些結巴，猛一看不是能夠事業有成的樣子。但是他當時比我有錢多了，因為他在幫導師經營一個基金。

用他導師的原話就是：「他值得變富有。」我想每個人可能都希望讀書的時候能夠遇到這樣的導師，說出振奮人心的話。那位導師是某大學金融系教授，自己成立一個投資基金，而這個朋友，就是幫忙管理投資基金的避險計算模型。

年輕人總是爭強好勝，我覺得自己並不比這個朋友笨，甚至還覺得自己各方面能力比他更強一些，難道僅僅因為一些機緣巧合，他做金融業而我從事理工，就讓我們的生活有這麼大的差距嗎？我一直想不明白，為什麼從事金融業的人，薪資待遇遠遠超過其他行業？

金融業人員收入高

一九九〇年代中國還沒有金融業，我另一個朋友到美國之後注意到這個現象，他的解釋是因為從事金融業的產品就是錢，常在河邊走，哪有不濕鞋？近水樓臺先得月，所以金融業的人賺的錢比較多。這道理其實禁不住推敲，建築工人從事建築業，按照近水樓臺先得月的道理，豈不是建築工人的住房條件應該最好嗎？

還有一種說法，他們從事的工作非常重要，因為要管理動輒上億的資金，從中賺一些錢也是可以理解。這個說法也站不住腳，因為從事重要的工作，不見得能多賺錢，舉個例子，從事核子武器發射的人掌握地球上無數生命，但是他們賺的錢並不多。金融業的從業人員，無論在中國、美國、日本還是歐洲，收入都偏高，我覺得可能有以下幾個原因。

一、貨幣壟斷：壟斷包括以下兩個面向，一是國家對貨幣的壟斷，以及像是華爾街這些金融機構形成的產業壟斷。國家對貨幣的壟斷，導致貨幣的發行必須透過一些固定管道，離這些管道愈近的人，愈有機會可以優先獲利。美元幣發行量大約是十六兆美元，這十六兆美元是憑空印出來的，可以比其他人優先一步獲得這些貨幣的人，就可以先賺錢。

二、產業壟斷：Google的員工非常會賺錢，因為Google壟斷搜尋引擎這個產業。華爾街和屈指可數的大金融機構壟斷了金融業，無論公司發行股票還是債券，都要找這幾家大公司，有壟斷的地方就有暴利。

三、消費行為心理：前面兩個原因還是無法解釋，即使是黃金作為貨幣的年代，為什麼開錢莊的人，賺的錢也比普通行業多。我覺得最主要的原因還是消費心理，比如說你去菜市場買菜的時候，明明只有幾元價差，但是你會不惜花上十分鐘跟小販討價還價，小販在你身上多花十分鐘，也就多賺了幾塊錢。從事一億元交易的時候，同樣花十分鐘討價還價，來去的金錢數量可能相差上百萬美元。

你買了一台一百美元的咖啡機，如果發現在網上能便宜十美元，你不介意開車去把這台一百美元的咖啡機退掉，再上網買一模一樣卻只要九十美元的商品，然而你花一萬美元買一只鑽戒的時候，不會因為這個戒指貴了十美元就回去找商家理論，因為你心裡的總價值被調高了，人們都是在用百分比做行為的計算。

你在餐館裡吃飯花了五十美元，服務員對你畢恭畢敬，提供周到的服務，你心情一好就給了他十美元小費；你在投資銀行工作，如果能夠讓一個一億美元的交易過程順利且令人愉快，客戶實在不好意思只掏出十美元給你當小費，而是拿出一百萬美元給你。這些道理在我決定讀MBA的時候還沒能想得特別明白，是後來在投資銀行工作了一段時間，才明白為什麼金融業賺錢。

比如說一家千人企業，員工辛苦工作一年獲得一〇%的利潤，為了簡單計算，這一〇%設定為十萬美元。此時這間公司要上市，企業估值可能是利潤的二十倍，即兩百萬美元，其中要拿出五%給投資銀行作為佣金，這樣算下來，一千名員工辛苦一年的收入，相當於投資銀行兩、三個人幾個月的工作量。

為什麼上市公司不付少一點的佣金？因為股票每天的價格波動就不只五%，人們不介意多花一點錢來獲得更好的服務。但投資銀行確實幫社會創造五%的價值，或者說相當於一千名員工一年的工作價值嗎？我認為是沒有，社會的確給金融業的人支付偏高的酬勞。

經濟學和生活相關

我去讀MBA，一方面的確是受到金融業的誘惑，我想既然我對錢有興趣，為什麼不進一步看看自己的興趣能走多遠呢？另一個動力，還是想徹底搞懂金融和財務的一系列問題，我的金融知識都是零星學來，既然提出「十年一千萬」的口號，還是認真學習相關知識妥當。

MBA的課程學了十幾門，從必修到選修，學到的知識很多，對我的投資理財經歷非常有幫助，簡單整理一下供讀者參考。

一個是個體經濟學，這是經濟學的基礎科目，它讓我明白價格和成本沒有關係，價格完全取決於供需平衡。我這一代美國華人曾經受到很多片面和錯誤的教育，很多觀點不僅是書本上數學公式錯誤，現實生活中也害了很多人。

比如我們一向認為，當市場價格超過生產成本，就會湧入更多生產者，當價格低於生產成本，就會有賣家退出。這個理論聽上去不錯，在實際生活中卻是一個到處碰壁的理論，二〇〇五年中國房地產價格開始飆升，有人用同樣的理論去預測未來房價，比如當時上海一棟大樓的開發成本是每平方公尺兩千人民幣，地價大概是每平方公尺五千人民幣，售價怎麼可能長期保持在每平方公尺兩萬人民幣以上呢？

根據馬克思的理論，房產價格跌到每平方公尺七千人民幣以下才合理，有人根據這個理論堅持不買房，甚至把自己唯一的住房賣掉，期待房價下跌之後用更低的價格買入。然而現實不斷給這些夢想著房價會下跌的人打臉，房價非但沒有低於每平方公尺七千人民幣，最後一路漲到每平方公尺十萬人民幣，過程中，從來沒有跌落到生產成本價格以下。

學習個體經濟學才讓我知道，商品的價格和成本沒有關係，市場價格取決於納許均衡（Nash Equilibrium），**是買賣雙方按照各自是否有其他更好的選擇，互相博弈的結果，房價自然可能長期遠高於生產成本**。

個體經濟學中另外一個很有用的知識是市場效率理論，讓我認識到在各行各業除非擁有長期的壟斷權，否則無法實現長期高利潤。簡單來講，馬路上你不會隨便看到一張真鈔，如果看到的話，要趕緊把它撿到口袋裡，因為你再也沒有這樣的機會了，用到房地產投資上，那就是好學區永遠不會有正現金流的房子，如果有一定是轉瞬即逝的機會，要趕緊把握。

沉沒成本和邊際成本也是個體經濟學的重要概念。沉沒成本的概念應用在股票買賣上非常有幫助，買賣股票時出於期待獲利的心理，多數人經常設定一些錯誤的規定，比如很多人不願意以低於買入的價格賣出股票，其實賣股票最需要關心的是如何高價賣出，買入價格已經變成沉沒成本，壓根不需要考慮。人一生中，過去的事都是沉沒成本，投入的時間、金錢、情感都已經沉沒了，想明白沉沒成本的概念，會讓我們放眼於未來。

邊際成本是另一個讓我印象深刻的概念。當你購買一樣東西，如果賣家價格高於它的邊際成本，他就有一萬個理由願意賣給你，即使這個價格遠低於他的平均總成本，好比小販賣東西，進貨價是邊際成本，房租則是總成本的一部分。

個體經濟學還會告訴你壟斷的力量，雖然之前我明白壟斷的威力，但是從來沒有用圖表、供需曲線精確描繪壟斷對商品價格的影響。學習之後，我可以精確算出，當一個國家或一個政府壟斷土地供應的時候，對價格會產生多大的扭曲影響。

對於總體經濟學，我感覺最有用的就是搞懂利率、GDP、貨幣政策、貿易政策……這些每天報紙上看到的指標有什麼相互關係，明白背後的原理，可以看清楚報章媒體新聞背後的故事，不會輕易被別人唬住。

學習有用知識

總體經濟學解釋GDP及一個國家的財富構成要素，讓我更看清楚中美之間GDP的差異，也看清楚財富正在朝哪個國家轉。回到一百年前，有人告訴你，香港有一天人均GDP將是英國的兩倍，估計你會笑他們發瘋了，然而這樣的事情發生了，曾經輝煌的英國，人均GDP只能排到美國最落後的幾個州裡面。

GDP是測量一個地區和國家發展再精確不過的指標，尤其是名目GDP，讀者有機會去比較一下西歐、東歐、中東、南亞、東南亞各個國家，看看人均GDP能不能代表一個國家的發展水準。

總體經濟學也讓我更清楚的理解通貨膨脹，生活中經常會看到一些文章，比如輸入型通貨膨脹、農業通貨膨脹，因為某些外界因素，導致某類商品價格上漲引發通貨膨脹，學完通貨膨脹的理論，我知道通貨膨脹就是鈔票印太多，其他都是掩飾的藉口，也知道對抗通貨膨脹的方法，不是擁有某類不再增產的商品，因為世上沒有永遠保值的東西。

個體和總體經濟學讓我學會用經濟學的思維思考，這些知識與我們的生活那麼貼近，也許都應該放到中小學階段學習，就像基本的物理、數學常識，應該是每個現代人都要掌握的知識。

還有一些專業課程對我也很有幫助，比如會計和企業財務這兩門課，讓我可以從上市公司的財務報表中，看懂一家公司的基本狀況；金融衍生性商品交易是一門對數學要求很高的課程，複雜的公式、交易策略，讓我往後毫無風險的取得比特幣，如果沒有上這些課，碰到問題的時候我也想不到好方法投資。

行銷學這門課也很有意思，學習這門課之後，你會知道，市面上大部分商品的價格和生產成本無關，完全取決於商人的行銷能力，人們的購買習慣非常複雜，很多是受心理因素的影響。

讀書期間另外一件樂事就是閱讀大量的案例，這些案例大部分可以當歷史書來看，比如洛克菲勒（Rockefeller）經營房地產的歷史，我就寫了一篇文章〈洛克菲勒中心分家的故事〉*。

洛克菲勒中心分家的故事（二〇〇八年二月十四日）

大家都知道紐約赫赫有名的洛克菲勒中心，洛克菲勒家族從一九三二年到一九五二年在紐約中城（mid town）先後蓋了十二棟樓，一度是紐約人以及美國人的驕傲。

一九八五年，問題來了。家族根深葉茂，要分家產時不是每個人都對房地產有興趣。要賣房子，麻煩就來了。第一是稅，一九八五年房子的市價是十六億美元，一下子要繳很多增值稅，洛克菲勒家實在不甘心。第二是名聲，家族老一輩的長者對房子有深厚的感情，希望永遠掌控房子的實際經營權，要把洛克菲勒的名字永遠繼承下去。要是隨便把房子賣掉，明天被人改成李嘉誠大廈，豈不是很傷家族的面子。第三是房子總價太高，也沒有哪個買家買得起。

怎麼辦？說來簡單，首先是先化整為零，弄一個占八〇％股份的REIT（real estate investment trust），在REIT名下，出售七億五千萬的股權，等於是擴招新股，股本進來的錢總不用繳稅吧。接著是發行五億可轉債，若干年以後，可以轉成股份。發行債券不但不用繳

*〈洛克菲勒中心分家的故事〉全文可掃描 QR Code：

稅，反而可以用利息減稅。

你看看，這樣一來，洛克菲勒家占了二〇%股份，八〇%股份分散在其他千千萬萬的投資人手裡，洛克菲勒家族保持房子的實際經營權，同時大量的現金進帳，一塊錢的稅也沒有繳，子孫們吃喝玩樂，分散投資。

從中可以學到什麼呢？首先要知道，在美國投資房地產幾乎不用繳稅，無論是大地主還是小地主，我很少聽說有人繳增值稅。第二，洛克菲勒中心當年估價用的資料非常有意思。在一九八五年，當時估價是鑑於未來二十年裡，每年七%房租成長、六%成本成長，和二十年後八%資本化率（Cap rate）做出的，後來實際的租金沒有漲那麼多，成本倒是猛漲。

俗話說，買的沒有賣的精。新手買房出租，老屋主常常是玩了幾十年的老江湖，訊息不對稱，對於未來的房租估計不能太樂觀，切記這點。

其他比較精采的案例，我印象深刻的還有幾個：為什麼電腦上會貼Intel標籤？FedEx是怎麼創業成功的？當然可口可樂和百事可樂的故事永遠是經典。

次貸危機暴發

美國給人的感覺就是自由，可以做任何想做的事情，我既然對金錢和投資這麼感興趣，應該去金融業嘗試一下。讀過MBA的人都知道，學習知識只是MBA教學中很小的一部分，更重要的是人脈。我讀的是全美排名前十五名的商學院，大部分同學畢業後都在金融領域工作，於是我打電話去各家投資銀行，與前輩套交情，爭取實習的工作機會。這時候，又一件意想不到的事情發生了，那就是次貸危機。

如同九一一事件，次貸危機發生那一天我印象深刻。次貸危機當然有跡可循，我印象中，二〇〇七年一開始便是山雨欲來風滿樓。全國金融公司（Countrywide Financial）要破產的時候，我正在上投資學這門課，老師解釋這家公司如何運作，課堂上拿出財務報表，看看我們是否能分析出這家公司要破產。

從財務報表上根本看不出全國金融有任何破產的跡象，不但我們看不出，連專業人士也看不出，因為很快美國銀行（Bank of America）花了幾十億美元買下這家公司，哪裡知道其實是買了有毒資產，差點把美國銀行拖破產。財務報表只能後知後覺，很難先知先覺。

次貸危機的高點是美國政府宣布不救雷曼兄弟，讓雷曼兄弟破產的那一天。那天是二〇〇八年九月十三日，我沒有記錯的話是星期六，我正在上課，課上到一半，有一個同學舉起手，老師問他什麼事，那個同學對老師說：「我只是想跟老師和同學們說一下，聯邦政府和華爾街的銀行們決定不救助雷曼兄弟。」

教室裡發出「轟」的一聲，大家交頭接耳的議論著。我能感覺到教室裡沉重的氣氛，很多人臉色鐵青，因為讀ＭＢＡ都繳了很高的學費，有些人背負不少貸款，需要一份高薪工作，而經濟危機到來，尤其是直接由金融業引發的經濟危機，讓每個人的前途變得黯淡。我就是在這樣混亂的情況下尋找實習機會。

投資銀行的金錢遊戲

儘管我不是很喜歡社交，但是對華爾街和投資銀行到底怎麼運作有著濃厚興趣，所以不斷打電話給在投資銀行工作的校友，說一些言不由衷的話，讓對方感覺我對投資銀行的工作擁有極大熱情，這樣的招聘方式非常荒唐，但這些年來投資銀行一直保持慣例，我開始感覺金融業和我想像的不一樣。

我運氣不錯，在市場最糟糕的時候，居然在世界前十名的投資銀行找到實習機會。投資銀行的收入雖然非常高，工作卻不用花什麼腦筋，根本不需要聰明人才能從事金融業，每個人就像大機器上的螺絲釘，把自己的工作做好就可以了。

說白了投資銀行就是提供仲介服務，和房仲沒什麼區別，只是投資銀行做的是買賣公司的仲介業務，例如上市和併購，過程和買賣房屋也沒什麼區別，和一家即將上市的公司老闆套交情，爭取把業務拿到手，談好委託代理協定、幫公司做估值，再按照流程辦理上市手續。

過程很簡單，難的是人際關係，社交成了重要環節。工作前兩個月，我參加了無數派對，即使次貸危機後金融市場已經很糟糕，大家還是忙著參加派對。我感覺金融業的從業人員並沒有為社會創造那麼多價值，金融公司和投資銀行獲得的高額利潤，並不因為他們提供很多複雜的服務，在於高額的金融交易。

我當時做了一件市值大約十億美元的上市案子，本益比約二十五倍，團隊忙了幾個月，拿到約兩千萬美元的服務費，也就是說投資銀行基本上拿走了一家企業半年的淨利，等同於兩千名企業員工拚死拚活做了半年，難怪在投資銀行工作的人收入會高。

分配的不合理，讓很多人對金融業趨之若鶩，可是金融業的文化總是和我格格不入，在金融業工作是否順利，很大程度取決於他人對你的信心和信任，所以大家對外在的東西都非常關心，要穿名牌衣服，東西要用最好的，工作之餘關心如何弄一台超級跑車、住哪家豪華酒店，說起話來要口若懸河。

相比之下，做理工科的老本行雖然收入沒有那麼高，但是我很快樂，而且很自由，不需要花太多時間做一些在我看來很無趣的事情，最後我選擇不去金融業，繼續做老本行。我覺得金錢帶來最大的好處是自由，我不願意在往後十年或二十年，度過無數通宵達旦的加班生活。

走上創業路

金融體系另外一個高薪的工作就是資產研究的分析師，這是一個需要冷靜思考的職業，不過分析師對於公司有多大的理解，我一直抱持懷疑態度，因為非常多資料證明分析師給出來的報告，並沒有指導市場投資在正確的公司，他們寫出厚厚的分析報告，說得頭頭是道，自己卻未必相信。

我當時要做一個可再生能源公司的併購買賣案件，讀了一份花旗銀行的分析報告，由行業裡非常著名的分析師撰寫，報告中分析太陽能產業的未來前景，比對眾多公司，得出的結論是未來太陽能產業一片榮景，且中國無錫尚德將一枝獨秀。

我看了一下就知道分析師胡說，他對可再生能源不了解，對尚德這間公司也不了解。我的專業領域跟尚德有很大相關，我的技術背景讓我對尚德看得更清楚，不論是技術門檻或管理能力，尚德和其他公司沒有太大區別，而且太陽能產業面臨嚴重的產能過剩，果不其然，幾年之後尚德破產重組。我記得那份報告裡的財務分析，信誓旦旦的認為尚德股價會超過一百美元。

這也印證我一再相信的，在判斷趨勢上沒有人是專家，大到總體經濟，小到一家公司的財務狀況。我後來創業的經歷也證明了這一點，作為公司創辦人，在清楚掌握財務資訊和管理資訊的情況下，對公司未來我都看不清楚，更不要說分析師了。

ＭＢＡ經歷整體而言是正面，最大的損失是金錢，總共付了十萬多美元學費，但是如果沒有讀ＭＢＡ，這十萬美元會被用來投資房地產，按照後來局勢的演變，可能會損失一百萬到兩百萬美元。

此外，在公司上市過程中，我認識了一些企業家，讓我對創業有進一步了解。在我記憶中，創業者都是八面玲瓏的人，或是有資本管道的人，後來我發現創業其實需要的是堅定意志，不需要能說善道，甚至性格偏內向、冷靜。

實習快結束的時候，一位資深MD約我喝咖啡，他知道我有博士學位，語重心長對我說：「你還是去創業更合適。」也許是被他的真誠感染，也許是被他說得自我感覺良好，我決定嘗試創業。

我的創業故事可以另外寫一本厚厚的書，創業很少能一帆風順，大部分創業公司三年就倒閉了，其餘九〇%沒什麼價值，我就是九〇%的其中之一。創業讓我長年處於低收入，現在想想要是當年不創業，我的十年一千萬目標會更快實現。

13 跨出第一步：在中國搶房

從我到美國的第一天起，永遠有一群人堅信「中國崩潰論」，我寫這些文章的時候有一個深刻感受：裝睡的人永遠叫不醒。

當目標明確、理想定好、知識儲備完畢，就是開始埋頭苦幹，朝一千萬美元目標邁進的時候。

實踐是檢驗真理的唯一標準，這點我一向很欣賞明朝思想家王陽明先生，所以在後面幾章裡，我會盡可能的把自己制定投資目標後的十年投資歷程呈現出來。無論你同不同意我的觀點，這是我們這個時代、這代華人，穩紮穩打的歷史紀錄。

「普通家庭十年一千萬理財計畫」的投資經歷可以分為三階段，每個階段都完成了一個重要投資，當然這個劃分並不是絕對的，很多投資歷程是重疊的，這樣劃分只是讓讀者便於理解。我做了三件比較重要的事情，分別是：二〇〇七年到二〇一〇年投資中國房地產、二〇一〇年到二〇一六年在次貸危機後低價買進美國灣區房地產、二〇一六年到二〇一八年投資比特幣。

我在進行一項投資的同時，也在關注其他市場，一個好的投資者，會不斷的關注周圍可能出現的投資機會。

上海買第二間房產

二〇〇七年，根據我對加州房地產形勢的判斷，決定先不買房，等一陣子再說。加州房地產投資規律性很強，過去三十年裡經歷了四次漲跌循環，為了更堅定執行制定的計畫，我在投資理財論壇公開提出「三年不買房」的口號。

二〇〇七年，十年計畫的頭一年，我最關注的還是中國房地產。由於在北京買房的計畫遲遲無法落實，我把手上幾乎所有的存款在上海買了第二間房子。

當時大部分回中國的購屋者，是為了老後的退休打算，或者希望幫家人改善生活，很多人在中國買的房子先給親戚住，老了之後他們回中國會有地方住，這種打算背後的原因是中國物價比美國便宜，還有親情，適合養老。換句話就是美國的錢好賺，中國的錢好花，在美國賺美元以後，按照一比八的匯率匯到中國花人民幣。

我不這樣想，看看日本、香港、台灣這些亞洲四小龍的歷史，大概能預測到再過幾十年，等我們老的時候，中國物價會變得異常昂貴，中國核心城市根本不是一般退休美國老人住得起的地方，退休應該住美國才對。中國處於快速發展階段，趕緊在中國賺錢才重要，應該倒過來，在中國賺錢，回美國養老。

二〇〇六年夏天，雖然上海房價已經漲了一倍多，房地產依然非常搶手，我利用回國探親的機會，落實買第二間住房計畫，按照原先想好的投資理念，打算投資上海地鐵二號線附近的房子。二〇〇一年時在美國工作的白領雙薪家庭幾乎買得起上海任何地方的房子，二〇〇六年只能選擇內環線以外的房子。我看中一間長寧區天山路的房子，委託在房產公司工作的親戚幫忙和開發商打一下招呼。

那天是早上九點開始營業，我因為要陪母親吃早飯，十一點才趕到現場，到的時候銷售中心說房子都沒了，一個小時全部賣完，很多人擠在銷售中心，銷售人員用擴音器喊：「房子已經全部銷售完畢，請大家不要逗留。」即使我找了關係也沒用。

我和很多人一樣，低估中國大城市的購買力。一九九〇年時，中國每年開發面積是一萬平方公尺，二〇〇〇年成長到每年一億平方公尺，整整漲了十倍，二〇一〇年再成長到十億平方公尺，又漲了十倍，即使這樣也抵不過狂熱的買氣。漲了一百倍產能，在任何一個國家早已過剩，但是中國人口往大城市遷移，住房永遠蓋不完，永遠都不夠。

親戚安慰我，說這棟大樓很多問題，不買也罷。我態度很堅定，內心想，這次回來一定要買到一間房子，錯過這次機會，恐怕未來幾年再也沒有了。親戚想了想和我說，可以去浦東看一看，他另外一個朋友在浦東開發新建案，但是地點沒有地鐵，不是很繁華，而且不在二號線沿線，恐怕買了租不出去。我說沒有問題，因為在美國的經驗告訴我，房價漲起來的時候，邊緣地帶的漲幅更可觀，因為世上總是窮人多。

我要離開上海的最後一天去看了浦東建案，那個地區雖然規劃了兩條地鐵建設，可是畢竟還只是規劃，加上周圍沒什麼交通設施，到哪裡都不方便，果然沒買氣。經理熱情且客氣，因為還沒有正式開賣，整個建案的房子讓我隨便挑。

我當時被一個現在看來可能是錯誤的觀點誤導，就是只想著內部報酬率（IRR），而忽視了淨現值（NPV）。IRR和NPV是投資領域經常用來評價專案好壞的指標，簡單來講，IRR是報酬率，NPV就是賺了多少錢。

按照IRR來選擇的話，要買小房子，特別要買偏僻角落的樓層，比較差的便宜房子，這些房子升值幅度比較大，寧可買兩間小房子，也不要買一間大房子，因為兩間小房子的報酬率比較高。

我忘了一點，買房子本來就有時間成本，同樣花一個月時間，項目A的IRR是二〇%、投資一百元；項目B的IRR是一〇%、投資一千元，項目B的IRR雖然比A低，但是顯然B是更好的選擇，因為項目B的NPV較大，賺到的錢更多。此外投資機會稍縱即逝，如果機會只有一次，應該盡可能買最大的那間房子。

這是我後來愈來愈少用Excel計算來決定投資的原因，很多投資因素在Excel沒有辦法展現出來，Excel可以算出你的投入成本、報酬率以及各種數字，但有太多不確定因素無法被考量計算，上述買房的例子就是時間成本和機會成本。

我選了一間兩房一廳的公寓，面積一百平方公尺，雖然有房型更好的樓層，三房一廳，面積一百五十平方公尺。經理對我的選擇表示驚訝，因為我選的是一間兩面沒有採光、夾在中間的房子，我也沒有選擇高樓層的房子，而是買在五樓。他跟我說了這個房型的弊端，建議我換一間。

我不好意思跟他解釋我的「投資理念」，現在看來幼稚又可笑，只說：「兩房夠用了。」這間房子總算買了下來，雖然不是最好的選擇，買到總比空手好。

中國房市判斷

我能這麼堅定決心繼續買房，一方面是因為仔細研究過日本、韓國、台灣、香港在經濟發展過程中房地產的價格變化，另外一方面應該感謝個體經濟學的基本知識，讓我能對簡單的經濟現象做出正確判斷。

上海出現第一輪房價暴漲的時候，政府推出一系列的房價調控政策，當時總理是溫家寶，他開啟了後面漫長十幾年的房產調控政策，幾乎每次房價暴漲都有新政策，朝令夕改讓市場極度混亂，建商忽視工程品質，天天趕進度。

經濟學常識告訴我們，一個商品價格上漲是因為供需不平衡造成，所以抑制房價的最好辦法是加大供應。然而中國政府沒有這麼做，推出的房地產政策全部都是打壓建商、控制土地、增加交易稅、抑制需求，也許初衷是為了控制房價，實施結果只會火上澆油，讓民眾漲價預期更強烈，房價像脫韁野馬一樣上漲。

從二〇〇三年到現在，所有的房地產調控都是中央政府在唱高調，樹立愛民形象，地方政府忙著撈錢，趁機加稅、推高土地價格，整體而言，政府沒有任何意願控制房價快速上漲，因為控制房價對於地方政府簡直就是與虎謀皮的行為。

如果一個人找一隻活蹦亂跳的老虎，商量能否借其皮一用，大部分人會覺得他是瘋子。可是真的有民眾相信政府會主動降低房價，殊不知，高房價對於地方政府和老虎皮對老虎一樣重要。因為政府賣土地才能獲得大量收入，房價愈高，土地價格賣得愈高。中國很多城市的財政收入有將近四〇％靠賣地賺錢，沒有這些收入，政府如何發獎金給公務員？如何有錢搞基礎建設、謀求產業發展？

地方政府把城市當公司經營，政府都希望城市產業興旺，才有稅收，所以往往對引進和發展產業不遺餘力。你可以看到一個怪現象，大部分城市把土地優先留給產業，蓋商業大樓、商場、工廠，儘管有時候土地明明不缺，政府也不喜歡供應土地蓋住宅。當地方政府抱著這樣的管理模式和想法，你可以想像，中國主要城市的房地產價格，怎麼可能降得下來？

房地產調控各項政策中，地方政府最喜歡做的一件事情，就是戶籍限制和在交易過程中加稅。戶籍限制不會減少需求，只會逼著沒有戶籍的人去租房，推高租金，從而推高房價；加稅不會讓一件商品的價格變得更便宜，只會增加商品的成本。

一間房子買進的時候是一百萬，賣出的時候是兩百萬，炒房的人賺錢了，如果這個時候政府要求炒房的人繳五十萬的稅，最終會把交易價格推升至兩百萬到兩百五十萬，因為這五十萬的稅要由賣家和買家共同分擔，看賣家和買家誰的議價能力更強勢，誰就分擔的比較少。

就像明天豬肉價格如果漲了，在交易環節加稅，規定每次買豬肉都要繳二〇%稅金，只會讓豬肉價格變得更貴。當年政府推出這些政策，幾乎所有的稅費由買家承擔，更進一步推高房價，但民眾不明白這一點，認為懲罰了賣家，自己就能占到便宜。

這讓我想起小時候看過的童話故事，一隻狐狸分一根香腸給兩隻狗，一開始分的左邊大一點，右邊小一點，兩隻狗喊著說分配不均，於是狐狸做裁判，把大的那邊咬掉一些，咬掉後分配又變得不均勻，因為小的那邊變大了，於是狐狸接著把大的那邊再咬掉一截，這樣來來回回，最後香腸都被狐狸吃掉了，兩隻狗什麼也吃不著。

政府以各種房產調控為目的推出各項政策，最後都肥了地方政府，害了真正需要住房的人，在中國主要城市買一間二手屋，稅費至少幾十萬元，新屋也因為二手屋有這幾十萬的稅費，毫不客氣的把價格抬高幾十萬。

二〇〇六年以後在投資理財論壇上，有相當一批人認為上海、北京、深圳的房價不會像曼哈頓和香港一樣狂漲，因為中國這些城市沒有天然的地理屏障，曼哈頓和香港都是孤島，土地有限，而中國這些城市都是平原，可以無限擴展。他們忘了，地理上沒有孤島，政策和人心有孤島，再寬廣的平原也可以因為政策造成短缺。

因為我在中國買房，無論是在網路文學城論壇，還是現實生活中，總有人跑來向我請教在中國買房的事情，我乾脆把這些道理寫出來和大家分享，寫這些文章雖然沒有人給我稿費，對我最大的幫助就是透過寫作釐清了自己的思路，也在和網友的互動過程中加深對很多問題的理解。二〇〇七年有兩個投資理財論壇上的網友比我更加大膽，讓我印象深刻。

一位傾其所有財富在深圳買房子。二〇〇七年時中國各地還沒有推出限購政策，深圳房價開始上漲，有人示威遊行，希望政府抑制房價，這位網友把所有美國信用卡統統刷爆了，能貸、能借的錢都借光了，在深圳購買了三間房子。另外一個網友沒有深入的交流，只是簡單跟我說，他計劃在上海的大學附近買十間國有住宅。我沒有這麼極端，現在回頭想想，看清市場趨勢之後，他們這些極端的做法是對的。

當然，認為中國政府一定會把房價控制住，甚至認為中國會重演日本房產泡沫的觀察者也不在少數，尤其是在大眾媒體上，當時有一位財經評論紅人謝國忠，是國際著名投資銀行的經濟顧問，號稱成功預測一九九七年泰國房地產泡沫，他用同樣的道理預測中國房地產會崩盤，不斷在電視媒體中露面，甚至公開宣告泡沫時間。

我在投資銀行和金融體系工作過，知道這些所謂的首席經濟學家是什麼樣的貨色，他們對未來的判斷能力和你我差不多，但是喜歡口若懸河的說一些經濟學名詞，讓民眾似懂非懂，其實很多專家最關心的是如何成為網路紅人，沒有什麼真知灼見。

那些他們用來吹牛的過去預測紀錄，也都經過粉飾，比如看跌的人會堅持看跌，直到市場下跌了，就會以此為證說自己有多厲害，其實他們對未來的預測能力和巫師祈雨沒什麼區別。你不斷說明天要下雨、明天要下雨，堅持一年，終於有一天明天下雨了，就說自己有先知先覺的本事。

我喜歡從資料入手分析問題，當時寫了一篇部落格〈漲！漲！漲！〉*，告訴大家房價恐怕還要漲一陣子。

漲！漲！漲！（二〇一〇年五月十四日）

小的時候看過電影《金剛》，裡面的大猩猩面對直升機掃射，喜歡拍胸脯，可惜終究沒能保護自己，為了心中的美女一命嗚呼。中國在宏觀調控房價，讓我感覺如同金剛一樣，喜歡拍胸脯。不知道是真傻，還是假傻，效果不重要，關鍵能討個老百姓的稱讚就行。下去了，二十年後，還是一條好漢。

別的地方我不知道，單就上海而言，目前和未來都是嚴重的供需不平衡。先看看上海最基本的供需數字，需求方面，假設投資需求為零，基本的需求有兩類，一個是新增人口，上海市每年新增人口四十萬，不包含打工的外地人。按照三口之家，每家九十平方公尺計算，因人口增加的需求大約是一千萬平方公尺。

第二個是改善型需求，根據上海未來的遠景規劃，每年人均居住面積大約增加〇・五平方公尺，改善性需求的房產面積需要一千萬平方公尺。

過去五年裡，上海出售的可供應土地是八千萬平方公尺，轉換成約一千萬的供應面積，也就是說未來五年，供需平衡嚴重失調，缺口大約在五〇%左右。再看看另一個數字，北京房價在奧運會之後猛漲，主要原因是奧運期間工地停工，造成二〇〇九年市場上的供應嚴重短缺，上海世博會長達半年，市區內的建設基本上也停工，世博結束後，同樣面臨短缺。

上海本月的房產庫存面積已經達到歷史最低點，四百萬平方公尺，僅僅夠市場兩個月

*〈漲！漲！漲！〉全文可掃描 QR Code：

消化量。世博結束之後，恐怕庫存會達到歷史新低，進一步促進房價上揚。

我對中央的房價調控實在不以為然，在交易環節下手，只會影響市場的成交量，不會影響基本供需平衡。打擊建商，只會減少供應，讓供需平衡進一步惡化，導致房價更高。以上海為例，所謂的增加保障性住房完全是句空話。上海宣布籌建二十三個大型社區，一百二十萬間住宅，開發面積八千萬平方公尺，仔細一看，原來只是政府表示一下決心，規畫部門表示大約需要兩年時間完成土地的儲備工作。等到真正建好上市，恐怕猴年馬月，下屆政府的事情了。

讓人擔心的是這次政府這麼大的決心，房價半年之後再一路狂漲，不知道政府能否面對基層社會的政治壓力，進一步做出瘋狂的事情，如同那個大猩猩一路在紐約狂奔。

到了二〇〇九年，上海當地人看空房地產的人也不在少數。當時有幾個上海當地的名人在媒體上說上海房價要跌，他們算了一下，自己的孩子不缺房子，因為自己有一間房子，爺爺奶奶有一間房子，外公外婆也有一間房子，由於獨生子女政策，大部分上海的年輕人能繼承的房子就有三間，未來房子肯定過剩，房價要跌。

這些人只看到自己生活的小圈子，用小圈子的資料採樣替代整體，他們沒有意識到支撐上海房價的不是當地人，每年很多大學畢業生，這些帶著夢想到大城市打拚的年輕人，才是撐起房價的支柱。

賣上海房換現金

二〇〇六年我買進上海第二間投資房後，一路暴漲，兩年不到，二〇〇八年二月，房子交屋時，房價已經從我買入的一百萬漲到了兩百三十萬，也就是說房子我一天都沒用過，房價已經漲了一倍多。

因為房價上升，我這間房子的槓桿率自然就下降了，根據勤快人理財法，需要不斷保持槓桿才可以。另外一方面雖然我每個月在繳貸款，但是未來有多少租金收入很難說，因為那個地方不是很好出租。

中國房地產不能再融資，所以很難從房子裡拿出錢來。我找了幾家銀行諮詢，他們告訴我的消息，最多可以用房產抵押做一年或三年的貸款，沒有長期貸款。這麼短期的貸款對我沒有什麼意義，既然房地產投資的祕密就在於槓桿，當槓桿消失之後，房地產投資的報酬就不如股票，所以我要想辦法加大槓桿。

另外一方面，二〇〇八年經濟危機暴發，美國股市一路狂跌，美國房地產市場在二〇〇八年沒有崩盤，基本上是持穩中微幅下跌，主要原因是聯準會一路降息，支撐著房地產市場。但是在我看來，美國房市下跌是不可逆轉的事情，我感覺底部進場的機會愈來愈近，如果手上沒有資金，機會來的時候也是一場空。

綜合以上因素考量，我決定把中國的第二間房子賣掉。我委託同學把房子簡單裝修一下，總共花了五萬人民幣，然後放到市場上，一方面看看有沒有機會出租，另外一方面掛牌銷售，能賣掉就賣掉吧！

為了計算可能出現的狀況和權衡各種投資報酬，我做了一個複雜的Excel表格，列出很多指標，各種情景分析寫得明明白白，無論我怎麼計算，Excel的結果都支持我賣出這間房子。然而今天看來，這個Excel表格完全是我一廂情願的想法，或者誇張的說，我還沒有哪一次投資因為Excel表的資料提供了有用的說明，因而做出正確決策，大部分時候辛苦整理出來的計算資料反而會誤導自己。主要原因是一個投資過程的影響因素太多，不可知的因素太多，迷戀Excel表的計算，讓我忘了很多公式以外無法計算的內容，這個教訓很深刻，這次賣房就是一個例子。

二〇〇八年夏天，美國處於一片風聲鶴唳中，但恐慌情緒還沒有蔓延到中國，多數人在看熱鬧，電視裡很多經濟學家解釋為什麼會有次貸危機？作為親歷者，當時既買賣房子，也經歷投資銀行破產，我認為其實直到今天，都沒有一本中文書籍把次貸危機說清楚。

二〇〇八年中國正在準備奧運會，坊間的流言是奧運會期間中國房價不會下跌。我覺得這幾乎是玩笑話，奧運會跟房價一點關係都沒有，即使有關係，可能也是局限於某些特定地區，比如因為工地停工，對北京房價可能有一些影響。總之，我清楚記得二〇〇八年夏天中國房價沒有大幅下跌，雖然所有人都看到金融風暴已經形成。

這就是我一再說的房產市場具有很強的僵固性，不像股票市場效率那麼高，金融市場的動盪沒辦法立刻反映到房價上。如果你是一個勤快人，可以利用這幾個月時間把握市場脈動，在房地產投資上，我就是一個超級勤快的人，至少在那幾年的時候，精力充沛，鬥智高昂，每次回中國出差或探親，都會利用機會做房地產投資的功課。

房子掛出去不久，很快出現買家，是在浦東一家大銀行工作的年輕夫妻，這對年輕夫妻買房是為了自住，雖然我那個社區周圍各種設施還沒齊備，但附近的中小學是浦東比較好的學校，和房子只隔一條馬路，他們剛生孩子不久，所以想把我的房子買下來。

等我收到最後一筆款項，我忽然對這對年輕夫妻產生一股深深的同情，兩百三十萬人民幣在當時還是一筆很大的錢，這對年輕夫妻需要背負很多年的貸款，但我非常確信房價過幾個月會下跌，下跌之後，他們夫妻之間會吵架，會因為白白損失的幾十萬弄得不愉快。而這一切只因為我比他們擁有更多資訊，大家都是普通的老百姓，雖然一切都是自願的，可是我內心難免有些占了便宜的忐忑不安。

現在再想一想，當年的擔心是多餘的，投資房產真的不知道誰是楊白勞，誰是黃世仁，也許他們當時會有一些摩擦，這麼多年過去，還真不知道誰該感謝誰，因為那間房子漲到了一千萬人民幣，比我賣出的價格漲了四倍多。

融化的冰棒

扣除貸款，我拿到將近一百八十萬人民幣現金，兩年報酬約四倍。數錢的快樂只維持了一天，我又慌亂起來。

次貸危機暴發幾個月之後，二〇〇八年底美國房市出現雪崩式下跌，印象中二〇〇九年元旦那天我去看一間灣區的中古屋，仲介開玩笑說，他等了幾個小時，只等到我一個人。上海房價下跌要比美國晚幾個月，但是到二〇〇九年春節的時候一片哀鴻遍野，我賣出的房子，房價大約下跌了二〇％左右。

我為手上這筆一百八十萬現金如何快速找到投資標的煞費苦心，現金就像冰棒，你把冰棒從冰箱裡拿出來放在手裡就會融化，這個道理我懂，在執行上，我依然沒辦法百分之百做到讓冰棒不融化。不動產的好處就是「不動」兩個字，資產容易被保留住，冰棒不會融化。

那時中國還沒有今天這麼嚴格的外匯資本管控，二〇〇九年三月，我看中美國一間好學區精華地段的房子，開出了一個不可思議的低價，於是我把一百八十萬中的五十萬匯回美國，打算用這筆錢在底部進場買房。

五十萬人民幣差不多是七萬美元，分兩筆匯回了美國。不過冰棒融化事件還是控制不住的發生了，我的車子被撞壞，需要換一輛車，當你手上有錢的時候，特別是剛剛賺了一筆錢的時候，你本能的想犒賞自己買一輛價格比較高的車子，有錢往往就管不住自己，抵擋不了銷售員的甜言蜜語。

於是這七萬美元沒有全部用來買房子，而是融化了一大塊，買了一輛好車，顯然當時車子不是這筆錢最應該去的地方。匯回美國的現金在融化，留在中國的現金也在融化，一個親戚找我們借錢，因為他想買房子，最直接想到的就是向剛賣了房子、手上有大筆現金的人借。雖然我明知道自己有本事把借出的四十萬人民幣在幾年內變成四百萬，但是親情很多時候不講道理，也沒有辦法拒絕，該借的錢還是要借。借出了四十萬，我的冰棒又少了一大塊，剩下的錢不多了。

讀者這個時候可能會意識到，這些冰棒融化的現象在Excel表上永遠無法顯示出來，人並不是機器，沒有辦法冰冷的按照公式計算去完成計畫。

一間變四間的計畫

像每個焦慮的孩子需要盡快吃完陽光下的冰棒一樣，二〇〇九年底的時候，我無論如何要把這些錢投資出去，我在上海看中浦東陸家嘴世紀大道一帶的國有住宅，那是在一九八〇年代上海為了急切解決住宅短缺問題，大批用水泥板建造的面積比較小的公寓。

二〇〇九年，浦西傳統的好學區逐漸被浦東的好學區超越，道理很簡單，浦東有來自中國各地的聰明人，作為新移民，他們的後代勤奮且有壓力，學習成績自然比浦西傳統上海人好，就像美國最有成就的人往往是第二代或者第一．五代移民。

當時那一帶的房子一間大約六十萬人民幣，單價是每平方公尺兩萬元。這些老舊的公宅面積狹小，一般是三十平方公尺，小房比較搶手，因為大家買的主要目的是為了學區，這樣的小房子流動性比較強，變現快，容易出租。

我算了一下手上尚未融化的冰棒，利用貸款剩下的錢當做頭期款，可以買四間這種房子，總價約三百萬，可以把我的槓桿重新提升至六〇%，且租金和房貸可以打平。當時上海按照戶籍的限購政策還沒實施，一次登記擁有多少間住房都沒問題，但是貸款審查變得嚴格，銀行不太可能批准四間房屋貸款。

我向仲介諮詢，對方說唯一的辦法是四間房一起買，不同銀行同時申請貸款，銀行間彼此不互通氣，一起貸款可以繞開銀行審查的問題，於是這就成了我的計畫，一次買四間。我把這個任務委託給好同學，就趕著回美國了，我每次去中國通常是出差，只能待一、兩天。

因為一直沒辦法找到四間一起買，不知不覺又拖了大半年過去，另外一個原因是我在猶豫，當時我手上有的錢是一百多萬，我在北京看中一間獨棟式別墅社區，期間還看中了一間將近兩百平方公尺的上海人民廣場公寓。機會就在我的權衡、等待、湊足四間房子一起買中悄悄溜走，加上對房市走勢不確定，內心深處充滿猶豫，時間在流逝，冰棒也在融化，我依然沒有辦法把手上的錢花出去。

二〇〇九年九月，也許是上帝厭煩了我的猶豫，只聽見「轟」一聲巨響，中國政府四兆刺激計畫就來了。巨響之後，中國房價開始暴漲。

盡全力在上海搶房

二〇〇九年，隨著金融海嘯危機加深，全世界開始進行量化寬鬆政策，各國紛紛推出各種刺激方案。美國的量化寬鬆政策對市場的影響似乎很緩慢，中國作為計畫經濟強勢政府的國家，刺激政策立竿見影。

九月，中央一不做二不休來了一個四兆的刺激計畫，各地政府紛紛跟進，中央政府大量印錢，地方政府拚命花錢，這樣的好事哪個官員不願意，夢裡都會笑醒。據說各種機構累計合在一起的刺激經濟資金，在二〇〇九年底達到了三十幾兆。

量化寬鬆其實就是央行大量印鈔，在通貨膨脹下，直接受益者就是離錢比較近的那些人，在物價沒有漲的時候，他們有足夠的機會買進廉價資產，最後一個拿到新發行貨幣的人，等錢流通到他手裡，資產價格已經上漲完畢，他原來的錢就縮水了。

那年中國房價上漲就符合這個趨勢，印象中二〇〇九年那輪房價上漲從北京開始，因為那裡離經濟刺激方案新發行的貨幣最近，四兆計畫之後，北京房價在一到兩個月內暴漲，漲了五〇%左右。北京的親戚說，我在北京看中的房子都沒了，房價一下子漲很多。我問哪裡漲了？是市中心還是郊區？他說所有的地方都漲了，所有的房子也都沒有了。

北京著名的潘姓房產開發商在一個採訪中描述他看到的驚人畫面，一個建案開賣的時候，因為太多人過來買房子，不但擠壞了門，而且半個小時全部賣光，有人因為買不到房子在銷售中心哭泣，不是無聲的流淚，而是號啕大哭。

我看到新聞嚇了一身汗，根據過去經驗，上海和北京是此起彼伏，瘋狂的熱情很快會傳遞到上海。對研究歷史感興趣的人，可以看看深圳、上海、北京三地房價每次暴漲的特徵，每次都是其中一個城市率先起漲，半年、一年後傳播到其他兩個城市。二〇〇四年領漲的是上海，二〇〇九年是北京，二〇一六年是深圳，只要關注新聞，就能夠比當地人搶得先機。

我連夜打電話給同學了解上海房價，他的回答不是很清楚，大部分人不會每天盯著仲介問房價，當時中國房地產有很多論壇，人們還可以暢所欲言，我晚上也經常去論壇逛逛，看一看市場行情。不看不知道，一看不得了，我賣掉的那間房子已經回漲，而且比我賣出的價格還要再稍微高一點，這是令人恐怖的消息，我以為自己聰明賣到最高點，占了便宜，結果發現是一腳踏空。

我像熱鍋上的螞蟻，需要盡快把手上的現金變成房子。在美國的錢我已經無能為力，因為美國市場還需要跌一段時間，而中國很明顯已經觸底反彈，利用出差到上海，我到浦東原先計畫買入四間房的社區，毫不猶豫給每間房子都開了價。

仲介小哥看到我這麼豪爽高興極了，他覺得我是一位大富豪，一下要買這麼多間房子。我懶得和他廢話，就說這裡可能要拆遷了，想多買一點。他聽了認真的對店裡其他客戶大聲喊：「大家趕緊買，這裡要拆遷了。」我哪有什麼小道消息，不過是隨口搪塞。

我的出價沒有人接受，因為大家都在搶房子。後來我跟仲介說我只有錢買一間或兩間。該社區有兩種主要房型，約十坪的A戶型和二十幾坪的B戶型，A戶型我可以買兩間，B戶型只能買一間，仲介小哥知道我不是富豪，熱情瞬間掉了一半。不久，有人同意賣我一間A戶型的房子，我毫不猶豫簽了合約，付了一萬元定金，可是高興沒一分鐘，我馬上後悔了。

我又陷入兩難的境地，到底買還是不買？不買可能錯過機會，買了，又沒辦法找到兩間或更多間房一起辦貸款，只買一間A戶型的小房子很可惜，上海當時已經推出貸款的限購政策。最後，因為等不到第二間房子成交，我硬是退了定金，這是我這麼多年唯一一次損失定金。又等了幾日，終於有一間B戶型的房子要賣，幾經周折終於買下來。

讀者看這些故事的時候，可能因為年代的關係，對當時的財富和價格沒有直接感受，會質疑我，這麼辛苦折騰值得麼？

簡單和大家解釋一下價格的比對。被我賣掉的上海房子，買入的時候每平方公尺差不多一萬元，總價一百萬人民幣，賣出的時候每平方公尺兩萬三千元，總價兩百三十萬人民幣，我寫這本書的時候，漲到每平方公尺十萬元，總價一千萬人民幣，如果當時不賣房，按照中國年薪二十萬計算，相當於五十年的全部薪資，一個大學教育程度的工程師一輩子的收入。即使按照美國一個畢業生六萬美元的稅後收入，這間房子將是美國大學教育程度上班族二十五年的全部稅後收入。

你瞧，我根據我的勤快人理財法，按照Excel表格的計算執行投資計畫，繞了一大圈得到什麼好處？放著不動，我可以擁有一千萬人民幣的資產，昏天暗地忙碌的結果，剩下七百萬。

這個教訓很深刻，不動產、不動產，核心就是不要動。買賣過程愈少愈好，在Excel表上很多因素難以考慮，你能想到有人會來找你借錢嗎？你能考慮到朝令夕改的限購政策嗎？你能知道外匯突然被管制了嗎？你能考慮到因為內心軟弱，沒頂住銷售員的三寸不爛之舌？

我得到結論，**勤快人理財法最好的操作方法還是融資再貸款，想辦法把錢借出來，最好不要買賣，每次買賣都是傷害**。

買完房子，我手上還有二十幾萬，連最小的房子也買不起了。正當我傷腦筋的時候，一個同學介紹我參與另一個房產投資，遊走在金融管理灰色地帶的房地產集資專案。按照規定，建商在主體結構完工之前不可以賣房，這個建商膽子大，用集資的方式把紙上的房子先賣掉，拿到了錢再去蓋房子，這是違法行為，風險比較大。但是我覺得房價飆漲的時候，建商跑路的可能性很小，於是把剩下的錢都投進去。果不其然，建商信守承諾，準時交房。

這一輪下來，我一間房子變四間房子的勤快人理財計畫沒有實現，持有的建築面積數略有提高，把一間房子變成了一．五間。

持續高漲的房市

這個階段我一方面在中國房市交易，一方面整理自己的思路，寫了一些部落格。二〇〇九年秋天，中國市場價格暴漲，我連續寫了三篇題為〈上海房價朝不可思議的高度奔去〉的文章。

上海房價朝不可思議的高度奔去（一）（二〇〇九年九月十七日）*

如果一個人祖上沒有什麼財產繼承，賺的錢從來都是你的零頭，有一天你突然發現他比你有錢。你相信嗎？本輪政府刺激計畫結束後，中國房價幾乎讓所有人跌破眼鏡（包括我自己），轉身回頭，漲幅凶猛。

在上海，不但豪宅屢創新高，比如眾目昭彰的浦東星河灣，每平方公尺六萬元的高價，一個上午立刻被席捲而空，普通住宅也一樣，即使最偏遠的地方，幾乎找不到每平方公

---

*〈上海房價朝不可思議的高度奔去（一）〉全文可掃描 QR Code：

尺一萬元以下的房子。本輪調整結束後，來看看中國對美國的房產財富總價水準。

上海：住宅總面積大約在四到五億平方公尺，按照統計資料，目前上海均價為每平方公尺一萬五千元，當前上海住宅地產總價大約是一兆美元。

加州：加州住宅總價格大約也是一兆美元，上海房產總價已經和加州相當，儘管加州人口比上海多出將近一千萬，儘管加州的人均GDP是上海的四倍。

中國：根據統計資料顯示，二〇〇八年底城市住宅總建築面積約一七五．一四億平方公尺。今年以來，住房累計銷售額二．三五兆元，除以今年累計銷售面積四．九四億平方公尺，平均房價約為每平方公尺四千七百五十四元。

二〇〇八年全年，中國建商銷售面積六．二一億平方公尺，銷售金額二．四億元，銷售單價三千八百七十元。按年頭和年尾的均值計算，全國住宅每平方公尺價格為四千三百一十二元，結合前面城市住宅總建築面積，可以得出中國城市住房總價值約為七十五．五兆元。

美國：全美住房總價在十一兆美元左右，按照匯率推算和中國相當，美國二〇〇九年GDP是中國近四倍。

人人都知道美國比中國富裕，但就上海而言，按照全市五百萬家庭計算，平均家庭淨資產大約是二十萬美元，這裡面包括了工人、保母，和流動的外來工。即使這樣，上海平均家庭淨資產恐怕一點都不輸給美國華人，美國平均家庭淨資產是十五萬美元，華人稍稍高一些，但是應該沒有超過二十萬美元。你瞧瞧，當年富裕象徵的美籍華人們，和中國上海的普通家庭已經沒有什麼區別了。這劇烈的變化，幾乎就是在最近十年內完成的。

上海房價，無論從哪一個指標來看，都有泡沫的跡象。比如租售比（房子總價和每月房租比），在很多地方已經超過了五百比一，即使是國有住宅，租售比也達到了三百比一。如果是投資股票，好比是本益比已經達到了二十五倍到四十倍之間，按照已開發國家的經驗，最終會把房價拉下來。

上海房價朝不可思議的高度奔去（二）（二〇〇九年九月二十二日）*

我記得八年前，上海房價剛剛起步的時候，美國《時代》雜誌撰文，說房價在幾個月

*〈上海房價朝不可思議的高度奔去（二）〉全文可掃描 QR Code：

的時間上漲五〇%，非常不正常，泡沫馬上就要破滅。當時有無數的主流經濟評論家持同樣的觀點，可惜只有溫州這些不信邪、沒讀多少書的傢伙，勇敢買進，連炒十年，今天成了大贏家。

過去十年上海的房價一路高漲，中間雖有小調整，但幾乎是筆直向上，浦東的國有住宅漲幅最大，幾乎漲了十到十五倍，高級住宅稍差，但是五到八倍也是有的。十年前，灣區的雙薪家庭可以在上海買十間國有住宅，豪宅除了老洋房以外，幾乎都可以買得起，今天，漸漸的一間國有住宅都買不起了，豪宅只是富人的遊戲。

按照一般房地產理論，上海房價有泡沫的跡象，但是泡沫不見得會破，泡沫會持續很長一段時間，甚至會被吹到不可思議的程度再破，過程有可能是幾年，也可能是十幾年。我認為上海房價短期內還會繼續上漲的理由，有這麼幾個：

一、租售比理論不成立。在中國，老百姓幾乎是被逼著買房子，自己的房子和租來的房子在功能上不可同日而語。比如沒有房子，沒有辦法遷戶口；沒辦法遷戶口，結婚的年輕人不能生孩子，孩子無法正常上學。

二、長期低利率。中國現行的利率政策很像二〇〇一年美國葛林斯潘時期的政策，長期低利會刺激房產價格惡性膨脹，目前上海外國人購房的商業貸款只有三%到四%的利息。

上海房價相對全中國而言並不是很高，而且目前為止，全中國和上海、北京房價的連動性很強，要漲大家漲，要跌大家跌，顯示了總體經濟面是漲跌的控制因素，而不是某個城市的地域特徵。

三、中長期的風險。光看土地供應和新房蓋的速度，上海和北京一樣沒有天然的地理限制，城市可以無限擴張，房價最終會下來才是，然而目前為止人口成長總是比房子的供應高，但是人口紅利最終會被消耗掉。

四、通貨膨脹。現在大量印鈔票，總有一天會反應在商品價格上，等到通貨膨脹來臨，房價會因為銀根收緊和利率調高，應聲下跌。

所有的理論分析都擋不住一個最重要的因素，買氣。在中國和亞洲，炒作某種商品的時候，都會一直到不可思議的高度才罷休，當年的君子蘭、猴年郵票，最近的六千點股市，都是很好的例子。上海的房價現在是高於基本面的支撐，但是遠遠沒有到達不可思議的高度，現在沒人相信房價會跌。

上海的房價正以不可阻擋的勢頭，朝那個光輝的頂點奔去。

上海房價朝不可思議的高度奔去（三）（二〇〇九年九月二十三日）＊

無論怎麼看，彷彿是宿命一樣，中國和上海的房價會像當年的香港和日本，一條路跑到黑，總有崩盤的那一天。不過頂點之後的事情，根本就不是我們這些小老百姓能夠操心的事情了。

小老百姓關心的是如何投資獲得報酬，到底現在是追高還是在一旁觀戰。長期來說，隨著人們收入增加，上海和北京核心區的房價最終會超過台北，甚至香港，但過程肯定不是一帆風順。對於一般投資人而言，機會和風險並存，畢竟那個光輝的頂點還有些距離，只要風險控制得好，機會還是不錯的。未來，我的投資策略是：

一、看地段，不看房子。裝修再好的房子最終也會過時，房產是土地在增值，房子本身在貶值，核心地帶的老房子是規避風險的最好辦法，而且沒有什麼管理費。

二、不買豪宅。豪宅最近幾年的報酬率非常好，因為總金額大，很多人賺到滿盆的銀子，但是捧著豪宅如同捧著定時炸彈一樣，擊鼓傳花的遊戲不知道會停在誰手上。

三、不買過時地段的房子。比如赫赫有名的淮海路，性價比失調，就業流失，真正的新人口沒有地域偏見，會集中在新崛起的地段上。

四、選擇新興軌道交通帶來的成長地區，特別是多條線路交匯的地方，隨著浦東的成熟和崛起，以及大虹橋的修建，上海未來發展必定在東西軸線上。

五、看租金不看漲幅。房價漲幅難以預料，容易出租的地方，什麼風浪來了，都可以高枕無憂。

六、買拆遷房。追蹤政府動態，拆遷房政府補償通常在市價的一三〇％以上，而且不用繳稅，沒有仲介費用，好的拆遷房可以很快實現資金報酬。

這些策略最大的困難就是時間，投資上海房產已經過了傻子都能賺錢的好時機了，後面缺的是傻子去接最後的棒子，不能投入時間和一心想買了就想賺的人，勸你們還是遠離上海這塊燙手山芋。

不過，從我到美國的第一天起，永遠有一群人堅信「中國崩潰論」，不知道他們是基於什麼心態，總是盼著中國崩潰，找各種證據支持自己的觀點，這些人有的是著名經濟學家，但是更多是普通老百姓。我寫這些文章的時候有一個深刻感受：裝睡的人永遠

＊〈上海房價朝不可思議的高度奔去（三）〉全文可掃描 QR Code：

叫不醒。

于光遠是改革開放後中國比較有名的經濟學家，我讀他的回憶錄，記得他說的一件事。一九七九年改革開放之初，當時他所在的經濟研究所裡一個年輕人去香港考察，回來後用統計資料報告說香港多富裕、人均薪資有多高、商店裡商品有多豐富，相比之下，中國有多窮，相差很多。然後經濟研究所裡一位老員工拍著桌子大聲說：「香港有錢又怎麼樣？他們能學馬克思主義嗎？」

這實在是一個讓人哭笑不得的笑話，那個老員工認為掌握馬克思真理才是人生最大的幸福和意義所在。四十年後，歷史老人神奇的轉了一百八十度，現代版的這個笑話經常聽見有人說：「中國人有錢又怎麼樣？富裕了又怎麼樣？治安好又怎麼樣？網購發達，生活方便又怎麼樣？他們能投票選總統嗎？」

14 參與遊戲才能獲得機會

你的存款只是允許你上車玩遊戲的門票，
遊戲的勝負不取決於資本多少，而是上車和下車的時機。
你能住什麼房子也取決於遊戲玩得好壞，或你是否參與到遊戲中。

中國和亞洲很多房價昂貴的城市普遍存在啃老現象，最常見的是年輕人靠父母的財力幫助購買結婚新房，子女往往又提出要求，像是要買在市中心、至少兩房一廳，俗稱一步到位，不然不婚不嫁。

我也常常看到這樣的抱怨：上海、北京市區一間房子至少要六百萬人民幣，普通年輕人年薪二十萬怎麼可能買得起？不啃老怎麼行？同樣的現象發生在紐約、東京這樣的大都市，這些城市沒有啃老這個風氣，但是年輕人同樣覺得憤憤不平，抱怨房價太高，民不聊生。

華人似乎把啃老的風氣帶到了美國，在洛杉磯、舊金山經常可以看到華人父母幫剛剛工作的孩子買房，就算不是全額付清，至少也是負擔所有的頭期款。

玩一場金錢遊戲

很多抱怨房價高的人，其實沒意識到收入和財富不劃上等號，就像速度和位移是兩件事情一樣，為此我寫了一篇文章〈HENRY族：高收入，但不富裕〉*，解釋美國華人的亨利族現象。

HENRY族：高收入，但不富裕（二〇〇八年十二月十七日）

在美國一九八〇年代，甚至到一九九〇年代初，六位數的年薪是很多人嚮往的數字。除了跨越個位數帶來的心理感覺以外，更重要的是當年年薪十萬美元收入的確能夠帶來非常好的生活，意味著渡假、大屋子和好車。

由於通貨膨脹，特別是醫療和教育費用上升，一九八〇年代的十萬美元，相當今天的二十四萬美元左右，可是在美國的中國人，特別是雙薪家庭，即使家庭收入到了二十萬至二十五萬美元之間，通常還是沒有富裕感。

一個新名詞，叫做HENRY，亨利族，我看再適合美國華人不過。亨利族指的是高收入但不富裕的人，家庭稅前收入達到二十萬美元，在美國屬於前五%的收入水準，為什麼還會日子過得緊巴巴呢？對亨利族來說，再高的收入也只是鏡子裡面的繁華，有幾個原因：

第一是亨利族多半沒有家底。財富積累需要時間，領幾年高薪能夠積累的財富，和祖上傳下來一筆家產是不能比的。在中國北京、上海這樣的大城市，很多名星大學畢業的高收入年輕人，為了一間房子要花上十幾年的積蓄，而這些城市裡的當地人，往往父母就擁有好幾間房子。

第二個原因是年齡。二十歲擁有一百萬和五十歲擁有一百萬是不一樣的。很多老中顛沛流離，到美國讀完書已經三十好幾，等到小有積蓄的時候，已經是四十多歲的人了。美國四十五歲的家庭，平均財富為六十四萬美元，高學歷者更高，如果按照年齡排名，老中的財富並不突出。

第三個原因是支出。賺得多，花得多，過癮可以，但是沒有存款。亨利族都注重教育，往往不惜代價送孩子去私立學校，或者砸鍋賣鐵，住在好學區的破房子裡。

第四個原因是收入來源。同樣賺十塊錢，來源不同，幸福指數也不同。如果是朝不保

---

*〈HENRY族：高收入，但不富裕〉全文可掃描 QR Code：

夕、看主管臉色的上班族，和穩定的被動收入是不可同日而語的。稅務也不同，薪資收入要繳社會安全保險稅。

說了半天，有什麼破解之道呢？首先是認清形勢，避免自己成為亨利族。《富爸爸窮爸爸》裡面的窮爸爸就是典型的亨利族，再多努力，一生也不會有富裕感。其次，要學會理財或者自己創業，或看看從哪裡弄些被動收入。

最後是調整好自己的心態，如果不幸做了一個自己特別熱愛的工作，當當亨利族也沒什麼不好，畢竟富裕不是讓人幸福的唯一因素，如果自己注定是亨利達人，乾脆對自己好一點，該玩的玩，該花的花，及時行樂，反正也發不了財。

有一次我在上海和親戚的孩子聚餐，這些快要結婚的年輕人抱怨上海房價太高，然後每個人都在理直氣壯的算計著，如何從父母那兒弄到一些錢，幫他們支付頭期款。我忍不住把他們劈頭蓋臉的臭罵一通，啃老是年輕人最沒出息的表現，父母生你養你，成年之後，應該靠自己打拚，回饋父母和社會，怎麼能光想著啃老呢？

他們說大道理他們也懂，但是現實問題擺在那裡，按照自己的薪資，一輩子也賺不到足夠的錢買房子，除了啃老，到父母、爺爺奶奶那邊搜刮一下，還有什麼辦法呢？

我給他們講一個很通俗的道理，那就是在股市裡，最後擁有最多財富的人，顯然不是一開始資本投入最多的人，而是能正確把握市場機會、準確判斷股價漲跌的人。房地產市場也是一樣，擁有大房子住的人，並不是帶著最多資金進場的人，只要能夠正確判斷房產未來價格的漲跌起伏，在買賣過程中，最終可以獲得最多利潤，擁有最多、最好的房子。

看看上海的歷史變遷，市中心的房子一直都是那些房子，可是人來人往，一會兒這些人住，一會兒那些人住，如果你是房子，就會發現原來住房問題是人和人在玩各種遊戲，每個時代玩不同的遊戲。比如解放前是玩一個關於錢的遊戲，誰有錢，誰住大房子；抗日戰爭到新中國成立是玩跟隊的遊戲，誰跟對隊伍，誰住大房子；文革年代是玩生辰八字的遊戲，誰的出身好，誰住大房子；改革開放後，又開始玩錢的遊戲。

一切的重點在於你怎麼玩這個遊戲，能不能玩好這個遊戲，而不是去父母那裡搜刮錢財。

投資理財論壇上也有人冒出來問類似的問題，不過這次是主動被啃老，是父母們也覺得孩子在世界各地的大城市買不起房，不啃他們啃誰呢？我要在這裡大聲的說：「啃老是可恥的！」年輕人啃老可恥，父母主動被啃老是一種溺愛，會讓孩子沒出息。

機會每個人都有

我可以用自己的例子來說明，年輕人根本不需要啃老，只要你夠勤勞、聰明，在哪裡都可以自己解決住房問題。二〇一二年，我因為創業愈來愈忙，每年有幾個月時間在中國工作，所以需要有一間住房，我的公司業務一直沒做起來，投資人把我的薪資壓得很低，遠遠低於在灣區工作的薪資。

即使這樣，我用六年時間從零開始，在上海解決自住問題，這是我在上海持有的第四套間子，買這間房子，我完全沒有動用其他資本，也沒有動用之前買的投資房，它們還在升值中。我在上海的自住房是間很新的公寓，離地鐵站兩百公尺，周圍學校、商場、公園設施一應俱全，現在這間房子市場價格差不多六百萬。

我的親戚們知道我房子多，但是我買這間房子，真正從我口袋拿出來的錢只有三十萬人民幣，就是我只花了三十萬，買到了這間六百萬的住房，他們都很驚訝，問我怎麼做到的？道理很簡單，看清價格走勢，透過幾次交易就做到了。

二〇一二年我付三十萬頭期款買了一間六十萬的小公寓給自己住，這間公寓在城市的邊緣，但是附近正在建地鐵，我住了兩年之後，地鐵就通車了。通車之後房價暴漲，三年漲了一倍，二〇一五年我用一百五十萬把這間房子賣掉了，用賣掉的錢當頭期款買了一間三百萬的房子，而這間房子現在漲到六百萬，就這麼簡單。

對於全世界大都市的年輕人來說，要解決住房問題，最好的辦法是不要好高騖遠，不要追求一步到位。你從外地來到一個陌生的城市，難道奢望這個城市裡的人把最好的房子讓出來給你，恭恭敬敬夾道熱烈歡迎麼？文學城投資理財論壇上，很多中產階級和稍微富裕的人，遷移到大都市後經常感慨：房子這麼貴，誰買得起？針對這個問題我寫了一篇文章〈房子這麼貴，誰買得起？〉*。

房子這麼貴，誰買得起？（二〇一六年七月三十日）

每次房價暴漲之後，這是我最經常聽到的一句問話。這句話的潛台詞就是，我都買不起，誰買得起？典型以己度人的心態，把自己觀察到的世界，推廣到整個市場上，用這樣的心態決定是否投資房地產，其實很不正確。

---

*〈房子這麼貴，誰買得起？〉全文可掃描 QR Code：

印象最深的一次是二〇〇〇年，一個在美國五十多歲的上海人和我聊起上海的房價，當時人民廣場一間房子是每平方公尺五千元，他雖然在美國年薪十萬美元。但是他在中國認識的親戚朋友收入都不高，他的很多朋友失業，他認為上海房價貴的離譜，和我說，誰買得起？後面的故事我就不多說了，他只看到了他那個年齡一九五〇年代人們的收入，沒有看到當時一九六〇、一九七〇年代後快速成長的收入。

同樣的故事還在不斷上演，今天依舊有人質疑北京、上海、曼哈頓、舊金山的房價誰買得起，所以我們有必要仔細分析一下到底誰買得起這件事情。

如果你看看全球市場，知道首爾、孟買的房價，你會更加驚嘆，到底是誰買得起。我們先看第一種情況，如果一個市場沒什麼新增面積，百分之百都是既有房子換手，是否存在誰買得起的問題。

顯然，無論價格多貴，哪怕是每平方公尺一億美元，都不存在誰買得起的問題，因為只是擁有房子的人互相換手，換手價格無論多貴，這個市場都可能成立，和當地人收入完全沒有關係，而是與當地租金和收入有關係。但是如果只考慮房子的投資屬性，從數學上講，什麼價格都合理，就像黃金和藝術品一樣，任何價格都可能存在，是否合理是另外一回事。這樣的市場典型例子就是孟買，孟買不但中產階級買不起房子，企業老闆也買不起，只有已經有房子的人買得起，曼哈頓基本也是這個情況。

再看另外一種情況，就是市場不完全封閉，每年有五%新增面積。數學上講，還是任何價格都可能存在。你會問，如果房價漲了三倍，誰能買得起這些新增面積呢？其實很簡單，因為貸款的關係，擁有房子的人，把自己的房子賣了，加大貸款額度就買得起，這樣的例子在中國到處可見，就是所謂的改善型需求，只要房價持續上漲，從數學上看，這個遊戲可以一直玩下去。

第三種情況是一個全新的城市，從零開始，一夜之間供應了一〇〇%面積。這種情況，就需要百分之百真金白銀的用新錢來買房子，的確會出現買不起的現象，無論房價多低，都會買不起，典型例子就是中國各種新城和荒廢的城鎮，荒廢城鎮的價格很低，大家還是買不起。如果你貪便宜進去投資，會虧得一塌糊塗。

誰買得起這個問題還有一個陷阱，一般大家對總體經濟資料喜歡用「多」、「少」這些非量化詞彙，對量化資料沒有概念。我舉一個例子，大家都在說上海、北京的房價高得離譜，可是你們有沒有算過，二〇一五年上海城鄉儲蓄存款餘額已經過了十兆人民幣大關，北京差不多，兩個城市每年新增住宅面積是兩千萬平方公尺左右，十兆除以兩千是五十萬，你們自己算算每平方公尺三萬到五萬的房價到底合理不合理，到底老百姓是買得起還是買不起。

結論，一個地區房價高與低，合理還是不合理，不能只看房價和收入，要看這個城市住宅市場的構成，是否有大量新增面積，是否待在這裡的人都不願意走。如果沒人願意走，憑什麼你可以輕鬆住進去呢？要用數學思考，尤其不能只看自己熟悉圈子的收入，因為你的圈子可能很窮，也可能太富。

誰買得起？已經在那裡有房子的人，再貴也買得起！

其實大部分時候你應該慶幸，當地人允許你參與到房地產博弈的遊戲裡，你要做的事就是早點參與到這個遊戲，然後擊敗別人變成贏家。

世界上很多地方，當地人為了保護自己，根本不讓你參加這個遊戲，紐約或孟買的房價高到一般上班族根本買不起「車票」，上不了車，完全沒有機會參與遊戲，在上海，如果你是單身外地人，根本不允許你買房，政府說結婚才能買房，丈母娘說買房才能結婚，循規蹈矩的好男人只能跳樓。

在大城市，你要計算的不是花多少年、賺多少錢，才能買到一間稱心如意的房子，那是不可能完成的任務，你需要的是省吃儉用，用薪水賺足夠的資本來參與這個遊戲。

畢竟房地產和股票不一樣，股票你可能有一百元就可以開戶，而房地產遊戲，在中國的大城市，最低的起始成本至少要有二十萬到三十萬人民幣。

我總是聽到有人說他們錯過了最好的時代、最好的機會，事實上要解決自己的住房問題，永遠都不晚，但需要獨立思考，找到解決方法。二〇一二年，上海房價已經瘋漲十年，我也只花了三十萬就解決了住房問題。

我用的方法，和在灣區買第一間自住房的方法一模一樣，即使今天，我依然有勇氣說，在世界上任何一個主要城市，聰明人都可以靠自己的努力解決住房問題，根本不用啃老，關鍵是你擅不擅長玩這個遊戲，是否能準確判斷未來市場變化。

如何來判斷未來市場的變化，總結來說還是「會走路的錢」那幾個投資原則，看這個地區是不是有更多年輕人過來？這個地區是否充滿活力？是否有新的產業？是否有特別的政治因素讓更多年輕人願意來？

總體經濟層面，就是看一個地區長期的人口流入和經濟繁榮，個體經濟方面，最簡單的方法是觀察一個城市的基礎建設，例如交通建設、重要的產業建設，買在有變化的地方，不要在沒有任何變化的老城區打轉，在那些地方轉是沒有希望的，只有變化才能產生機會。

關愛父母是美德

當然我在中國買房也不是都成功，二〇一一年，因為母親住的房子老舊了，我決定買一間公寓給母親。當時母親已經七十多歲了，我希望她搬到新一點的公寓。二〇一一年是美國房地產最佳入市時機，我明明知道，這些錢如果拿去投資會有更多賺錢機會。但人生有些事情不能等，對七十多歲的人而言，能夠享受的東西愈來愈少，所以不能等。

二〇一一年不是投資中國次級城市的好時機，基本上買完之後，中國房產價格低迷了幾年，這筆投資如果拿到美國，我後來算了一下差不多可以成長到一百萬美元。人生就是這樣，不可能每一分錢都用到極致。

不過房子買好了，我母親卻堅決不住進去，說她喜歡原來的社區和周圍的朋友，所以我花了錢，損失了成長十倍的機會，又沒有幫上忙，只能等她以後搬過來，這一等就是七年，從經濟上算，這可能是我在中國最糟糕的投資，不過我也不後悔，就當是親情的消費了。

在往後我的投資經驗裡，我覺得買房最好只登記你一個人的名字，人們購買房子最容易犯的錯誤就是為了孩子著想，把孩子的名字也放進去，有的甚至把爸爸、媽媽、姑姑、阿姨的名字統統放進去。投資是講究效率的事情，登記一個名字，你要出具的資料和相應手續都變得簡單。投資就是投資，親情就是親情，投資是逐利的，親情是回味的，啃老是利用親情對他人的掠奪，投資和親情不要糾纏在一起。

中國投資總結

我在中國的房地產投資，持續了將近十五年。因為價格持續上漲，這十五年間任何時候都是買入的好機會，而且幾乎在任何一個城市都是好機會，無論是在主要城市上海、北京、廣州、深圳，還是次級城市南京、成都。

我可以拿我的例子，說一說中國投資的現金報酬有多少，我在上海買的第一間房子，當時付出的現金是五萬美元，其餘是貸款，今天這間房子可以賣兩百萬美元，現金漲了差不多四十倍。

我在上海買的第二間房子，如果當時沒有賣出，現金報酬是三十倍，因為我賣出後中間做了一些轉換，報酬率差不多是二十倍，我給自己買的自住房，現金投資報酬率是二十倍，為了照顧母親買的房子，現金報酬率大約是三倍。

過去十五年是個閉著眼睛都能賺錢的年代，是一個豬都能飛到天上的時代。關鍵是你有沒有投資，對於大部分喜歡投資的海外華人，錯過這個機會非常可惜。當然也有很多人因為長期不看好中國，我聽過無數個版本的「中國崩潰論」，然而中國沒有崩潰，反而愈來愈富裕。

中國未來的命運會怎麼樣一切不好說，但我覺得房地產投資最好的時間已經過去了，因為中國農村已經沒有什麼年輕人了，不會有更多年輕人從農村進入城市，中國三、四線城市會持續萎縮，而中國對一線城市的人口管控愈來愈嚴格，也許中國房價還能漲，但不會有過去十倍、幾十倍的漲幅了。

我的故事並不是要年輕人盲目模仿，每一個年代的環境不一樣，不可以套用細節。我希望讀者從我的故事裡看到一些有用的經驗和教訓，要相信自己可以用雙手改變命運，在投資理財操作方面，我有一些建議：

一、看對大趨勢比操作方法更重要，具體操作可以有失誤，不用特別完美，比如我一而再、再而三的失誤，一樣賺錢。

二、**年輕的時候，不能只關心周圍的小事情，而是要放眼世界，機會來自四面八**

方，眼界很重要，無論你生活在哪裡，盡可能多了解世界上其他地方的事情，可能對你的生活有啟發。

三、房地產投資和其他所有投資一樣，沒有人能夠幫你做決策，需要獨立思考，不能只從名人的嘴裡找答案，依賴名人替你思考，其實是逃避責任。要相信自己，透過自己的分析做判斷，並勇於為這些判斷負責。

四、還是那句老話，沒有人比你更在乎你的錢，另外一方面，啃老是可恥的，不勞而獲只會讓一個人離成功更遠，不要把親人的愛當成戰利品。

15 第二布局：美國房市抄底

從二〇〇五年起，我就期待著有一天房產崩盤，苦等了五年，我要毫不猶豫的全數殺入。但是錢呢？沒錢怎麼辦！

在我的「普通家庭十年一千萬理財計畫」裡，美國才是重頭戲，畢竟我生活在這裡，所以這一章要回憶一下投資過程的第二個重要階段，就是美國次貸風暴後危機入市的階段。美國房價從二〇〇八年底開始一路走軟，我自己住的房子價格當然也下跌，只要保持好的心態，自住房的漲跌其實不重要，因為每個月要付的房貸都一樣。

房價下跌對我反而有好處，因為可以繳更低的房產稅，當房價大約下跌二〇%的時候，我寫了一封長長的信給當地的稅務局，陳述我的住房估價很不合理，應該比他們給的估價更低一些。在那封信裡，我用MBA學到的知識，用各種方法算出房地產估價，然後取了一個平均值和區間範圍，證明我的房子被高估了。結果可想而知，稅務局完全沒有理我，帳單上的金額一分沒少。

整個次貸危機過程中，我一直用我在美國買的第一間房子作為價格的指標。房價不同於股價，沒有什麼指標可追蹤，美國僅有的幾個房價指數也是全國性的，對於某個社區或城市，沒有太太意義。我在二〇〇二年買的第一間房子，同類型房子很多，流動性也比較好，所以用它的價格作為指數比較合理，為了方便閱讀和理解，我暫時管那間房叫作「指數房」。

市場拋售屋暴增

二〇〇二年買入指數房的價格是四十三萬美元，二〇〇五年我用七十二萬美元賣掉，二〇〇八年底的時候大約跌到六十萬美元，二〇〇九年中大約跌到五十萬美元。跌到六十萬美元的時候，炒房者先把房子扔給銀行，跌到五十萬美元的時候，很多自住者也開始把房子扔給銀行，大量法拍屋出現了。

道理很簡單，很多以七十二萬美元購屋的人沒付頭期款，或者只付一〇%頭期款，房價跌到五、六十萬美元的時候，經濟上對於他們而言，更好的選擇是把房子丟給銀行，而且美國大部分地方有一個奇葩的法律，這種情況下銀行沒有權利追繳債務人的債務，能做的事情就是把房子接手過來，然後給債務人一個不良信用紀錄。

這個不良的信用紀錄，差不多需要三到五年才能抹清，大部分人覺得不是什麼大不了的事情，與十幾萬美元的現金損失相比是更好的選擇。所以並不是他們負擔不起這間房子，把房子還給銀行，往往還可以免費多住一年，能理直氣壯的停止付房貸，因為銀行不會一夜之間把他們趕出去。銀行走法律程序需要一年左右的時間，即使銀行走完了法拍屋流程，甚至法拍屋的新購買者來了之後，要賴的屋主還可以拒絕搬家，索取一筆搬家費。

所以次貸危機很大程度上是一個人為造成的危機，不完全是因為銀行貸款給沒有能力負擔的人。當這些房子拿出來變法拍屋之後，更進一步引起房價下跌，於是有更多人選擇把房子扔給銀行，進入法拍屋程序，最嚴重的城市社區，例如加州史塔克頓（Stockton）幾乎是大半個城市的住房統統換手一遍。

次貸危機的時候，法拍屋分兩種，一種是債務減免賣屋（short sale），一種是法拍屋（foreclosure）。債務減免賣屋指的是事先和銀行商量好，並且獲得銀行債務減免賣屋許可的賣房方式，因為房屋價格已經低於貸款，所以賣多少錢就把多少錢全部給銀行，選擇債務減免賣屋說明屋主還算認真負責，信用紀錄影響比法拍屋小，法拍屋就是很不負責任的把房子扔給銀行，逼銀行走法院拍賣程序，一個人一旦有法拍屋的經歷，信用紀錄會嚴重受損。

我的指數房要是當年沒有在最高點賣掉，恐怕我也會進入法拍屋或債務減免賣屋程序，因為這間房子的價格後來又從五十萬美元跌到四十萬美元，從四十萬美元跌到三十萬美元，我不知道是否能夠抵得住誘惑。

從七十萬美元跌到六十萬美元的時候，還有很多勇者衝去買，但是跌到三十萬美元時候，大家都嚇傻了，沒有人敢再進去，因為沒有人知道市場底部在哪裡，整條大街上到處可見法拍屋標籤。

行情探底前的準備

可是我知道一切都會逆轉，而且愈接近底部，反彈愈劇烈，當時我在投資理財論壇上經常說的一句話就是：每賣一間法拍屋，市場上就少一間法拍屋（*one foreclosure sold, one foreclosure less*）。

我幾乎每個週末都出去看房子，甚至可以說我一直在出價試圖購買，我每次出價都很低，用法拍屋開價再往下壓三〇％到五〇％，讓仲介都懶得理我，覺得我完全沒誠意。事實上我也的確沒誠意，因為我手上的錢很少，只有五萬美元的現金，用這些錢去探市場底部，買不到也沒損失，至少我不想接落下的刀子。

我不斷看房、和很多仲介溝通，不斷出價的目的是想藉此了解市場行情，因為我知道光看新聞無法判斷市場底部，而且市場觸底時，就看誰搶得快，等觸底反彈再跟仲介接觸建立人脈關係，已經來不及了。

我原本想在大學周圍買房子，可是大學周圍的房子價格和好學區住宅一樣，下跌幅度不大，嘗試幾次我就放棄了，下跌幅度小的地方，上漲空間也有限。在不斷出價的過程中，我漸漸學到一些門道，債務減免賣屋和法拍屋並不是出價最高的人就能買到房子，有時候仲介會想方設法不賣給你。

比如我當時看到一個四併房（fourplex）在債務減免賣屋，這間房子靠近一間數一數二的好小學，未來出租不會有問題，我計算了一下，按照開價買下來會是正現金流，好學區的正現金流房子像寶石一樣稀少，碰見了要趕緊搶。

屋主是一位猶太人，持有房屋近三十年，因為年紀大了不善管理，房子又需要維修，於是用六十萬美元出售，正常的時候，這間房值一百萬到一百二十萬美元。我立刻和對方的仲介聯繫，仲介很熱情的帶我去看房子，卻用一大堆理由跟我說這間房子有多不好，地基有問題，牆有問題，屋頂有問題，簡直需要重蓋了。我當時沒聽明白他的意思，和對方表示感謝，不然會買到一個爛攤子。

多年以後，我有了很多管理房屋的經驗，才明白那個仲介是想把我嚇跑，當時可能已經和其他買家談好了，怕我出高價攪了局。

我在摸底過程中，有一次遇到一位中國人在賣房子，當時中國人賣房子的人很少，買房子的人居多，所以我非常好奇。我用中文和對方套交情，我說我的信譽良好，把我的薪資單交給銀行，肯定能夠批下來。對方支支吾吾，不是很乾脆，最後我沒有買到這間房子。後來一位越南仲介告訴我，這種情況多半是屋主根本不想賣，只是走一下流程把房子轉賣給親戚朋友，這樣實際擁有人還是他們自己，但是可以借機會抵掉一些銀行貸款。

我計劃買獨立屋，但是公寓的房價跌最狠，價格跌到不可想像的程度，二〇〇八年房價高峰時一間約二十五萬美元，二〇一〇年的法拍屋價格只有五萬美元，而且還可以再討價還價。

雖然我覺得價格低得誘人，但基於各種原因，我就是沒有買下，很多年之後有感而發，這個故事我還專門寫在〈調情的藝術〉*這篇文章裡。

調情的藝術（二〇一八年三月六日）

今天換一個角度來講投資理財的細節——調情的藝術。

調情是勾引的前奏，這個世界充滿各式各樣的勾引，有時候你是被政客勾引，比如七十歲的川普老頭不知道誘惑多少大老粗，有時你被金錢誘惑了，有時你被男女明星誘惑了。誘惑的本質就是，誘惑者扔出一個魔咒，讓被誘惑者心甘情願臣服於你。

你可能會問，這和投資理財有什麼關係？投資理財需要和人打交道，無論買房，還是買車，都需要討價還價，經濟學一個重要假設是人都是理性的，可惜人恰恰非常不理性，人有憤怒，有同情，大家不要忽視了性、曖昧、誘惑在討價還價中的力量，要做到曖昧的力量為我所用，而不是為我所害。

二〇〇九年房地產危機的時候，我在灣區開始看房子，仲介是個越南裔少婦，帶我看了半個月的房子，最後我看中了一間很小的公寓，當時銀行要的價格是五萬美元（現在值三十萬到四十萬美元），但是我表達了深深的憂慮，萬一房子租不出去怎麼辦？

仲介可能被我迷惑了，仲介總是標榜他們真心為客戶著想，也許我的仲介就替我真心的著想了，問了一句：「萬一銀行接受你的出價，怎麼辦？」我一下子就糊塗了，仲介居然害怕出價被接受，堪稱千古奇談，現在回想起來，其實仲介真的讓我說的話誘騙了。

這個曖昧害了我，於是我沒有出價，仲介可能事後也覺得自己被唬得糊塗了，有些不好意思，於是再也沒有和我聯繫過。

商家最明白如何利用性和曖昧的力量進行銷售，君不見，國內銷售中心的銷售員都是小姑娘，因為小姑娘忽悠大叔，百發百中。如果你是帥哥小鮮肉，盡量找大嬸大媽討價還價，如果你是女人，千萬不要跟小姑娘費口舌，直接找男經理。

人是買賣房屋中最不可控的因素，讀了我的文章就會明白，出於一些荒唐的小理由，讓我錯過了機會。二〇〇九年夏天，我出差去佛羅里達開會，順便去看一位朋友，他住在奧蘭多，當時奧蘭多與迪士尼樂園周圍很多公寓賣到不可思議的低價，一房一廳的公寓價格大約五萬美元，但是我朋友堅決不肯買。我說這是一個很好的投資，你買下

---

*〈調情的藝術〉全文可掃描 QR Code：

迪士尼周圍的公寓，以後不愁出租。

但是他和我算了一下管理費和房地產稅，一個月剛好打平，他說自己忙了一場一毛錢都賺不到，那又何必呢？我說按照你這個算法，哪怕這間房子價格跌到零，也不值得買，不能只看眼前的收入決定買不買房子，要看未來的收入和房價。

最後他似乎買了一間，好像是現金買的，因為貸款額度太小，沒找銀行貸款，後來他跟我說一直不賺錢，於是再也沒買房。其實他當時如果借助銀行貸款槓桿，有足夠的能力買到十間、二十間房，現在這些公寓也就成了他的「現金奶牛」。

股市與進場時機

雖然我不投資股票，但是次貸危機之後，我一直關注股票價格的動盪，因為股價和房地產價格有緊密的影響。

股市在雷曼兄弟倒閉之後開始一路往下跌，房利美（Fannie Mae）、房地美（Freddie Mac）、WaMu銀行（Washington Mutual）紛紛破產或者被政府接管，一家銀行接著一家倒閉，股市在二〇〇九年初跌得非常慘。我記憶中，市場底部有幾個訊號，一個是AIG

公司破產，一個是花旗銀行的股票跌破一美元，而花旗銀行一年前股價還在四十多美元，連高盛都不敢確信自己不會破產，找巴菲特援助，最後連通用汽車（GM）也破產了，美國製造指標公司奇異（GE）搖搖欲墜。

奇異開了一場非常盛大的記者會，證明公司不會受到太大衝擊和影響。我仔細看了一下當天奇異做出來的財務分析報告，還感慨一下，因為我知道那些報告不知道是哪個MBA畢業生，用了不知道多少不眠之夜趕出來的。

看完報告，我忍不住玩一下股票，買了花旗和奇異的股票，印象中只各買了一百股，花不到幾百美元，以後可以用來回憶這段歷史。當時太太和我說，我應該寫日記，把每天發生的事件和自己的感受記錄下來，當風浪過去的時候回頭檢視，提高自己判斷底部的水準。

那個時候，股市震盪劇烈，有時道瓊指數一天起伏就一千多點，沒有人知道底部在哪裡，專業人士不知道，我也不知道。印象最深刻的是前總統柯林頓都跳出來發表見解。在二〇〇九年三月時他侃侃而談，痛斥次貸危機的根源，然後他說離市場底部還很遠。柯林頓說我們犯了很大的錯誤，需要漫長的時間修正。

大人物出來講話，說明市場已經到底了，因為沒有更多的人看空了。柯林頓發表言論後，股市開始一路反彈，一口氣不停，是個完美的V型反彈，我印象中，柯林頓這番談話基本就是整個次貸危機的歷史低點。

由此可知，股市的最低點和經濟形勢沒有太大關係，取決於後面是否還有更多的空頭，市場是否還有更多的絕望者，連總統都說出絕望的話之後，股市就到了最低點。當然這樣說說容易，不確定因素很大，這也是我不投資股票的一個原因。

房地產市場就不一樣，我每個週末都在看房子，探測市場脈動。二〇一〇年，股市上漲了一年之後，我給自己下的命令就是一定要開始買房。房地產一個景氣週期十幾年，一輩子沒有幾次這樣的機會，而且為了這個機會，我已經準備了五年，從二〇〇五年起，我就期待著有一天房市崩盤，要是錯過了，太辜負五年的心血。

我已經苦等了五年，我要毫不猶豫的全數殺入。

千載難逢的機會

說的簡單，全數資產殺入，我哪來的錢？花錢的地方到處都是，存錢的簍子千瘡百孔，因為付清MBA學費、購入中國的房子、買了好車，我可以投資的錢只有八萬美元。看著銀行裡的八萬美元存款，我對太太說：「我要買八間房子。」

她說：「你瘋了嗎？我們只有八萬美元，怎麼買八間房子？我們目標小一點，買一間就可以了。」我斬釘截鐵的說：「不行，我一定要買八間房子。」這樣的機會實在太少，而且我盤算了這麼久。**我之所用這樣嚇人的語氣說話，因為我知道，沒有堅定的意志和鋼鐵一般的決心，人是做不成事情的。**

此時，我在二〇〇五年以七十二萬美元賣出的指數房，只值二十六萬美元，比最高點跌掉了六四％！我看到這個價格內心怦怦直跳，就像小時候抓蟋蟀一樣，小心翼翼的撲向獵物，我知道市場底部就在眼前，每下跌一步就愈接近底部，因為僅僅兩個月之前指數房還值三十二萬美元，兩個月時間又跌了二〇％，一切都符合市場底部的特徵：持續下跌一段時間後快速探底。

指數房跌到二十六萬美元的那個月，就是整個次貸危機灣區房價的最低點，市場似乎一下子從昏睡中醒過來，很多買家蜂擁而至，我的出價很快就淹沒在大海裡。我開始誠心誠意的出價，市場上法拍屋非常多，一個社區裡有一〇％的房子都在法拍，但是交易速度非常快。

我當時看中了兩間社區的房子，一間離我住的地方比較遠，開車四十五分鐘，一間比較近，開車三十分鐘，我做了非常詳細的Excel表，把能想到的因素都考慮進去，包括未來可能出現的空置率和維修費用，也參考歷史價格計算未來可能漲幅，保守計算，離我較近的房子現金年報酬率是一五％，較遠的那間年報酬率是二〇％。

顯然我應該買遠一點的那間房，好在我吃過Excel的虧，兩邊同時出價，我覺得買到都可以。這麼多年過去的結果顯示，那份Excel表的計算完全沒有意義，因為最後影響空置率和維修成本的是距離，距離遠的地方我懶得管理，維修的事情都交給房客自己去找昂貴的維修工，此外，好不容易找到房客，想想跑起來太麻煩，也懶得談租金，租掉就算了吧。

過了一個月，我的出價沒有一個被接納，我出的基本都是賣方願意出售的價格。我趕緊問仲介，到底是什麼情況？仲介跟我說，其他人都會加價，從五％到一〇％不等，而有些債務減免賣屋的加價超過銀行貸款，屋主乾脆收回去不賣了！

但是我的子彈有限，不敢輕易加價太多。八萬美元，按照二〇％頭期款計算，我可以買兩間獨立屋，運氣不好只能買一間或者買公寓，我可不想等了五年的機會就此錯過，顯然我需要去找錢，我需要大量的錢當作頭期款。可是錢從哪裡來呢？我抓破腦袋在想。

克服萬難也要搶房

又過了兩週我學乖了，出的價格比別人多一點，終於買到第一間法拍屋，這是一間離我比較近的三房獨立屋，面積不大，以二十二萬美元成交，比二〇〇八年最高點時六十五萬美元低了一半還多。

辦完交割手續，我立刻找貸款仲介，房價每天都在漲，我一分鐘也等不及。可是貸款仲介給我一個晴天霹靂的消息，說我的條件只能買一間房子。我說：「為什麼我只能買一間房子？」我沒好意思說我的雄心壯志是買八間房子。

原因是我的收入和貸款負擔比例太低了，要買下一間房也可以，必須把新買的房子先租出去，要有半年以上的房租收入證明，才可以買下一間房子，如果運氣不好，可能要一年以上的房租收入證明。我內心震撼了一下，「半年以上？房價每天飛漲，我怎麼可能等半年？」

我經歷過中國的搶房過程，我知道這個時候循規蹈矩沒有用，需要八仙過海，各顯神通。怎麼辦？換貸款仲介！找一個不用等這麼多時間的仲介。我一個又一個的尋找各種貸款仲介，讓他們幫我解決問題，大部分的回答都是不可能，因為當時我在創業，收入屬於自雇收入（self-employment income），而自雇者通常需要多年時間才能證明自己有穩定的收入。

貸款的問題沒有解決，搶房又總是被別人出更高的價錢，買第一間房子頭期款用掉了四萬多美元，我最多還能買一間，上哪兒弄更多錢呢？我盤算了一下，資金有幾個來源，一個是把中國的房子賣掉，二是用美國自住房申請房屋淨值貸款（home equity loan）*，三是把401K退休計畫的錢取出來。

當時中國的房子正在狂漲，我怕像上次一樣偷雞不著蝕把米；用自住房申請房屋淨值貸款，試了幾家銀行最後都不行，因為房價下跌，我的房子價格也下跌，房子剩下的淨值不多。401K退休計畫的錢取出來有很多問題，要面臨罰款，雖然我知道投資房子的報酬會比401K退休計畫好，但我不想被罰錢，罰款是真金白銀，繳了就沒有了。

當你缺錢的時候，沒有人願意給你錢，不但是我一個人缺錢，當時投資理財論壇上瞄準底部進場的各路英雄，沒有一個不缺錢，有一位網友甚至開出一五%年利率的報酬，用房子做抵押找人借錢，還是借不到。

我買的第一間房子空置一個月之後，勉強租出去了，因為處於非核心地帶，來看房的都是一些稀奇古怪的人，我第一次在美國當房東，這些人是不是能繳下個月的房租，心裡很沒底。我只能好聲好氣的伺候著，有求必應，因為我知道不能有任何閃失，我想起了前陣子在拉斯維加斯買房子那位網友說的話：「做了房東才知道，真不知道誰是楊白勞，誰是黃世仁。」

搶到第二間房

又過了兩個月，我終於找到一個貸款仲介可以幫我辦第二間房子的貸款，不用等半年，不過利息稍微高一些，高就高吧，趕緊搶到房子才是最重要的事。我的第二間房子是在遊輪上買到的，我每週不停的出價，幾乎全軍覆沒，最大的障礙就是我的銀行現金太少，賣家不是很肯定我有足夠的能力完成交易，那次出價，正好碰到我們全家去搭遊輪渡假。

工作再忙，不能耽誤休息，我的回憶錄可能給讀者一種錯覺，感覺我每天都在忙著

---

*房屋淨值貸款是指借款人以名下房屋淨值（房產估值減去房貸餘額）作為抵押或擔保，獲得貸款。

房子的事情，其實大部分時間我還是忙於工作、照顧孩子，只利用週末和晚上下班後處理買房的事情，每年的渡假也必不可少。

當時網路還不發達，遊輪上完全沒有信號，整個遊輪只有一個網路埠，按分鐘收費。我一邊看著墨西哥灣的落日，一邊在遊輪上寫出價單，遊輪上沒有印表機，我用帶著的電腦截取合約每一頁畫面，然後手描的在上面簽字，再用電子郵件發送出去。輪船在大海上航行，外面是喧鬧的人群，我在游泳池邊完成這個工作。當時有種生意人做大買賣的感覺，因為電影裡大富豪們都是在高爾夫球場和游泳池邊談成生意。

不要相信媒體

二〇一一年，當房價止跌回升的時候，很多著名的經濟評論家跳出來預測未來。這些評論家都帶著嚇死人的頭銜，包括諾貝爾獎經濟學家席勒（Robert Shiller），他號稱因為準確預測網路科技泡沫和次貸危機而獲得諾貝爾獎。我不太相信這些事後諸葛的吹牛把戲，無論他有多麼大的頭銜，一般民眾可能很少注意到他在二〇一五年也預測美國股市泡沫嚴重，立刻會崩盤，結果被打臉。

當時電視採訪他問房價會跌多久？他說可能會下跌三到五年。最後又有人問他，你覺得房價什麼時候會回升？他當時說的一句話是：「在你有生之年不可能。」我對這個回答特別不以為然。

可是所有媒體報導都不這麼說，如果你有興趣考古，去看一下二〇一〇年到二〇一二年前後的媒體報導，沒有一家媒體告訴你房地產價格在下跌之後會暴漲，搜尋一下「Foreclosure second wave」這個關鍵字，就能看到當時的報導是多麼的錯誤，很多媒體認為第二輪法拍屋浪潮馬上就到。

沒有一個著名的經濟學家、沒有任何股票分析師，至少我沒有看到有人準確預測二〇一二年之後房產價格會狂飆，在我眼裡，這簡直是禿子頭上找蝨子般清楚的事情，雖然我也不知道什麼時候價格會反轉，但這是肯定的事，因為過去歷史一次又一次如此證明，且反轉後不用幾年就會達到新高。

這個現象又一次印證了我之前的觀察，所有的評論人最關心的是如何討好聽眾，他們並不關心自己的判斷是否正確。

獨立思考而採取行動的人往往默默無語。黑石集團（Blackstone）的避險基金突破傳統思維，直接從銀行手裡購買法拍屋，據說前後整整買了將近一百億美元，發了一大筆財。他們默默買進的時候能夠聲張嗎？當然不能，恐怕還要雇經濟學家在媒體上鼓吹泡沫和衰退有多嚴重！

資訊不對稱的房市

第一年底部布局的工作結束後，我在部落格寫了一篇新年總結的文章，告訴大家不要迷信名人和媒體，搶到籃子裡的就是菜，不要猶豫趕緊搶，我在警示大家市場底部已經形成，鼓勵別人進場，這些鼓勵可能帶來一些「副作用」，我當時發現買房子的時候，有很多和我同樣背景的人在競爭，像是中國人、印度人，和其他亞裔面孔，似乎美國一般民眾非常少，至少在灣區是這樣，我認為很大一部分原因是資訊不對稱。

大部分中國人和印度人在IT領域工作，他們已經感覺到經濟在復甦，那個時候又是中美關係的蜜月期，作為身在美國的華人，我們知道還有太多的中國人要到美國，或許是為了子女教育，或許是厭倦中國惡劣的空氣環境。

美國人也許知道自己家裡的事情，但是對於美國以外的事情不是特別了解，在舊金山房地產歷史上出現好幾次這樣的例子，我印象中一九九〇年代香港的大批移民，曾經救了舊金山因經濟衰退導致的低迷房市。

人們對於房市底部的判斷往往過於悲觀，因為市場經常用庫存除以銷售量來推測房市走出谷底的時間，我曾經閱讀過一份一九八〇年代聖荷西（San Jose）房產衰退時的報告，當時預計要三十年才能消化現有庫存，最後只用了兩年時間就把庫存消化掉了。

如果有企業大規模擴張，人就會源源不絕的進來。二〇一〇年前後，蘋果、Google已經漸漸走入如日中天的階段，他們都在灣區大舉擴張計畫、購買土地，興建更多的辦公大樓。Facebook這些原本創業階段不在灣區的公司，也開始在灣區大規模招聘人員。灣區在二〇一二年活躍起來，大批科技企業在灣區孵化，包括後來鼎鼎有名的Uber。這些ＩＴ產業的資訊以及亞洲買家的資訊，一般美國民眾，尤其是傳統行業的民眾都不知道，也沒有切身緊迫感。

房價上漲的時候，基本規律是核心區的房價先漲，然後蔓延到周邊，用我的指數房當作例子，二〇一二年的時候，那間房子僅僅漲到三十六萬美元，同時期核心區域的房價已經超過二〇〇八年的最高點，房地產的區域性很明顯。

然而全美的經濟學家或者聯準會，關心的卻是全國經濟形勢，大部分人沉浸在大蕭條的痛苦中，灣區的房地產投資族群反而出現另外一種聲音，就是我們是否形成一個新泡沫？因為房價反彈太快了。

在我看來，因為核心地區房價漲過了二〇〇八年高點，就認為新的泡沫又在形成是很荒唐的想法，我堅持的觀點是房價才剛剛起步，還要漲很長一段時間，也許是五年，也許是十年，看看過去的歷史就知道，每次這樣大的循環都是五到十年一個週期。

大眾媒體很少有前瞻性思維，**當我們做一個投資決策的時候，首先要想到的是資訊從哪裡來？我是不是最後一批知道的人？如果是，可能要深思熟慮一下。要取得前瞻資訊只能親力親為，在第一線人員的手中獲得**，比如投資理財論壇，二〇一二年時充滿各種購買法拍屋的經驗分享貼文，從這些文章能夠獲得的資訊和知識，遠遠超過多數主流媒體。

四處找不到錢

道理都明白，沒有進場就是一場空，這是執行力的問題，我自己非常清楚，可是執行愈來愈困難。

我幾乎是在歷史最低點的時候買入第一間房子，過了幾個月，等我心急火燎買入第二間房子，房價已經漲了一〇%到二〇%，要買第三間房子卻很困難，因為所有的仲介都告訴我不能貸款，要等兩間房子都有比較長的出租紀錄。

我可等不到那一天，我要買八間房子，我一遍又一遍和自己堅定的強調這件事情。如果你老老實實把自己想像成一個人肉皮球，被其他人踢來踢去，什麼也做不成。我去找審核寬鬆一點的貸款仲介幫我出主意，用的方法是把我海外的一些諮詢收入加進來，因為這些收入沒有明確定義，有很大的解釋空間。

貸款解決了，頭期款問題依舊沒有解決，買兩間房子已經用盡我手上所有的現金，一有風吹草動，恐怕要動用信用卡過日子！機會在眼前，桿槓我也能拿到，可是我還缺了一把金鑰匙。

我有幾個選擇，一個方法是把上海市中心的房子賣掉，那時候這間房子已經超過一百萬美元，用這筆錢當頭期款，以一間獨立屋只需要五萬美元來算，可以購買二十間住房，總市價五百萬到六百萬美元，只要這二十間住房價格漲一倍，回到二〇〇八年次貸危機前的高點，我「普通家庭十年一千萬」的理財目標就實現了！

可是我不敢，我擔心那些理論、計算以外的不確定因素。第一，我可能要繳資產增值稅，當時我已經持有綠卡，若是這間房子我在中國低價買進、高價賣出，可能要補繳大筆稅費。其次，這麼大筆錢匯入美國會不會有其他的問題？我沒有做過一百萬美元以上的國際匯款，可能需要向稅務部門甚至FBI解釋資金的來龍去脈。

雖然我是守法的公民，但是被別人調查的感覺非常不好，尤其當時中國外匯管控已經變嚴格，每人一年只有五萬美元的限額，我需要找二十個人幫我匯款，在美國要解釋清楚這件事就是個頭痛的問題。

很多人對美國的金融管制反感，當然我理解這些管制的出發點可能是好的，防止有人逃稅或者防止恐怖份子、毒販洗錢，但是副作用也很明顯，一般人用錢戰戰兢兢，生怕政府把自己當成壞人，這也是後來我堅信比特幣未來會有一定市場的原因之一。

在美國，你不能隨便借幾萬元給朋友，因為你擔心政府找你要證據，找你要贈與稅，所以在中國賣掉房產的錢也不太敢拿回美國，倒不是因為你說不清楚，而是因為被調查本身就是一件痛苦的事情。所以我放棄賣掉中國的房子、匯錢到美國投資的想法，中、美的投資還是各管各的吧！

我最終決定不賣中國的房子，壓倒駱駝的最後一根稻草其實是信譽。二〇一一年的時候，我把上海的第一間房子租給一對年輕夫妻，他們帶著家裡的長輩一起搬進去，他們搬進去的時候一再跟我確定希望可以長住，所以簽了五年合約。

雖然我可以違約，頂多賠償一個月的房租，可是簽約時他們非常誠懇，說寧願房租高一點，希望找一個穩定的地方，而且一向準時付房租。我這麼多年跟房客打交道的經驗是，如果你為別人著想，最終好處都能回饋到自己身上，我不想違背信用，所以沒有把房子賣掉趕走他們，這是我十幾年投資的基本原則，我非常在意自己的信用。

既然這樣不行，那樣不行，我只有最後一個辦法——用401K退休計畫貸款。401K退休計畫明明是自己的存款，但此刻必須走貸款程序才能把錢領出來，你瞧政府又何必多此一舉呢？讓人們管自己的錢不是很好嗎？用401K退休計畫貸款有一個好處，利息是付給自己，利息再高也不是什麼損失，但是401K退休計畫貸款額度有限制，只能用任職公司工作期間的額度抵押貸款，換了工作就必須重計。不知道當初為什麼制定這些荒唐的規矩，對於自己的錢設定這麼多管理規則。

因為這個原因，雖然我和太太當時401K退休計畫的退休金有幾十萬美元，能貸出來的錢非常少，只有五萬多美元，不管怎麼說，這筆錢夠我付第三間房子的頭期款，於是我又開始不斷在週末去看房子。正當我滿腔熱血的交出出價單時，另一個災難又發生了，上帝總是有各種方法磨煉一個人的心智。

搶到第三間投資房

我病了，就在這個重要的節骨眼上，我生病了，而且病得很嚴重。我運動的時候，一個不當心，腰椎受傷了，一開始是隱隱約約的疼痛，後來是鑽心的痛，最後我只能躺在床上，一動也不能動，醫生說只能靜養，沒有其他方法，我問需要多久的時間才能恢復？醫生說少則幾個月，多則半年、一年。人休息躺在床上，可是房價還在漲，我著急也沒有用。

當時房價沒有一步漲到位的原因其實是銀行，很多房子即使再貴一〇〇%也賣得出去，但是銀行的貸款估價限制了房價攀升，比如當時一間售價四十萬美元的房子，出價從四十萬到四十五萬美元不等，賣家當然希望賣到最高價四十五萬美元，但沒辦法成交，因為銀行評估貸款時不認可，銀行記取次貸危機的教訓，變得很謹慎。

也因為有銀行貸款這一關做最後的保險，我膽子變得愈來愈大，出價愈來愈高，賣家想賣多少錢都行，簽了合約再說，等銀行估價下來再慢慢談，如果出價沒有排在第一名，後面根本沒有談的機會。

我只能躺在床上工作，躺在床上不妨礙我出價，但沒有辦法去看房子，其實很多房子我不需要看，因為透過照片和地圖，我大概知道這間房子的價值，以及是否有增值空間。最大的問題是會讓賣家覺得我沒誠意，高價可能是隨便喊喊而已，我錯過好幾個機會，只能乾著急。

但是只要動腦筋，總是會有辦法。我的信用良好，分數很高，每次出價的時候，就附上自己的信用分數*報告，這個方法果然有效，費盡周折，總算買到第三間房子，這時候我又沒錢了。那時我覺得自己的錢就像玩遊戲時候的血條，好不容易滿血復活，上去幾下就被妖怪打沒了，然後心急火燎的接著等復活。我躺在床上，沒有頭期款的錢，也不能工作，我買八間房子的計畫執行不到一半，怎麼辦？

好在我不需要擔心失去工作，當時我創業經營一家公司，大部分收入來自諮詢業務，因為我是老闆，不去公司也沒關係。病痛的打擊更多是來自信心，我不知道脊椎能不能好，在床上整整躺了一個多月之後，我幾乎還是下不了床，如果我變成了殘疾人士，我的創業公司該怎麼辦？我還能不能管理投資房？

*信用分數在美國很重要，代表一個人的可信度和償還貸款的能力，貸款銀行、保險公司、房東和雇主都會檢視信用報告。

搶到第四間投資房

又過了三個月，我可以下床活動了，可以開車到處走一走，但不能久站，站著不動，只要一分鐘脊椎就會疼得我呲牙咧嘴，我去醫院做了核磁共振，顯示有部分脊髓液外流壓迫神經，醫生告訴我唯一的辦法就是盡量恢復，不要讓脊椎受力。

那時房市依舊火熱，記憶中最誇張的一次，有五、六個人同時約好去看一間房子，在門口等了一個多小時，仲介都沒露面。但是我要買八間房子的目標沒變，雖然我沒頭期款的錢，雖然我不能站太久，雖然我幾乎無法貸款，我也要繼續看房子，找機會。

我看到一對老夫妻出售的債務減免賣屋，位在鐵路邊，真是一個偏遠到不行的地點，但是我知道附近正規劃建設一個大型研發中心，幾年後可能會有幾千人到這附近工作。這間房子標價只有十一萬美元，我覺得很奇怪，地點雖然不好，但是次貸危機前，這對夫妻申請了房屋淨值貸款，他們花了兩年時間把房子裝修一新，花了十五萬美元。

這十五萬美元都是從銀行貸款而來，這間房子在二〇〇七年的估價是四十五萬美元，但是房價跌到只剩十幾萬美元，他們覺得背著十五萬美元的貸款實在不划算，於是想把房子賣掉。這間房子離鐵路近，後院經常可以聽到火車聲音，沒有什麼人來買，於是我出價十一萬美元把房子買下來，二〇%的頭期款只需要兩萬多美元，我把二〇〇八年用一美元買進的一百股花旗銀行股票賣了，又用一張一年不用付利息的信用卡刷了一些錢，好不容易湊齊頭期款。

我接手的時候，院子裡一片落葉也沒有，可以看出前主人的用心，但是在關鍵時刻他們卻選擇拋棄它。房子很快就租出去了，房租一個月一千五百美元，還房貸後還有餘額，雖然這間房子靠近鐵路邊，世上總是窮人多，很多人在租屋期間不在意壓縮一下生活品質，只求租金低，所以在後來的日子裡，這間房子沒有空置過一天。

現在這間房子的價格早已突破歷史高點，估價五十五萬美元。認真想想，這對夫妻兩年的心血和銀行的十五萬美元是白送給我了，對於他們，這些本來都可以避免，只因過於算計自己的利益，就都沒了。

搶到第五、第六間房

此時，房市趨勢已經很明顯，一輪一輪在上漲。半年之後，我漸漸恢復到可以自由行走，雖然時不時有些不舒服，已經沒有大礙了。但是我實在湊不出更多錢去買後面的房子，如何實現我八間房子的目標呢？

讀者可能會覺得我為什麼執著於八間房子的目標？如果沒有在網路寫下自己十年一千萬的豪語，我可能放棄了，因為有公開目標，內心深處給自己製造了一些壓力，想看看自己的能力極限在哪裡？可是錢呢，錢從哪裡來？我看著每天不斷上漲的房價，急得直跳腳，人可以有各種目標，但是沒錢，一點辦法也沒有。

常言道：「如果一個人真的想做什麼事，上帝都會被感動到跑過來幫你。」歷經磨難，我的好運氣終於來了，我突然接到一個特別古怪的諮詢，一輩子也只做過一次。

有一家我所在行業的創業公司要上市，核心技術專利需要有人做技術評估，證明他們的技術獨一無二。上市公司的技術負責人透過很多關係找到我，請我幫忙做技術評估，因為我曾經在這個領域發表過一些期刊論文，覺得我很適合。為什麼不是投資銀行找人評估？因為投資銀行的人根本不懂這些技術，所以就請創業公司的人推薦專家。

這個工作不複雜，只要寫一份報告，把相關技術的優缺點比對一下就好，技術內容我很熟悉，差不多一個星期可以寫完。不過我知道投行的潛規則，按照小時計算，諮詢費用不過五千美元左右，可是這件上市案是上億美元的交易，我毫不客氣的出價，開出五萬美元的諮詢費。

創業公司的老總對我非常客氣，他主動建議我可以再加一些，關鍵是能不能快一點交出這份報告，反正錢也不是他出，最終都是投資銀行買單。寫報告這種事情我得心應手，於是我價格又往上抬，我說乾脆就十萬美元吧。

他看著我呵呵笑，覺得我一副不開竅的樣子。一家公司在上市的時候，眼睛裡看到的都是大錢，在上市過程中，各種財務資料報表最小單位往往是百萬美元，百萬以下的金額連看都不看。不過我沒有再貪心，我開十萬美元的價格，對方一口就答應了，但只有一個條件，週末結束前必須把報告給他們。

於是我忙了整整一個週末，那幾天幾乎沒有合眼，把報告趕好交出去，我自己覺得報告無懈可擊，雖然倉促之間完成，但也沒有違背職業道德。這可是雪中送炭，意外橫財，我用一個週末就賺了十萬美元。

這十萬美元對於投資銀行的人可能不算什麼，對我來說很重要，靠著這筆錢，我買了第五間和第六間房子，離目標還差兩間，此時我的指數房已經漲到了四十五萬美元，比最低點幾乎漲了一倍，底部進場的最好機會已經過去。

我感覺房價肯定會突破新高，但房市只是在恢復正常，遠遠沒有進入泡沫。市場要瘋狂進入泡沫的狀態，需要換一批購屋者，曾經經歷過房地產泡沫的屋主會更小心謹慎，很難再製造一個泡沫。

買齊八間投資房

一年後，我用平時的積蓄又湊了一些錢，買入第七間房子，這時候我的指數房已經漲到約五十五萬美元，我實在沒有辦法買更多房子了。又過了一陣子，我用第一間房子再融資，買進第八間房，終於完成了我的心願。

這些大約就是次貸危機後，我在灣區危機入市的真實紀錄，整個過程中，房價平均漲了一倍，因為頭期款是二〇％，現金報酬率是十倍左右，最賺錢的是那間鐵路邊上的小黑屋，現金報酬率三年約二十倍。

整個過程中，基本上我沒有投入特別大的資金，因為我是一般上班族，沒有太多積蓄，大部分時候家庭稅前收入一年只有十五萬到二十萬美元，雖然有額外的諮詢收入，金額也很少。我對我的執行能力很滿意，再給我一次機會，我想像不出如何能做得更好，因為我手邊可動用的資源就這麼多，我給自己的表現打八十分。

16 財富在滾動中變大

房地產的雪球需要克服一開始的阻力，
不然雪球滾不起來，當雪球大到一定程度，
自己會愈滾愈大，不需要投入新資金。

次貸危機買到八間房後，我開始了在美國當房東的日子。美國房東有很多外號，有的時候叫地主，有的時候華人自嘲為「淘糞工」。當你經營的出租房規模很小的時候，大部分屋主都是淘糞工，經營到一定規模，可以聘請長期工人幫你工作。

我開始當房東的時候覺得很詭異，特別是我急需錢進場買灣區房子的時候，一方面我是博士，自己創業，員工也有十來個人，另外一方面每到週末，我經常提著工具箱幫別人修門鎖、修開關，通馬桶的事情我倒是沒做過。幾年後，一般的維修工作我也不再親自動手，除非事情太小找不到合適的工人，只能親力親為。

在中國當房東和美國當房東完全不一樣，過去十年我同時體會了兩種感受，可以和讀者分享對比一下。

在中國當房東就像黃世仁，只要管好錢，其他事情都不用處理，因為人工費不貴，修繕的事情有物業管理幫你做，另外因為中國大部分房子是公寓，不太需要維修，屋頂不會漏、牆不會漏、窗戶不用換，如果讓我寫中國當房東的故事，可能一千字就夠了。

在美國當房東，特別是只有一、兩間房出租的房東，活生生的就是楊白勞。美國人工費很高，房子不多的時候，沒有穩定的工作量，找陌生工人來修繕，難免要被宰，唯一的辦法就是自己做。大丈夫能屈能伸，既然中華民族優秀的婦女同胞可以上得了廳堂、下得了廚房，我們這些油膩的大老爺，自然也是寫得了論文、通得了馬桶，懶惰的男人很可恥。

調整心態當房東

我覺得動手修家裡的東西充滿樂趣，尤其是我不忙的時候，在後院建造小孩玩的鞦韆、滑梯，在側院搭一個花架，有很長一段時間是我週末最大的樂趣。在家動手做和幫房客修房子的差別，就好比自己做飯和在餐廳做飯的區別，幫房客修房子通常比較沒耐心，只想應付了事，這對每個初期當房東的人都是考驗，我覺得最重要的一點是調整心態，控制自己的傲慢。

大部分美國華人都受過高等教育，往往不可避免的輕視體力勞動者，其實體力勞動也好，動腦也好，沒有高低貴賤之分，大部分人很多時候是在自欺欺人。我給你算一筆帳就明白，投資銀行的人最講究體面，一個個西裝筆挺的在高樓大廈裡面工作，可是當投資銀行的執行董事、副總裁見客戶的時候，不也要客客氣氣的嗎？因為對客戶客客氣氣，這筆生意可能會讓年終獎金提高十萬到五十萬美元，即使客戶蠻橫無理，看在錢的份上，你也忍了。

我買房子的時候仔細算了一下，如果有穩定的租金收入，房價持續漲到年底，這幾間房子加起來可以賺到五十萬美元左右，我修一下房屋、通一下馬桶，和投資銀行的工作有什麼區別？問題在於心態，人本能的不喜歡服務低於自己社會階層的人，要是幫比爾蓋茲修車庫的門，即使沒好處，我看很多房東也會樂於跑一趟，去看看富豪家是什麼樣子。

這些道理是要告訴你，同樣做一件事情，有理想和沒理想，有長期計畫和沒有長期計畫，是不一樣的。明白這些道理，你在做體力活時會充滿幹勁。我認識一位朋友，當我的指數房漲到四十萬美元，在我看來還有很大的上漲空間，他受不了當房東之苦，把自己投資的房子賣掉了，我覺得他沒有調整好心態，他總覺得自己一個大博士，被人呼來喚去，心裡有些不甘願。

不過，我印象中有一位房客，家裡有一隻螞蟻都會打電話叫我去把螞蟻清掉，對待這種租客最好的方法，就是趕緊漲房租讓他們滾蛋，愛去哪裡去哪裡。

很快我就找到減少維修工作量的辦法，每次簽合約的時候都會附加一項條款，如果以下這些小事情統統自己修理，材料費我負擔，房租每個月可以減五十美元，這些事情包括換燈泡、換門鎖、殺臭蟲……我列了長長的清單。大部分勤勞的房客很樂於接受，我也少了很多麻煩。

挑選房客的準則

我在美國當了八年房東，同時管理八間住宅，想讓自己生活舒適一些，找到好房客很重要。同樣一間房子，房客好不好帶來的煩惱差十倍，但每個月的租金收入卻差不了多少。

如何透過短暫接觸，了解對方是不是好房客？可以從以下幾個原則挑選：

第一，信用分數。我曾經有兩位信用分數八百分的房客，麻煩都很少，平均一年才找我一次，問題都自己解決。信用分數高的人往往有好習慣，具責任心、同理心，不會言而無信，我很少把房子租給信用分數七百分以下的房客，寧可房子空著也不要自找麻煩。

第二，沒有信用分數的時候，我會採用「語言原則」。整體而言，電子郵件內容寫得很冗長，打電話一口氣能說五分鐘以上，都不是好房客。加州灣區有來自世界各地的移民，我感覺語言能力愈差愈是好房客，碰到不太會說英語，要用翻譯機才能溝通的人，基本上是值得優先考慮的優質房客。

在加州有時會遇到不繳房租的房客，他們會用法律的一些保護條款跟你東扯西扯。美國有各種法律條文保護房客，本質上是害了租屋族，讓需要租房子的低收入者很難租到房子，因為在美國趕走一個房客需要很長的時間，法律程序往往一拖大半年，這期間的損失都由房東負擔。在中國當房東，很少需要擔心這個問題，如果不付房租直接趕人，是天經地義的事情。

第三，不要租給急著搬進來的人。我碰到最糟糕的房客是住在汽車旅館找房子的人，對方謊稱從別州搬來，其實是被攆得無處可住，我一時同情就租給她，結果從來沒收到租金，直到半年後請警察把她驅逐出去。

只要是當房東，都恨不得房子明天就租出去，因為空著一天就損失一天收入，但如果有房客說明天就可以搬進來，多半不租比較妥當。

第四，「家庭」是比較好的租客。家庭健全、有年紀小的孩子，如果你的房子又在學校附近，通常會穩定租很多年，未婚同居或很多朋友湊在一起住，很容易來來去去。工作穩定的人也是好租客，因為他們關注在工作上，不會跟你胡攪蠻纏。

第五，物極必反，信用分數特別高，家庭完整、收入又高的人，不見得是好房客，他們往往有購屋能力，經常短暫住一陣子就買房搬走了。

第六、盡量不要租給創業時間不長的人，他們的收入不是很穩定，即使人很好，沒錢也繳不出房租。我買的第三間房子就是租給一位開幼稚園的人，來自東歐的移民，她從外州搬過來，說自己曾經經營二十幾年的幼稚園，一再和我保證收入沒問題，讓我不用擔心。

她勤勞而努力，信用分數也很好，因為種種原因幼稚園就是沒生意，最後經營不下去就開始拖欠房租，我只能請她搬走。她離開時把房子打掃得乾乾淨淨，說欠我的一個月房租，以後有錢一定會還。當然我再也沒見過她，她也沒還錢，不過我沒有透過討債公司索討，讓她因此留下不好的信用紀錄，人活在世有各種不測的風雲，能夠互相幫助的時候，還是多體諒一下吧！

最後一條最重要，無論是誰，都要走標準流程審查。標準流程就是你永遠都要看三樣東西：信用報告、銀行帳單、薪資單，確定有沒有犯罪紀錄，有沒有被驅逐的歷史。理論成千上萬，說再多也沒有用，只有親身體驗才能累積經驗。我在灣區的房子買好後，美國經濟愈來愈好，失業率愈來愈低，原先把房子扔給銀行的人都需要租房子，也有愈來愈多人開始買房子。房價在漲，房租也在漲，我的日子好極了。

當我想著可以享受一下數錢的日子時，又一個災難發生了。是的，又是一個讓我措手不及的突發事件。人生就是這樣，總不能讓你一切順利，然而壞日子也不會持續太久，轉機往往就在前面。

房子變成毒品屋

次貸危機後我買的第一間投資房，租給一對年輕中國夫妻，當時這對夫妻剛從中國來，太太已經懷孕，先生是廣東人，看起來是一個溫馨的家庭。他們租了三年房子，從來不找任何麻煩，沒有提出任何修繕要求，甚至每個月房租都提前一天付。我經常在心裡嘀咕，同樣來自中國還是比較可靠。

大約三年之後，因為利率變化房子需要再融資，銀行請我通知他們，因為要進屋估價，奇怪的事情發生了，我打電話給那對中國夫妻約好時間後，他們就人間蒸發了，電子郵件不回，電話也不接，我隱約覺得不太妙，決定親自走一趟。到了那裡，房子很安靜，我敲門沒人回應，門鎖已經換掉，所有窗簾遮蔽得很嚴實，找不到一個縫隙可以看到室內。

我心想壞了，電視新聞經常看到有人租房種大麻，會不會被我碰到了？我耳朵貼到門上，聽見房間嗡嗡的聲音，像是有風扇在轉，心裡一涼，我的房子真的變成大麻屋！猶豫再三，我只能選擇報警，同時約了鎖匠，警察很快就到了，敲門沒有人回應，於是命令鎖匠把門打開，一開門，眼前的景象讓我愣住。

全是大麻，整間房子像熱帶森林一樣，地上全是種大麻的水池，屋頂上各種照明設備和稀奇古怪的通風管，那對中國夫妻把房間徹底改造成大麻屋。警察做的第一件事是找我錄口供，請我把房客簽的合約找出來，並提供房客資訊，包括駕照、銀行帳號等等。當我急忙把東西交出去後，警察說都是假的，沒用。另外一批警察到房間裡把電源切斷，把所有的大麻從根部剪掉，收進麻布袋。

我問能否抓到壞人？警察說這種案子一週好幾件，今天剪掉的大麻能賣十幾萬美元，我接著問可以申請賠償嗎？警察回，可以提民事訴訟，但不要指望有什麼結果，以上就是警察的全部服務。離開前警察警告我，以後房子出租要小心一點，再有大麻屋事件，我要被當成同夥嫌疑人接受調查。

警察走了，毒販留給我一間千瘡百孔的房子，和一屋子種大麻的設備。我後悔自己的輕率，因為租給中國人在感情上多了一份信任，三年都沒有想著過來看一下房子。後悔歸後悔，面對眼前的惡夢還是得收拾。這時候文學城的投資理財論壇幫了我，我諮詢一位比較資深的大地主，問他這種情況應該怎麼處理？他說他沒有直接的經驗，不過保險公司應該會負責賠償，因為這屬於蓄意破壞。

真是雪中送炭的好建議，我趕緊聯絡保險公司，每年繳這麼多保險費，不能白繳。保險公司第二天派兩個人過來，他們告訴我這樣的案例一週要處理好幾件，我才算放下心來，可見加州的大麻屋氾濫到什麼程度！他們畫完圖、做完測量就回去了，說明天給我賠償的估價單。

隔天保險公司給我賠償估價，說我有兩種選擇，一種是拿錢自己修繕，一種是保險公司負責修繕。保險公司給的估價很慷慨，賠償內容包括房間隔間、石膏板、電纜電線的更換……有些其實並不需要，我唯一不確定的是房子裡大麻味道很重，不知道能否徹底散掉。

保險公司的人臨走前，我問了一個問題：「這堆種大麻的設備該怎麼處理比較合適？」對方客氣的看了我一眼，欲言又止，最後說：「我如果是你的話，會放到租賃倉庫，然後賣掉，省得未來有麻煩。」於是我找了兩位墨西哥工人，把大麻屋的設備放到附近一個租賃倉庫，然後登廣告賣掉，加州真是大麻氾濫的地方，你根本不用擔心賣設備是否違法。

我又找了兩位墨西哥工人幫我修繕房屋，把地毯全部換掉、通風管全部拆掉，把牆上打的很多洞補起來，然後重新油漆一遍，前前後後大概忙了兩週，房子很快又煥然一新，最麻煩的是要恢復電力系統。報警之後，電力公司把電切斷了，需要電路檢查合格才能恢復電力供應。

那對夫妻因為種大麻需要偷電，弄壞了主電纜，電力公司要跨過一條街，把整個主電纜全都換掉，其實主電纜被刺破的洞很小，拿膠封住就可以，但是電力公司不肯，換一根電纜要四千美元，前後用了將近兩個月時間，好在保險公司慷慨大方，全部費用都由保險公司負責。因為房子我自己請人修，實際費用比保險公司賠償的金額低很多，等一切忙完，大麻設備也賣掉了，我算了一下帳，竟然賺了兩萬美元。

這種錢我不敢賺，警察臨走時的警告我還記得。之後租屋時，我在合約加上一個條款——每半年我要進屋檢查水管和屋頂，之後再也沒有遇到大麻屋，雖然我從來沒有像合約上說的那樣主動去檢查水管和屋頂。

美國現象：白人黑人化

在美國當房東還有一件有趣的事，讓我有機會更全面的接觸美國社會，讀書和工作時我只能接觸美國社會很小的一面，局限於工程技術領域的人群，跟我打交道的大部分是知識份子，受過良好教育。

當房東讓我接觸到魚龍混雜、各式各樣的人，他們來自不同國家，我體認到美國的多元化，也感受到美國各種社會問題。美國是在一片荒原上建立起來的國家，全世界不同地方的人來到美國，充滿創造力，因為文化背景不同，每個人擅長的領域不同，但也不可避免的把各種問題帶到美國。

我還觀察到另一個現象，平時媒體很少討論，但是在我眼前真正發生的現象，那就是白人的黑人化。

從前白人試圖幫助黑人，讓更多黑人跨入中產階級，像白人一樣生活和工作，隨著經濟發展、貧富差距拉大，有很大比例的白人漸漸淪為低收入族群，教育程度、人生態度、家庭結構、子女教育以及在社會的競爭力，變得愈來愈像黑人。

在美國「種族」是非常敏感的話題，外國人很容易在這點上犯錯，特別是生長在單一種族國家的外國人。我過去生長在中國，一直都是主流族裔，很少從少數民族的角度看社會，但是往來中、美兩國，讓我既能作為社會的主體，也能以社會少數民族的角度來感受兩種不同定位。

在美國當一個好房東，還要有大海一般寬闊的心胸，尤其在金錢方面，不要和房客斤斤計較。投資房地產的主要收入來源有四項：增值、抵稅、折舊、通貨膨脹，房租收入則是讓你能夠維持正現金流，持續玩這個遊戲，不需要太在意租金多一點還是少一點，我經常在投資理財論壇上看到有人為了雞毛蒜皮的小事跟房客鬧得不可開交，和氣才能生財。

資產像滾雪球長大

投資理財論壇上，二〇〇六年有個暱稱石頭的網友很活躍，他是網上第一個公開實現一千萬美元的資產的人，二〇〇六年，他所在的地區房產價格漲了一〇%，因為他有一千萬美元的資產，帳面上至少賺了一百萬美元，他感慨的說：「單靠薪水要付出多少年辛苦的努力，才能賺到一百萬美元？用資產賺資本，簡單多了。」他這一年什麼都沒有做，帳戶上憑空多了一百萬美元。

當房東就像玩大富翁，大富翁遊戲每轉一圈銀行給你一筆薪水，如果沒有被動收入，很快就坐吃山空。上班族就像那個棋子，永遠在奔波，可是不富裕，毫無安全感。當你擁有一定數量的投資房後，錢會生錢，一切變得簡單很多。

用錢生錢，讓自己的房產投資變成一個雪球愈滾愈大，會有三種情況。第一種情況，在房價比較便宜的地區，例如中西部的房子，會帶來正現金流收入，用這些收入投資房產，可以買更多房子。

第二種情況，就是我的情況，即使我抓到底部進場，在灣區也不可能靠租金收入買到一間房。隨著房產漲價，我每個月有幾千美元的正現金流，這個時候需要透過不斷重新抵押貸款，套現金出來投資房產。當然每次買入新的房子，現金流又會變成持平或者輕微變負，不要緊，你的目標是滾出更多房子，而不是收取租金。

第三種情況，就是我在中國碰到的情況，現金流永遠是負的，但房價還在上漲，又不能重新抵押貸款，只能透過不斷交易擴張資產。無論上面哪種情況，核心是要保持自己的槓桿率，槓桿是房地產投資的靈魂，沒了這個靈魂就會失去前進動力。

別讓雪球停止滾動

大部分年輕上班族的夢想就是還掉房貸，沒有房貸一身輕鬆，然而大部分人省吃儉用，用辛苦賺來的錢把房貸付清。其實，只有傻瓜才用薪水付清房貸，聰明人應該把省下來的錢拿去投資，用投資賺來的錢還房貸。

我在美國自住房的房貸，有好幾次機會可以還清，但我沒有選擇那樣做，我相信把錢拿去投資的報酬更高。次貸危機後我買了八間投資房，從二〇一四年開始我再也不用為房貸擔心，被動收入已經足夠支付自住房房貸，這和房貸都付清有什麼區別？

只要抓住一次房產價格變化的機會，就可以把房貸還清，前提是平時必須有能力管好自己的財務，存下該存的錢。如果你是一個很會花錢、沒有毅力的人，縮短房貸年限可以強迫儲蓄，早日擺脫房貸給你的精神壓力。

中國有一句官方的話：「房子是用來住的，不是用來炒作的。」這句話從經濟學原理來看靠不住，對一般民眾而言應該是：「如果你想住房子，必須學會炒作房產。」房地產市場和股票市場一樣，人生最後的贏家不是辛苦賺錢的人，而是對市場趨勢做出正確判斷的人。

開啟新的投資階段

未來我打算把這八間房子變成自動滾雪球的機器，房租上漲就以再融資的方法購買下一間房子，不需要再投入新的資金，實際上我的第八間房子就是這樣買到的。我只要保證這台機器不出現負現金流，按照現在每年成長五％到一〇％計算，每隔一到兩年我可以多一間房子。

這台滾雪球機器本質上是一個打折版的勤快人理財法，長期投資最好找到一個自己會滾動的雪球，**但是房地產和股票不同，房地產的雪球需要克服一開始的阻力，不然雪**

球滾不起來，當雪球大到一定程度，自己會沿著山坡滾到山下去，愈滾愈大，這個時候你只需要控制雪球滾動的方向，不需要再往上面加雪，也不需要使力推動。

這些年我在美國當房東的日子愈來愈輕鬆，隨著時間過去，壞房客被篩選掉，留下來的都是優質房客，我把常出問題的房子交給房地產公司管理。我不再靠賺的錢進行投資，生活變得非常寬裕。那間鐵路邊的小黑屋漲到五十五萬美元，我重新貸款取得現金，在二〇一六年進行一個更大膽的投資。之所以敢拚，因為這些都不是我辛苦賺的錢，都是銀行的錢，全虧掉也無所謂。

這個更大膽的投資，讓投資理財論壇的網友都跌破眼鏡，我一改之前只投資房地產的習慣，掀開人生另一個新階段——投資比特幣。

17 最後一塊拼圖：比特幣

意識到一般比特幣玩家是一幫未來可能很有錢的窮人，因爲他們絕頂聰明，非常符合「會走路的錢」投資原則，讓我眼前一亮。

比特幣和房地產看起來是八竿子打不著的兩件事情，但是根據「會走路的錢」原理，本質上是一樣的，至少和投資灣區、上海、深圳等主要都市的房產是同一個道理。

我第一次注意到比特幣是在二〇一三年，當時新聞報導比特幣價格衝破一千美元。我對新鮮事物的好奇心比較重，比特幣又涉及很多數學問題，於是我感興趣的研究起來，仔細讀中本聰寫的白皮書後，讓我吃了一驚，世界上居然有人能夠發明這麼神奇的東西。

對金融感興趣的人可能明白布雷頓森林體系（Bretton Woods system），及美國一九七一年放棄金本位制，改實行法定貨幣（Fiat Money）這些概念，法定貨幣就是一國政府發行的貨幣，透過政府規定賦予其交易價值。

不會被剝奪的財富

二〇〇一年在一本介紹金融體系的書上，我第一次知道世界上有「虛擬貨幣」這件事，比中本聰發明比特幣早八年，書上只模糊的說隨著網路普及，未來某種虛擬貨幣可能取代今天的貨幣系統，我思考了一下，想像不出虛擬貨幣是什麼東西，可能當時作者也不知道。

懂電腦和數學的人，都明白區塊鏈本質是一個速度極慢、效率很低的分散式資料庫系統，但是區塊鏈應用在貨幣系統，絕對是革命性的創新，我曾經寫過一篇部落格文章〈比特幣才是真正屬於你的財富〉*，讓讀者了解比特幣的獨特性。

比特幣才是眞正屬於你的財富（二〇一七年十月十七日）

星雲法師曾說，財富都不是你的，無論是錢還是珠寶，你只是掛個名而已。星雲法師的本意是說，大家不要對財富過於痴迷。

舉個例子，你擁有房產，但是房產是你的財富嗎？政府可以透過政策沒收充公，可以設定房產稅、限制交易，讓你的房產財富縮水或者化為烏有。這在一九四九年的上海、排華時期的印尼、內戰時期的美國都發生過。在太平盛世呢？你可能面臨訴訟、索賠，比如在美國，如果你開車不幸撞了人，房子可能被迫變賣賠償。

股票呢？股票要是下市，你可能會認為我還有間公司，公司總是我的吧。如果你經歷過破產清算，就知道那些財富也可能不是你的。再舉個例子，你手中的現金是你的嗎？大部分人的現金都是用實名的方式存在銀行，在美國被告，民事官司打輸了，你的銀行帳號會被凍結。

事實上任何一筆實名財富，需要透過政府、銀行之類機構認證的財富，都不是真正意義上你的財富，因為如果這些認證機構不承認你擁有這筆財富，或者剝奪你對財富的控制權，你的錢就會化為烏有。

那麼物理上實際控制的財富呢？你要是覺得把錢存在銀行不可靠，放在家裡總可以吧！如果你看過電視劇《人民的名義》，看見上億現金怎樣被查抄，就會知道現金放在哪裡都不安全。

---

*〈比特幣才是真正屬於你的財富〉全文可掃描 QR Code：

比特幣最厲害的地方是徹底擺脫認證機構，回到物理控制，物理控制又實現了大腦對財富的絕對控制，比特幣無法被火燒掉，無法被物理毀滅掉，如果你不說，沒人能從你的大腦裡沒收你的比特幣。

比特幣等加密貨幣的隱私性和便於攜帶，讓比特幣無可比擬的先進，比特幣的持有方式就是私鑰，一串數字，擁有這串數字，你就擁有帳號裡面的比特幣，這串數字你可以寫在紙上，可以存在電腦裡，如果你記性好，可以直接記在腦子裡。記性不好的話，還可以存在Brainwallet*，Brainwallet就是一句話，一句你自己能記住的話。

比特幣儲存方式是由一百六十位元的公鑰和兩百五十六位元的私鑰組成，由於公鑰可以透過私鑰計算得出，所以記住私鑰就可以了。兩百五十六位元的私鑰很難記住，最好的辦法是把兩百五十六位元的私鑰變成一串數據儲存，比如「一〇一一一〇〇〇〇〇〇〇〇〇〇〇〇一〇〇一〇一」很難記住，但是轉化成十進位的「三〇二二二八八五」就比較容易記住，進位的位元數愈高，位元數愈短。

Brainwallet最常用五十八進位轉換，五十八位元以大小寫的二十六個字母和一到九的數字組成，但避開零和英文字母O、一和英文字母I這些容易手寫搞錯的字母。私鑰可以任意組成，人們先寫出一段話，根據這段話生成兩百五十六位元的代碼，否則Brainwallet無法記住。Brainwallet支持任何一種語言系統，因為每個字本質上都有對應的代碼。

但是注意，常用的句子不要用來做Brainwallet，例如「To be or not to be」早就被用了，被用的結果不是你不能存錢，而是存在裡面的錢任何人都能使用。你可以記住「一切反動派都是紙老虎」這句話，用加密程式把這句話分解成一個私鑰，私鑰那串冗長的數字和符號不好記，但是這一句話很好記。你可以在Brainwallet裡面放入任意數量的財富，可以是一毛錢或一百億，沒有人能夠知道你擁有這些財富，也沒有人能偷走這筆財富，除非他知道這句暗語。

你大腦擁有財富的絕對所有權，想明白這點，我想任何一個擁有財富的人，都會分散一部分財富到加密貨幣，否則不知道自己的財富在哪一輪政治漩渦或經濟風暴中被剝奪。擁有比特幣，才真正擁有屬於你的財富。

在比特幣之前，從來沒有一種財富形式，可以做到百分之百的絕對控制。

* Brainwallet是一種比特幣錢包地址。

我寫這本書的時候，美國剛刺殺了伊朗的蘇萊曼尼將軍，兩國處於戰爭邊緣，網路傳言伊朗打算懸賞八千萬美元，給任何能夠暗殺川普總統的人。如果成真，就面臨一個難題，伊朗如何支付這八千萬美元？成功刺殺的人肯定不想暴露自己的身分，支付這筆錢又繞不開美國對美元的監管，所以銀行轉帳行不通，刺殺者也不能現身拿現金。比特幣可以解決這個問題，刺殺者可以發一個比特幣帳戶給伊朗政府，讓伊朗政府轉入這筆錢，任何一個人刺殺了川普總統，伊朗政府只需要把另一個金鑰發給他就可以了。

比特幣泡沫破裂

很多人認為比特幣只是一種炒作的東西，在我看來，比特幣的確有很大的炒作成分，甚至可以說目前比特幣最大的需求就是投機，可是從另一方面來看，比特幣是有功能價值的，因為世界上沒有這種財富形式被創造出來，市場有一定的剛性需求，特別是在政府功能崩潰或社會秩序喪失的地方。

二〇一三年的時候，市場可以聽到兩種截然相反的的聲音。傳統經濟學家大部分認為比特幣是一個炒作商品，比特幣本質是一個電子符號，不值一分錢；另一方面，比特幣的粉絲派認為比特幣可以取代黃金，可以成為世界的儲存貨幣。

我認為比特幣肯定有價值，不會一文不值，但值多少錢實在不好說，取決於有多少人相信比特幣，以及會不會有其他山寨幣取代比特幣。

當時我什麼都沒做，投資是一件需要謹慎的事情，我一直相信巴菲特那句話：永遠不要虧錢，房地產投資之所以比股票更容易被中產階級接受，也是因為價格的穩定性，那時要我花一千美元買一枚比特幣是不可能的事情。

物極必反，二〇一三年比特幣突破一千美元不久，發生加密貨幣交易所 Mt. Gox 駭客事件，Mt.Gox 丟失了八十五萬枚比特幣，比特幣價格一落千丈，從一千美元跌到一百多美元。我閱讀駭客事件的前因後果，認為這件事和比特幣結構無關，是交易平台出問題，但是一個貨幣值多少錢取決於多少人相信它，最大的交易平台安全出問題，會讓很多人失去信心，這件事之後，比特幣漸漸淡出我的視野。

再發現「會走路的錢」

二〇一六年比特幣發生減半事件，控制比特幣發行總量，比特幣挖礦獎勵每隔四年就要減半。我仔細研究減半事件對價格的影響，因為我經常思考效率市場這件事情，假設是效率市場，比特幣減半價格應該不漲，甚至反而下跌，因為減半前資訊已經充分反映在市場預期。透過減半前後價格變化，可以知道比特幣交易市場是不是有足夠效率，如果不是就有短線交易的賺錢機會。

用我的兩大投資法來解釋，在效率市場應該採用懶人投資法，在非效率市場應該用勤快人投資法。二〇一六年減半後比特幣價格平穩，在年初小幅上漲，之後維持在六百美元左右，讓我有些出乎意料，這樣的價格變化說明有足夠多的人在買賣比特幣，市場流動性高，具市場效率。當時比特幣相關論壇非常活躍，每天都有大量發文，且參與討論的多半是很聰明的年輕人，因為在討論山寨幣及演算法這些問題時，他們對數學和電腦都說得頭頭是道。

我查了一下在論壇上比較活躍的人，發現他們都是電腦資訊行業中的高手，比如當時討論比特幣的閃電網路（Lightning Network），主要開發人員都來自麻省理工媒體實驗室，他們是一群絕頂聰明、擁有高學歷、在IT領域工作的人，談及未來想將比特幣成為儲蓄貨幣的夢想，卻讓我跌破眼鏡。

二〇一六年我的夢想是實現一千萬美元目標，而且已經完成了大半，可是論壇裡的年輕人夢想居然只是希望發財後把學貸還掉，然後就可以賺錢買名車，還有一些更窮的人常說：「今天拿比特幣去買披薩。」我意識到除了少數大戶，一般比特幣玩家是一幫窮人，這幫窮人未來可能會很有錢，因為他們都受過良好教育又絕頂聰明，非常符合「會走路的錢」投資原則，讓我豁然開朗，眼前一亮。

一九八〇年代改革開放不久，中國百廢待舉，為了賺外匯政府允許乾隆六十年以後的古董出口，想痛宰外國人一頓，一些精明的國外古董商人廉價買入大批古董，在一九九〇年代或二〇〇〇年後賣出，這些古董普遍漲了一千多倍。因為改革開放時中國人很窮，一九九〇年代、二〇〇〇年之後，中國人一下子變有錢，古董自然也就貴了。

二〇一六年的比特幣在我眼裡，和那批古董一樣，此時不買，更待何時？

購買一個投資商品光有熱情不行，還需要仔細分析，因為價格起伏太劇烈，一不當心就會被套牢，於是我寫了一篇部落格文章〈比特幣會不會漲到一百萬一枚？〉*，我認為比特幣挖礦消耗極大電量，而且消耗的電量以飛快的速度成長，在能源結構調整和

* 〈比特幣會不會漲到一百萬一枚？〉全文可掃描 QR Code：

氣候變遷議題下，比特幣會成為愈來愈不環保的貨幣，未來十年內不可能漲到一枚一百萬美元。文章發表後，沒有一個人回應。平時我在網路發表的文章經常有破萬點擊數，然而對多數人來說比特幣就像外星人一樣陌生，很多熟悉我的人感到吃驚，我怎麼會突然玩起比特幣？文學城用戶年輕人愈來愈少，我幾乎是文學城成立第一天就造訪這個網站的人，也見證了網站用戶變化，二〇一七年的時候，文學城大部分用戶是年富力強的中年人，處於一生收入的最高階段，但竟然沒人對這篇文章有任何反應，所以我知道比特幣還是一個非常小眾的投資商品，應該是進場的時機。

永遠不要和富二代拚體力，要搶在暴發戶的新貴前面，新貴喜歡的東西，就是你現在要買入的投資商品，無論是灣區的房子、中國古董，還是比特幣。所以我決定投資比特幣，但是怎麼進場呢？這是一個傷腦筋的問題。

籌措資金進場

肯定不能一股腦的買進，這樣風險太高，因為比特幣的波動太大，隨時可能下跌，如果確定比特幣是一個長期上漲的趨勢，分批投入是一個好辦法，可是即使分批投入，我也不確定是否可靠，因為長期到底是多長？比特幣的稅務也比較麻煩。當時國稅局已經確認比特幣是資產，買賣獲利需要按投資方式繳稅。另一個要面對的問題是，投資比特幣的錢從哪裡來？二〇一六年我剛買完八間房，手上完全沒現金，我決定用Roth IRA退休帳戶的錢投資比特幣，購買比特幣投資信託商品GBTC。

GBTC每年要付二％的管理費，而且溢價很高，當時GBTC的價格比比特幣實際價格高三〇％，但是GBTC的好處是方便，直接像股票一樣購買就可以了，金額少也可以買。用**Roth IRA**帳戶投資，買賣不用繳稅，而且手續費很低，不像當時主流比特幣交易平台要按照交易總額收取千分之一的費用，買賣GBTC手續費每次只要六美元，我用**Roth IRA**的錢分期分階段買入比特幣。

但是這點錢太少，我需要更大的資金，除了用小黑屋抵押套現的錢，我只能動用**401K**的退休金來投資比特幣，我的**401K**退休計畫帳戶漲了多年，已經有不少錢，我打算拿二〇％出來投資。這個時候購買GBTC不再是一個好主意，除了因為每年要收二％管理費，更重要的是GBTC違反持有比特幣的三個基本原則。

這三個原則是在看過大量的比特幣論壇後，我總結出來的，這些年過去，我覺得這三條依舊是金科玉律。**第一，不直接持有私鑰的比特幣，就不是你的幣；第二，不要把**

比特幣放在交易所，世界上一切宣稱防駭客的交易所，只是暫時沒被攻陷；第三，永遠不要賣出你的比特幣。

如果你對這三個原則不能理解，可能是對比特幣不夠了解，限於篇幅，我在這本書裡不多做說明，這不是本書重點。

比特幣退休金帳戶

那個時候我又做了一件幾乎沒有人做過的事情，全美國恐怕不超過五十人和我做了同樣的事情，之所以這麼說，因為我問遍所有銀行和交易機構，得到的答案都是不可能，直到今天我也不是很確定這件事是否合乎管理法規，請讀者們不要輕易嘗試。

我打算開一個獨立401K退休計畫（Solo 401K）帳戶，把我401K退休計畫的錢轉帳到這個帳戶裡，用這筆錢買比特幣。開獨立401K退休計畫帳戶不難，上網找代理機構、每年繳年費就可以搞定。

問題是有了獨立401K退休計畫帳戶，需要去銀行開同樣名字的帳戶，才能把錢從其他401K退休計畫帳戶轉到獨立帳戶，同時要在比特幣交易所開同一個名字的獨立

401K退休計畫帳戶，才能把錢轉到交易所，在交易所買好比特幣後，把比特幣提取到我的紙錢包（paper wallet）*，才算完成交易流程。

我跑遍居住城市周圍的所有銀行，聽到我要用401K退休計畫的錢直接去買比特幣，銀行員就像外星人一樣的看我，其實在當時的比特幣論壇上，也沒有人提到如何用401K退休計畫買比特幣。不過論壇上都是一群窮學生，學生貸款還沒還清，哪裡來的錢買401K退休計畫。銀行人員每次去後台請教經理該怎麼辦理，隨後就卡關了，少則一天，多則幾天，最後告訴我無法開這樣的帳戶。

愈辦不下來愈讓我覺得這是一個投資機會，道理很簡單，因為監管的關係退休金不能直接購買比特幣，只能投資GBTC，導致GBTC價格較比特幣高三〇%，我在銀行四處碰壁，反映出這三〇%溢價的投資困難，當大家都辦不到時，你做到了就是贏家。於是我問幫我開獨立401K退休計畫帳戶的人員，哪家銀行可以開一個買比特幣的帳戶。管理公司也不清楚，但是介紹一家網路銀行給我，讓我試看看。

*比特幣有許多存放方式，紙錢包是其中一種。

我不確定這家網路銀行是否可靠，所以從小金額開始嘗試。這個流程大概是這樣的，我從富達投資公司申請轉帳，他們會開一張獨立401K退休計畫帳戶的支票，然後我把支票存入這家網路銀行。然而下一步又卡住了，因為需要在比特幣交易所開獨立401K退休計畫帳戶，當時所有比特幣交易所都沒有這項服務，我打了一輪電話，碰一鼻子灰。

幾乎絕望的時候，終於找到了一家當時不起眼的小交易所，願意幫我開帳戶，可能是開張不久，不想拒絕任何一個客戶。他們嚴格審查許久，我平時諮詢業務的往來帳目都要過目，還要提供客戶電話，生怕我是洗錢的客戶。

來來回回折騰三個星期，終於我把所有的帳戶開好了。過程中碰到的每個人都睜大眼睛說，從來沒有這樣的事情。我還記得從富達轉第一筆帳到那家網路銀行時，因為不確定銀行是否可靠，只轉了一千美元，服務員再三和我確定金額數字，可能是想這麼點錢還要瞎折騰。

免費獲得比特幣

帳戶開好、錢也轉了，又遇到新的問題——如何買比特幣？資金小的時候，分批買進長期持有即可，資金大的時候，我不敢冒風險。

仔細研究後，我認為最穩妥的方式是透過放債擁有比特幣，而不是直接買。當時比特幣借貸利息非常高，因為買比特幣的人主要是投機，短線交易者會用槓桿買進賣出，貸款給他們可以獲得較高的利息。但是直接在加密貨幣交易市場放貸，貸款獲得的利息要繳稅，**401K**退休計畫帳戶就沒有這個問題。

放貸最好的方法是買入比特幣，然後到衍生商品交易市場放空，熟悉金融衍生性商品交易的人可能明白我在說什麼，不熟悉的可以跳過這些技術細節。利息來自現貨市場和衍生性期貨商品市場的價格差異，用放空的方式，當時貸款年利率在一〇%到二〇%，最高時一天就有一%的利率報酬，因為比特幣每天價格起伏很大，對短線交易者來說，一%利率不算什麼，因為每天價格的震盪可以到一〇%。

但是這樣我可以免於比特幣價格起伏的風險，漲跌我都賺錢。炒短線需要專心坐在電腦前，每天凌晨開機盯著螢幕，我還有事業要經營，炒短線對我來說是件不可能的事情，我要做的事情就是把電腦架設好，剩下的事情全部交給電腦，讓比特幣嘩啦嘩啦的進到我錢包。

電腦每天源源不斷的產出比特幣給我，每八個小時為單位結算一次，一天三次，按照我的計算，一年下來獲利會很可觀，因為二〇一六年後比特幣進入快速飛漲期。然而天有不測風雲，就在我把電腦和程式都設置好，每天快樂的數錢時，另一個新的打擊就來了。

最賺錢的列車

中國把比特幣給禁了，中國不知道曾經多少次禁止比特幣交易，因為比特幣採礦、交易有一半以上的數量來自中國，而每次中國禁止比特幣都會引起市場恐慌，造成比特幣價格下跌。

應該說，中國政府對比特幣一直處在一種曖昧和猶豫之中，二〇一三年一開始是處於觀察階段，只要不違反金融管制條例，基本上是睜一隻眼閉一隻眼，偶爾管制一下大陸的三大交易商。二〇一七年初禁止首次貨幣發行（ICO），用來防止非法集資，但是二〇一七年秋天，把所有關於比特幣的交易全部封殺。

這次中國推出的禁止令之狠是前所未有，中國傳遞的訊息很明顯，和虛擬貨幣相關的商業行為都不能在中國出現，政府打算發行中央虛擬貨幣。政策力道之猛，讓一家非常大的比特幣交易公司宣布關閉時把公司平台的程式碼全部公開，表明未來再也不做交易平台，公開的程式可以讓任何人一夜之間成立一個交易平台。

比特幣價格一路下跌，從七千多美元一路跌到三千美元，我雖然是放債，所有本金沒有任何損失，但是我用利息賺來的比特幣，價格卻跌了一半。經驗告訴我，當所有人都絕望和放棄的時候，就是最佳進場時機。

你看好一個資產，需要著重長期發展潛力，不被一時大眾的情緒困擾，就像二〇一七年渾水研究（Muddy Waters Research）揭露在美國上市的中國互聯網公司財務造假一樣，二〇一七年是買入阿里巴巴這些公司股票的最好時機。

了解比特幣的人就知道，比特幣設計之初就是一群窮小子的造反工具，一個國家禁止，甚至多個國家禁止都沒有意義，除非整個地球人齊心協力禁止，比特幣的設計和核心思想禁不掉，但是多數人此時倉皇逃出，價格一路下跌。

很快我就找到一個滿地撿錢的機會，中國交易所要關閉，所以大家都在拋售，短期內形成海外市場和中國市場有二〇%的差價，當時我正好在中國出差，市場崩盤時我坐在京滬高鐵列車上，時不待我，一路下跌我就一路買，憑空做差價，轉一圈就獲利二〇%，那班火車是我這輩子坐過最賺錢的火車，忙得我都不想下車。

比特幣交易的特點之一是二十四小時連續交易，因此做短線的人很痛苦，也很興奮，他們每一分鐘都在賺錢，每一分鐘也都在賠錢，兩邊市場的差價不會持續很久，只有幾個小時，稍縱即逝，我在火車上一路忙著撿錢。

當時同樣持堅定信念的是趙長鵬，他和合夥人在中國全面禁止比特幣、大家紛紛退出的時候，創立了加密貨幣交易所幣安（Binance），後來一躍成為全球最大的比特幣交易中心，那年幣安號稱賺了十億美元。投資永恆的真理就是不要往人多的地方去，特立獨行才有機會。

二〇一七年比特幣經歷嚴重內鬥，分叉為原始比特幣、比特幣現金，後來比特幣現金又分叉出Bitcoin SV，每個人都在表明自己的立場，我寫了一篇部落格〈我是見證隔離派〉*，說明自己為什麼是見證隔離派，事後證明只有見證隔離派站住了腳，其他分叉幣價格一落千丈。

我是見證隔離派（二〇一七年十二月五日）

先簡單說明一下技術層面的事情，什麼是見證隔離（SegWit），什麼是大區塊（big blocker）。

比特幣創立之初，一個區塊（block）大小被限定在一MB，中本聰的解釋是擔心區塊過大，容易被駭客利用。中本聰認為隨著交易量增大，區塊大小應該同步放大，這個論點被大區塊派反覆引用，認為見證隔離派違背創始人的意願。而見證隔離派認為，加大區塊容量沒有意義，即使放大十倍，仍然無法滿足最終全世界的交易需求，必須靠側鏈和閃電網路來擴容。

如果你把見證隔離派和大區塊派關在一間屋子，他們爭吵的內容會是這樣：

核心黨：「喂，老兄，我們的隊伍一天天壯大，法幣快被咱們顛覆了，慶祝一下？」

大塊黨：「慶祝什麼！Visa一秒鐘的交易能力是幾百萬，我們是七次，都堵成北京二環了，不擴大區塊大小，我怎麼用比特幣買咖啡！」

核心黨：「改你個頭，比特幣所有交易都存在公開帳簿（public ledger）上，我家硬碟都快爆炸了，網路節點數愈來愈少，再擴大比特幣就全完了。」

大塊黨：「你別嚇唬我，摩爾定律你懂不懂，硬碟愈來愈便宜你知不知道？就算明天把

*〈我是見證隔離派〉全文可掃描 QR Code：

區塊擴大到一G，你買個一〇〇T硬碟，要幾十年才能填滿，有啥好擔心？」

核心黨：「你是不是懷有二心，怎麼天天想加大區塊大小，我看你們那幫小子都是礦工，而且用特定應用積體電路（ASCI）挖礦，是不是為了你的礦場賺錢！」

大塊黨：「血口噴人，你違背中本聰先生的訓誡，算力為王。」

核心黨：「什麼算力為王，我們要的就是算力去中心化，特別你們是躲在萬里長城後面的算力，我要弄個比特黃金（BTG），終結你們ASCI的算力。」

大塊黨：「你們這是去中心化，也違背中本聰先生的原意，我要弄個比特幣現金（BCH），和你們分道揚鑣！」

吵到這裡，你知道這已經是不可調和的矛盾了。見證隔離派和大區塊派的意見我看了很多，總結來說，我覺得見證隔離派占上風，唯一能夠讓比特幣滅亡的其實是政府，而且必須是大國政府聯合行動，可惜的是大部分政府還不明白這個問題，最快意識到這點的是各專制政府，像是委瑞內拉、越南、摩洛哥，因為他們知道比特幣最先動搖的是專制政府脆弱的法幣。

巴菲特說（可能是謠傳），如果中國政府都禁不了比特幣，其他國家就不要想了。我覺得他說的不一定對，世上只有一個國家可以禁掉比特幣，那就是金正恩領導的國家。

在我看來，比特幣存在的價值在於美國這樣的政府無法消滅它，而不是在多短的時間被大多數人使用，這點必須從技術層面保證才可以，再多人使用比特幣，政府一句話也就沒有了。

比特幣如果開始全面流行和使用，最終政府會被逼到死角，因為現有稅收體系會崩潰，無論是企業稅還是個人稅，幾乎所有的金融體系都要全部推翻重來，不但是華爾街要關門，連華盛頓都要關門，因為政府沒有比特幣，也無法從稅收上獲得比特幣，除了能印沒人認可的美元，沒有經濟來源。

比特幣要顛覆的不僅是金融體系，也包括現有稅收、政府體系，政府豈能善罷甘休，不死命一搏呢？像所有的貨幣一樣，比特幣的價值在於信心。認為比特幣是泡沫的人，選擇不相信比特幣，可能是高估政府能力；比特幣的鐵粉、持有者，可能也低估了政府的手段和決心。

終極之戰如何演變，一切還是未知數，當人們想到終結之戰，一切能增加比特幣勝算的，我覺得都對比特幣有益。僅憑這點，我就是核心黨，見證隔離派。

新型態貨幣是必然趨勢

但是我也不是神仙，賺錢的事情讓人永遠難忘，賠錢的事情我也沒有少幹，應該說虛擬貨幣在一開始魚龍混雜，各種騙子都有。

我錯誤的想法是覺得應該分散投資，因為比特幣的分叉（Fork）風波，讓我感到比特幣內部風險大於外部風險，應該分散投資，因為我不確定比特幣是不是能獲勝，我覺得虛擬貨幣是未來趨勢，因為虛擬貨幣應用功能太強大，不單只是支付，還包括財富管理、會計、公司管理、保險證券的點對點分散化。

所以我把擁有的比特幣一部分拿出來，分散投資各種加密貨幣，現在看來這是一個錯誤的做法。因為魚龍混雜騙子多，很多加密貨幣價格在二〇一七年後下跌到剩下一％多。

這件事之後，有一個觀點我自己也不是很確定，那就是區塊鏈唯一的應用可能只有比特幣，因為區塊鏈是一個速度和效率非常低的資料庫，比不上幾個集中式資料庫有效率，除了儲蓄貨幣，其他交易都可以在相對集中或者半集中的資料庫進行，比如中國和Facebook在研究發行的加密貨幣，雖然也打著區塊鏈的旗號，實際上是一個集中或半集中的資料庫系統。

我寫這本書的時候，中國和Facebook的加密貨幣Libra還沒有出現，可能因為政府監管胎死腹中。但是在我看來，金融市場正在轉型，新的貨幣方式恐怕在所難免，道理很簡單，人類在過去五千多年甚至更久遠的時間，其實只用了一種貨幣就是黃金，法幣系統從一九七二年到今天，不到五十年。

在美元、黃金脫鉤之前，人們使用美元，本質上是使用黃金作為貨幣，而歷史上所有法幣系統最終都失敗。在世界各地旅行的人們，到西亞如伊朗、東亞如韓國、東南亞如越南、南美如阿根廷，都會注意到貨幣怎麼那麼多個零，數數世界各國貨幣上零的位數，就知道靠政府限制貨幣濫發有多不可靠，我沒有任何理由相信現在的貨幣系統會持續兩百年或三百年。

另外一個問題是，法幣銀行系統幾乎被政府搞死了。我曾經有一個印度客戶想購買我的商品，但是在印度要把盧比換成外匯是一件非常複雜和困難的事情，再例如一般人在商品交易時，每一筆錢都需要透過銀行匯款，而政府為了稅收和防止洗錢，可以追蹤每一筆錢的流向，讓人覺得很煩。

社會上不是所有的事情政府都會和你講道理，就像我當時沒辦法賣掉上海的房子，把錢匯到美國。所以不是比特幣太強大，而是法幣服務太差，政府濫用控制法幣的能力，讓所有的交易都需要透過金融機構，今天你從中國訂購一個商品，FedEx快遞二十四小時可以送到；你可以和地球上任何人即時通訊，但是跨境匯款卻需要三到五天。

機會留給準備好的人

小時候，大家學物理都很崇拜牛頓，我的物理老師曾用嘆息的口吻說，牛頓做完三大力的學傑出貢獻後，去英國當鑄幣局局長實在太可惜。然而今天看來，英國金融的霸權全靠鑄幣局的牛頓局長，牛頓用了一個非常簡單的方法，讓英國實現了金融霸權，那就是金本位。

讓政府管理貨幣發行量是一件很恐怖的事情，好比讓貓管理金魚一樣，政府有一萬個理由印出更多鈔票，特別是在缺錢的時候，而政府總是缺錢。投資理財到最後都不知道什麼是錢，豈不是笑話，我為此在部落格專門寫了一篇文章〈什麼是錢？〉*，闡述自己的想法。

什麼是錢？（二〇一七年十一月二日）

財富和錢兩個詞通常大家都混用，房地產、食物這些為我們提供服務的物件，很容易理解它們是財富的一部分，這道理猴子都明白，所以動物會為領地大打出手。

股票雖然能夠帶來財富，對猴子而言恐怕難以理解。事實上，股票的財富需要借助現代社會的建制，把未來可能的收入折現到今天，這裡面包括證券市場，政府保證公司按照法律運行、按股份比例分紅，當社會結構不再存在，股票就不值錢。

我想告訴大家，黃金、白銀、寶石、藝術品這些都不是真正意義上的財富，因為它們本質上不提供任何服務，對猴子而言，它們一文不值，一噸黃金還不如一顆蘋果有價值。我們覺得黃金是財富，覺得黃金有價值，是因為我們生活在幻影中，這個幻影用一句話來講：「後面可能有人會用更高的價格買入。」只要這個幻影持續下去，黃金、白銀、寶石就會一直有價值。

人類最擅長編織故事、製造幻影，買賣過股票的人都知道其中道理，公司賺不賺錢不

* 〈什麼是錢？〉全文可掃描 QR Code：

重要，而是大家以為公司未來會不會賺錢，或者說，未來有沒有更多人覺得公司會賺錢最重要。

世界上黃澄澄、亮閃閃的東西很多，大家之所以選擇黃色，而不是藍色作為財富的象徵，也是因為這個幻影。黃金的真實價值，只是在工業品上做催化劑，而且需求量很小。提到黃金不得不談談貨幣，黃金這個幻影之所以成立，是因為黃金幾千年前率先成為地球上唯一跨越人類社會和地區的全球貨幣，我們不得不了解貨幣到底是什麼，才能明白比特幣有沒有價值。

人們日常習慣使用美元、人民幣這些貨幣，時間雖然不是很久遠，已經足以讓大家忘記什麼是貨幣。貝殼、青銅、黃金、白銀、紙幣的歷史大家耳熟能詳，先看看人類歷史上其他貨幣的例子。

貝殼作為錢的歷史過於遙遠，當時沒有記錄下來，到底貝殼如何當作錢。曾經太平洋上某個島國用巨石作為貨幣，巨石一開始還被搬來搬去，後來大家就懶得搬了，因為都知道哪塊巨石屬於誰的財產，平時用手一指就完成交易，即使巨石不幸落入海裡，也被承認是貨幣。再舉一個活生生的例子，加州監獄犯人把泡麵當貨幣，和在戰俘營裡大家把香菸當作貨幣有異曲同工之妙。神奇的是有些泡麵已經過期，不能再食用，大家還是把它們當為貨幣。

舉這些例子是為了釐清理我們腦中很多關於貨幣不一定正確的觀點：

一、貨幣必須政府背書。無論是監獄、海島、戰俘營選擇何種物質作為貨幣，都是自願行為，古代選擇金銀銅作為貨幣，也完全沒有政府背書。歷史上政府背書的貨幣屢屢崩潰，遠的是元代寶鈔，近的是委內瑞拉的貨幣。

二、貨幣必須有價值。沉在海底的巨石、過期的泡麵都沒有價值，政府印刷出來的紙幣也沒有價值，虛擬貨幣從物理上也沒有價值。

三、貨幣必須有生產成本。貨幣成本愈小愈好，重要的是能控制總量，這點比特幣較其他股權證明（POS）*的貨幣沒有優勢。難以獲得的是控制總量，而不是生產成本。

四、貨幣和物理價值無關。貨幣的本質是記帳工具，哪種記帳工具最方便，最便於攜帶，最有隱私，最不容易被竄改，哪種貨幣就會勝出，這點虛擬貨幣無疑大勝。在虛擬貨幣世界，擁有者感受到空前自由，當前各國政府為了稅收、防恐、防洗錢，為了莫名其妙的外

＊加密貨幣機制之一，擁有愈多股權代表貢獻愈大，可以得到愈多比特幣數量。

匯管控推廣法幣實名制，害死了法幣。

在一個市場裡會不會有混用的情況，就像藝術品和黃金同時被當成財富收藏起來？這是比特幣和法幣之爭，甚至是比特幣和八百多種虛擬貨幣之爭的關鍵問題，也是多數人持有的觀點，那就是比特幣再強，也只服務小眾市場，比特幣和美元會並存相當長一段時間，因此大部分老百姓可以當看熱鬧一樣無憂。

我覺得不一定對，人類生活在同樣的經濟圈裡，貨幣可能具備天生的排他性，法幣和比特幣如何演變，以及一般民眾如何防範風險，下文慢慢道來。

我對比特幣一直保持謹慎樂觀的態度，就是未來也許很樂觀，但是投資比特幣一定要謹慎，不要傾家蕩產買下去。如果你是富人，需要分散一部分投資在比特幣，為此我專門寫了一篇文章〈普通人如何規避比特幣風險〉*。

普通人如何規避比特幣風險（二〇一七年十一月二十八日）

記得微信和支付寶剛出現的時候，很多中老年人的態度是不學習、不了解，覺得一輩子紙鈔用習慣了，只要國家法律規定還能用，可以一直保持下去。結果可想而知，只用紙鈔的人從一開始無法叫車、無法上網消費，現在到菜市場和販賣機也無法購物了。

對於大多數投資商品，比如房產和股票，的確不參與買賣就沒有風險，但是對於剛性需求產品，比如自住房，不買和不賣的風險一樣高。比特幣等加密貨幣和普通投資商品不太一樣，因為它試圖顛覆法幣系統。

套用達爾文理論看待貨幣，經過夠長的時間，在一個特定的社會空間裡，只能有一種貨幣存在，無論在監獄，還是世界上任何一個主權國家，共識以外的貨幣會被無情的拋棄，例如貝殼和金屬沒有同時作為通用貨幣，是金屬取代了貝殼。在我看來，加密貨幣最終取代紙幣是一個歷史趨勢，只是不知道哪種加密貨幣最終會勝出，我認為比特幣的機率大約是一○%。

一○%的機率足以讓我們每個人警惕，因為如果這件事件發生了，你手中的法幣都會化為烏有，包括銀行存款及未實現現金，比如退休金、社會保險、債券股息等等。我的投資策略是錢少的時候要膽大，錢多的時候需要謹慎，所以對待一○%可能性的事件，需要認真

*〈普通人如何規避比特幣風險〉全文可掃描 QR Code：

對待。

我不建議直接買入比特幣，尤其是大量買入，沒人知道比特幣應該值多少錢，若像二〇一三年那樣暴跌九〇%，哭都來不及。針對加密貨幣引發的風險，我的建議如下：

一、學習加密貨幣的知識，並使用、買賣。

二、如果比特幣成功取代紙幣，你大約需要〇．一到一個比特幣就夠了，想辦法獲得這一點比特幣。

三、密切觀察比特幣發展，在法幣崩潰前夕大舉舉債。法幣如果崩潰，房子、股票一樣值錢，只是換一種計價符號，利用房子的最大限度盡可能舉債，是發國難財的最好方法。

四、法幣崩潰會從最弱的國家開始，比如辛巴威、委內瑞拉、越南，如果比特幣能夠顛覆十到二十個小國家的貨幣，那就是美國、中國這些法幣崩潰的前夕。

五、技術角度關注閃電網路（Lightning Network）＊上線時程和點對點小額支付成長趨勢，法幣崩潰前夕會出現爆炸性成長。

我們生活在一個科技快速發展、社會快速變化的世界，**成為一個與時俱進的投資者，你需要放眼世界，知曉世界每個角落發生的變化，才能把握更多機會，無論是職**

場、房地產，還是股票金融市場，機會每隔幾年就有一次。

我不是比特幣的死硬派，我認為比特幣有一定的機率成為數字儲備黃金，但是無論比特幣能否成功，搞清楚區塊鏈和比特幣背後的演算法及使用方式，我認為非常有意義，這可能是我投資比特幣除了賺錢以外最大的收穫。

---

*比特幣交易技術，可以加快交易速度，進而提升比特幣的可交易性。

後記　付諸行動實現夢想

一開始網友勸我寫這本書的時候，我想寫一些投資理財的道理，一些年輕人需要掌握的常識，寫著寫著就變成一本記錄我和錢之間關係的自傳。

歷史紀錄不可能完全真實，雖然我努力這麼做，隨著歲月過去很多細節不是很精準，人的大腦就像一個巨大的過濾網，會把有利於自己的證據保留下來，剔除不利自己信仰的記憶，我恐怕也不能免俗。寫這本書是希望對自己有個交代，也給我們這一代到美國奮鬥的人一個交代。

另一方面，我不是財務專家、投資專家，從來不懂怎麼幫其他人理財，「沒有人比你更在意你的錢」這句話從我小時候失去第一個存錢撲滿後，一直是我的座右銘。

讀者閱讀我的部落格文章，可以看到我成長的過程，十多年前寫的部落格，有些內容顯得幼稚可笑或自相矛盾，特別是關於比特幣，很多想法欠缺考慮。這都不要緊，我不想偽裝成一個未卜先知的財經算命師，無論今天看來是否正確，我都保留文章內容。

但是隨著時間推移我自己逐漸在成長，觀點愈來愈成熟，也愈來愈有系統邏輯，文字表達能力有了很大的進步，文章愈寫愈長，常常文思泉湧，寫起文章就像沖馬桶的水一樣滔滔不絕，沖下去又咕咕冒出來，最終到不得不寫書的地步。

閱讀這本書有個很重要的原則——不要試圖複製我的經歷，每一代人、每一個人的經歷都不可複製，因為所處的環境不一樣；複製別人的人生，哪怕是投資經歷，也沒有什麼意義。讀者最好把這本書當作歷史故事來看，並借鑑裡面的故事，思考自己的投資方法與原則。投資理財其實不複雜，概括起來就這麼幾點：

第一，投資理財最重要的起步是了解自己。知道自己是擅長什麼、不擅長什麼？看到不足就努力改變，無法改變也要認清形勢，做自己擅長的事情。最重要的是確定自己是勤快人，還是懶人？在充分效率市場應該用懶人投資法，相反的，應該採用勤快人投資法。

第二，牢記老宣給的五個建議，並付諸行動。這五條理財真經是：提高信用分數、避免信用卡消費、開二手車、養成動手做的好習慣、遠離律師及醫生。

第三，勤儉是一種美德。虛榮是人性弱點，需要克服，建立積極向上的人生觀。不要人云亦云，也不用在意別人怎麼說。人們往往被心魔所累，舉個例子，魯迅小說《祝福》中，祥林嫂辛苦賺來的錢本來可以吃好、穿好，為什麼她要到廟裡花那麼多錢捐一個門檻呢？因為她有心魔，她不確定人死後有沒有鬼，過去兩位丈夫會不會來帶走她，於是傾其所有捐一個門檻，尋找心靈慰藉。

喜歡買愛馬仕、LV名牌的人，能把這家公司的老闆買成世界第三首富，本質上就是千千萬萬個患有心魔的人「捐款」給他所導致，不同時代有不同心魔，未來的人看那些人省吃儉用購買奢侈品的行為，也會覺得傻得可憐。

財富是辛苦勞動獲得的，應該購買真正需要的東西，用財富換取生活自由，而不是滿足虛榮心。我雖然節儉，但是資金很吃緊的時候，也無償捐助過一位中國留學生，當時他沒錢付博士學費，我給了他五千美元，錢要花在真正值得的地方。

第四，你永遠都可以把三分之一的收入存下來，因為收入比你低三分之一的人，活得好好的。不要刷信用卡花未來的錢，除了買房子，不要貸款。生活在資本主義的巔峰時代，靠勞力賺取薪資永遠不會財務自由，想不明白這點，可以多玩幾次大富翁遊戲。

第五，檢查自己是否做到第一到第四件事，沒有的話重新檢視第一件事。不要成為守財奴，勇敢把存下來的錢投資出去，學習「會走路的錢」基本原則，找到適合自己的投資機會，對於一般家庭，首先建議投資房產。學習知識，至少需要系統學習個體經濟、總體經濟、資產管理這三門課，不能只是當書看看，最好是有作業的課程。

第六，如果你是懶人，請參考懶人投資法。

第七，如果你是勤快人，請用勤快人投資法。

第八，打造一台能自動滾動的賺錢機器。可以透過投資房地產實現這點，相對於股票，房產市場可以適時進出場；保持槓桿，用銀行的錢去賺錢。

你瞧，加上編號來不過八件事，其他理財商品、教育基金、退休保險統統不用考慮，因為沒有人比你更在意你的錢。我的「普通家庭十年一千萬理財計畫」在二〇一八年劃上完美的句號，歷時十一年半，我寫完了我的故事。

有時會有一種幻覺，過去的投資故事就像在玩一場大富翁遊戲，開始的時候一圈圈奔走，忙著買地，很像我們年輕的時候，對未來充滿期待；等地都買完了，很快要面臨人生重大抉擇——需要蓋房子，這時候，你開始捉襟見肘，好比人生三十而立、娶妻生子，需要解決自住房問題。

再過幾圈人到中年，有的人居無定所，不斷繳房租，有的人房子愈來愈多，地愈買愈多，你不買房就好比在大富翁遊戲不蓋房子，最終肯定是輸家，因為坐吃山空，日子過得沒有希望。你選擇買房子，一開始很辛苦，後面會愈來愈輕鬆，因為不斷會有被動收入，房子愈多收入愈多，就有機會買更多房子。大富翁遊戲中，等你把所有房子都買下，打敗所有對手，就是遊戲結束的時候，曲終人散。

回首往事，這十幾年的經歷就像做夢一樣，感覺就像玩了一場大富翁遊戲，我買的那些房子，跟大富翁遊戲裡紅紅綠綠的房子沒什麼區別，我從來不去住；那些美元、人民幣和遊戲桌上的假錢沒什麼兩樣，大多數時間我不會拿來用，它們永遠奔跑在各個銀行帳戶之間。

我想告訴每位讀者：「不要在投資理財賺錢的路上迷失自己，錢永遠賺不完。」把賺錢的過程當作一個旅程，在過程中看看風景，而不是終點。另一方面，很多人對投資感到害怕，但是如果你不參與這個遊戲，肯定是人生輸家；參與這個遊戲，頂多你會輸掉存下來的錢，一旦成為贏家，你可以贏到很大一個世界。

完成一百萬到一千萬美元這段人生路程，我「邁向一億美元」的旅程又開始了。

附錄：「普通家庭十年一千萬理財計畫」歷程

第一年：二〇〇七年*

去年是激動人心的一年，中國、美國、股市、房市震盪起伏，好不精采。房市方面，美國全面下滑，灣區雖然整體情況比全美稍好，但普遍學區和新開發區的房價下跌也很明顯，舊金山和南灣特定好學區房價還能維持平穩，甚至小幅上揚，我雖然投資在好學區，保守起見，以下跌一〇％計算。

401K退休計畫帳戶今年初開始一路下滑，但比起去年開始十年理財計畫的時候，大約成長八％。中國房市的投資報酬豐厚，房價全面翻揚，由於財富槓桿的原因，總體報酬率更高，但因為鞭長莫及錯過很多機會。整體風險控制得不錯，實現了現金流平衡，去年在IPO市場還發了點小財，到目前為止漲了八〇％，但金額很小。

*附錄僅摘錄作者部落格文章重點，並經出版社潤飾，全文可掃描 QR Code 閱讀。

總體投資此消彼長，鼠年來臨之際，除去各項債務，家庭總淨資產達到一百三十五萬美元。

美國房市短期前景很難預料，個人認為舊金山的房子也許和紐約一樣，價格由國際市場決定，有歐洲和亞洲投資熱錢湧入的可能。個人財務上，堅決執行一年前寫的三年不買房計畫，目前首要任務是累積現金，等待房市復甦。

整體來看，第一年理財計畫執行情況良好，淨資產成長率和預期相符，因為資產大了，淨資產總體報酬率持續下降，從早期五〇％、三〇％，一路降到現在一二％，未來隨著現金流改善，報酬率有望重新提升到三〇％。

第二年：二〇〇八年

二〇〇八年是風雲變色的一年，房地產、股票等資產都持續下跌，算了一下，因為金融風暴直接、間接造成的財產損失在三十萬美元左右，一個不當心，差點一夜回到解放前。

401K退休計畫帳戶遭受重創，到二〇〇八年最後一個交易日，總共比年初跌了

三一．八％，幸虧過去兩年沒有存401K退休計畫，不然會更慘。公司ＩＰＯ的股票未實現損益基本歸零，原本打算今年靠股票賺個買菜錢，全部落空。灣區房地產持續下跌，雖然買在好學區，但是至少下跌一〇％，市場價值很難估算，因為最近成交量很小。

不過今年投資還是有一些亮點，年中的時候在最高點成功將上海的房子賣出。因為積極存現金的策略，持有現金增加，銀行總存款十二月底時達到二十六萬美元，整體投資此消彼長，除去各項債務，按照當前市場價格計算，家庭總淨資產達到一百二十八萬美元，比去年少七萬美元。個人感覺，在史無前例的房市危機面前，投資股市還是比房市來得悲慘。

回顧一下，第二年的理財計畫整體執行沒有犯什麼錯，風暴來臨前，能做的事情全做了，沒什麼可後悔的。展望新的一年，美國房市還會下跌，未來一年重災區應該是好學區，對於灣區而言，壞學區的房子已經跌深，好學區房價開始鬆動。密切注意房市動態，隨時準備底部進場，今年年底是三年不買房策略的最後期限，在適合的時機開始考慮逐步進貨。

股市行情難以預料，個人感覺還會有一波震盪，不可能一路復甦，繼續少買401k退休計畫，投資和庖丁解牛一樣，要順勢而為，不可為之的事情不要做。

第三年：二〇〇九年

今年最大的變化是受金融危機影響不幸失業，決定放棄找新工作，走上創業的道路，和朋友一起成立公司。

今年股市表現不錯，因為二〇〇八年崩盤虧損的401k退休計畫和其他退休理財帳戶，賺了一些回來，繼續堅持以前的觀點，再也不買401k退休計畫。美國房市持續低迷，好學區房價持續下跌，價格大約下降一〇%。二〇一〇年前景看不清，壞學區也許已經觸底，但是好學區的房子隨著失業率攀升，應該持續下跌，三年不買房策略已經到期，二〇一〇年好學區的房子也許可以適當尋找機會。

中國房價迅速飆升，二〇〇八年底的時候，嚴重看空上海房市，幾乎犯下嚴重錯誤，忘了自己在二〇〇六年對上海長期行情的分析，看來舊文章需要經常回去看看，保持頭腦清醒，好在二〇〇九年初時及時調整方向入市，也好在自己有自由的時間可分配，要是工作纏身，估計趕不上這波。

每年投資的結果都是此消彼長，股票和中國房價上漲，美國房價下跌，年底扣除一切債務，紙上富貴一共一百九十萬美元，比去年上升四〇%左右。對於二〇一〇年的展望，希望股價繼續翻倍，希望我買的一切資產都能迅速飆升，希望明年底的時候資產突破兩百萬美元大關。

第四年：二〇一〇年

今年繼續過著無業遊民的漂泊日子，說無業當然是自嘲，主要是時間繼續完全由自己控制，何時工作、在哪裡工作都由自己決定，這樣的日子旦習慣，很難回到坐在辦公室打瞌睡的日子。投資方面，灣區好學區的房價開始帶量下跌，我在美國的房子基本上過去十年漲幅全部歸零。

中國房價繼續飆升，加上人民幣升值，所以帳面上很好看；401k退休計畫帳戶去年也漲不少，自己的公司被投資人追捧，市值漲了幾倍。去年現金流情況全面好轉，年底時手上現金有三十萬美元，算了一下，扣除全部債務淨資產是兩百八十萬美元，當然這裡面很多經常變化的價格，有些價格不好評估，保守估算大約是兩百六十萬美元，樂觀來算應該在三百萬美元左右。

帳面上雖然不錯，但是存在很多問題，一是中國占比太高，因為美國房產增值幾乎歸零，其次是財富不確定性更高，資產價格變動大，特別是公司股票，真正可以立即變現的資金估計在一百五十萬到兩百萬美元之間。

明年的計畫是加強在美國的投資，特別是現金流比較好的房子，賣掉中國一間房子，可以購買美國十間正現金流的房子，今年計畫購買兩到三間房，希望明年這個時候，資產水準保持在三百萬美元，做到中美進一步平衡。

去年也有投資失敗的例子，公司破產，投入的幾萬美元基本上是血本無歸，當然教訓學到不少，明年再接再厲吧！

第五年：二〇一一年

時間真快，十年計畫一下子過了一半，今年整體來說不是很順利，老天爺總是折磨人。過去一年的不順利並非外部環境因素，是自己身體出了問題，這一年，有半年多時間只能躺在床上。

因為身體不適錯過幾個大合約，今年收入直線下降，只有去年的一半；根據最新價格變動，公司股價也只有去年的一半。房地產價格，中國和美國都處於下跌趨勢，總淨資產穩中下降，二〇一一年家庭稅後總收入是十五萬美元，年底時扣除債務，總淨值為兩百三十萬美元。

開心的事情還是有，從去年開始家庭調整花錢策略，由過去的儲蓄為主，改為消費為主，因為儲蓄對資產成長的意義已經不像五年前那麼重要，對旅遊渡假、裝修、購物的開支比較放得開，什麼都沒存，一年賺的錢基本都花完了。展望下一年，身體是個問題，身體不適做事情無法專心，無論是事業還是投資。中國房地產價格應該持續處於下跌趨勢，美國房價依舊低迷，估計二〇一二年底總資產繼續穩中下降。

第六年：二〇一二年

過去六年裡，最讓我自豪和驕傲的事情，就是透過經驗分享，給一大批人帶來財富和信心，大家不再傻乎乎只存401k退休計畫，往華爾街送血汗錢，這些朋友大部分和我一樣，十幾年前來到美國，現在有了一定資本，進入財富快速累積階段，有時我會收到讀者的感謝，這是寫文章的人最好的慰藉。

二〇一二年市場的確如六年前預測，加州房產先是大幅下跌，然後攀升並達到新高點，外部條件符合當初的設定方案，但是我的投資總是比計畫差一步，應驗了那句話：理想和現實總是有差距，今年最大的教訓是不能靠數學公式指導投資。

舉個例子，同樣是買投資房，投資A的IRR是一二％，投資B的IRR是一五％，你買哪間？如果其他條件都一樣，任何一個學過數學的人都會毫不猶豫的回答B，二〇一二年幾次經驗和教訓告訴我，如果資金很多，正確答案是A和B，因為它們都遠高於存款利率；如果資金有限，答案往往是A，因為B會面臨更多市場競爭，最後可能什麼都沒有。

總結今年，房子漲、股票漲，亂七八糟加在一起，淨資產總算過了三百萬美元。回想過去，從身無分文到第一個一百萬美元，用了六年時間，從一百萬美元到三百萬美元，用了另外六年時間，這樣看來，一千萬美元的夢想在未來四年實現的希望不大，十年到期時可能達到四百萬到五百萬美元。

過去幾年裡，大約有兩、三次機會，如果能夠正確把握住，現在淨資產已經超過五百萬美元，可惜每次都失之交臂，這些機會共同特點是，當機會在你眼前，你卻渾然不覺，需要的資本又讓你膽戰心驚，於是機會稍縱即逝。未來四年，希望自己能記取教訓，把握住機會。

展望未來，身體是財富的根本，過去六年，二〇一一年是投資最失敗的一年，也和身體狀態不佳有關。請大家投入時間鍛鍊身體，留得青山在，不怕沒柴燒，生命足夠長，機會總會有，這才是投資中的投資。

第七年：二〇一三年

今年是第七年，在過去一、二個月，股票漲、房價漲；美國房子漲價、中國房子也漲價，論壇上大財主們賺翻天，我也小小的搭上順風車，各方面成績都不錯。

今年深刻體會到兩件事情，第一件事是對投資的判斷，千萬不要被主流媒體左右，也不要迷信任何名人的判斷，雖然他們口若懸河，實際上往往和你我一樣無知。第二件事是如何做到資產持續成長，特別是資產規模到達一定程度之後，世間萬事，不怕慢，就怕停，我發現投資也是，一次幸運的投資容易，是否能夠複製很重要。

投資房地產也是如此，過去這些年，在中國我的確找到一個可以簡單複製的方法，以上海為例，就是在地鐵通車一、二年前，在地鐵沿線偏遠的地方購入房產，等到地鐵通車，房價一般都會上漲五〇%到一〇〇%，這個簡單的規律屢試不爽。

在美國，我只想出可以十六年退休的懶人投資法。現在離寫這篇文章的時候，已經過去近七年，如果有人用我的懶人投資法，估計離勝利的終點已經過半。不過懶人投資法看似容易，需要極其懶的人才行，否則前功盡棄。

寫這麼多，到了數錢的時候，理論和實際總是有很大的差距，很遺憾市場底部的時候，因為健康和工作調整錯過一些機會，不然的確可以做的更好，算了一下，十年一千萬美元看來是無望了，估計需要十五年吧。

第八年：二〇一四年

今年房價漲、股市漲、薪資漲、外快漲……這些都沒什麼，最關鍵的是房租漲，灣區房租漲到連自己都不敢要價的地步，一個出租廣告可以收到五十多封郵件，開什麼樣的房租，馬上有人接手。什麼都漲，唯有體重沒有漲，人生還能怎麼更幸福呢？

言歸正傳，說說投資。投資講究的是資訊優勢，中國人在美國有什麼資訊優勢呢？今年我的感受是，我們的視野比多數美國人更寬闊，大部分美國人沉醉在美國體育和娛樂新聞，不知道這個世界發生哪些變革。

賺錢其實是件簡單的事情，往往是偶然發現某種投資機會，然後不斷複製，過去五年，一旦熟悉和了解法院的拍賣程序，一遍遍的複製買進銀行拍賣屋，每次二〇%到一〇〇%的收益，累計起來很可觀。這些投資機會媒體肯定不會鋪天蓋地宣傳，但沒人宣傳的投資機會，才是有價值的機會。

過去這些年，我自己摸索出來的兩個投資定律，可以反覆複製獲利，簡單說一下。一個是中國房地產投資，只要跟著城市的基礎建設投資，在北京和上海這類大城市，一般不會錯；二是美國房地產投資，其他州我不了解，加州過去四次房地產景氣循環特徵非常像，按照這個週期一遍遍複製，財源滾滾來。

說說未來，我覺得美國將持續繁榮一陣子，至少有五到十年的成長空間，灣區房價會再有五〇%到一〇〇%漲幅。中國經濟形勢看不清，我個人估計，不出意外的話，中國未來幾年會暴發大危機，但長期來看，未來十到二十年，中國人均GDP會達到台灣的水準，上海、北京這些中心地區的人均GDP會超過美國，達到香港、新加坡的水準。

年底算帳，第十年的時候，完成原來預定任務的一半沒有問題，因為現在已經很接近了，論壇和我幾乎同時起步的人，有些人已經達到或者很接近一千萬美元的目標，自己沒有實現的原因有幾個：

一、沒有把投資賺錢當成生活第一優先，沒打算做專業房地產投資人，所以不投資商業地產，不搞開發。人生有很多更有趣的事情，比如事業和興趣，沒必要為金錢做出犧牲。

二、沒有承擔更多風險，小富則安心的態度嚴重，覺得孩子上大學的錢夠了，自己退休的錢也夠了，不需要急著實現目標。

三、懶惰，有時明明看著是正確的房產投資，但是因買賣房屋手續複雜，所以放棄。還是那句老話，投資房地產需要勤快人，投資股票需要懶人。

四、我的確是普通家庭，一沒股票，二無高收入，平均薪資收入在灣區貧窮門檻以下的以下。

預祝各位新春愉快，實現一千萬美元目標的同學們，別忘了出來吼幾嗓子。

第九年：二〇一五年

九年過去了，昔日論壇戰友只剩寥寥無幾，人換了一批又一批，當年他們各自的理想和目標，不知道實現的怎樣了。

人生就像坐火車，旅程一站又一站，只是發現後來站與站之間的距離愈來愈短，當然，這對投資理財其實是好事，就是發現自己的財富愈長愈快，頭一個一百萬美元是那麼漫長，後面的一百萬美元轉眼即過，如果人生可以重來，似乎我更喜歡最開始的那個一百萬美元。

今年基本什麼都沒有做，只是看自己的錢在生錢，以後不打算一間間買房子了，套句時髦的話，正在醞釀經濟轉型。常言道，有苗不愁長，房產也是，房子在手，剩下的事情就是靜等市場推波助瀾，一天天漲上去就是了。

中國大城市房價在漲，灣區房價也在漲，年底一算，十年目標完成一半了，看來原定時間難以實現，大約需要十五年左右的時間。

順便說說這一年的投資領悟，最大的感觸是發現「房地產就是地段、地段、地段」這話不完全對，如果只從表面意義上理解「地段」，投資報酬不會特別理想，正確的說法應該是「未來的地段」，也就是投資未來地區會變好的地方。以中國來說，中國投資房地產不是買在市中心就好，而是要看政府的鐵道交通規畫。

明年是十年計畫的最後一年。到時候做個最終總結，能夠和大家交流一些自己的心得體會，希望最終能夠完成原計畫的六〇%。

第十年：二〇一六年

這是十年系列的最後一篇文章，此刻投資理財論壇已經人事已非，十年前的大俠們所剩無幾，能堅持寫十年理財故事的能有幾人？

先說成績，再說道理。到了第十年寫這篇文章，很遺憾，一千萬美元的目標沒有實現，打開帳本算一下，共有雙位數的房子和一些股票，因中國房價去年高漲，總淨資產是七百萬美元不到，如果不出意外，按照近幾年財富成長情況，應該在第十三年到第十五年實現一千萬美元的目標。

沒有實現目標的主要原因是自己沒有做更高風險的事情，比如從來沒有用投資賺的錢再去投資，從來沒有買過地，從來沒有做過開發案、沒有碰過商業地產，從來沒有鉅額資金在中國、美國換匯，我做的都是力所能及、不用擔心受怕的事情，因為遊戲時間還長，沒必要為提早兩年實現目標冒險，讓自己寢食難安。目前中國和美國資產正好各占五〇％，所以匯率發生變化，完全和我無關。

還有一個原因是人算不如天算，過去十年裡，有一個階段身體不是很好，沒有把握住幾個機會。最後一個原因是投資一直不是我生活的主旋律，過去十年裡開了兩家公司，一家失敗關門，一家奮鬥了八年終於活了下來，未來十年打算再拚一家新創公司。人生和玩遊戲一樣，遊戲輸贏本身不重要，能讓自己快樂的把各種遊戲玩下去才是重點所在。

要總結一些經驗的話，有以下幾個：

一、對總體趨勢要有正確判斷。二〇〇六年灣區房價還在猛漲，我第一次提出十年一千萬的理想，我的預測是未來十年，加州房地產會像過去四次景氣循環一樣，經歷下跌、恢復再高漲的過程，所有的投資準備也都是按照這個預測做出的，雖然沒有辦法預測準確時間，但是心裡對總體趨勢要有明確概念。

我不知道為什麼很多人對房市未來形勢總是看不清，我覺得市場很多時候的趨勢看起來是一清二楚。老實說，我不知道人們在猶豫什麼，是什麼影響大家的正確判斷。

二、不要停留在空談。我認識一些人，對形勢的判斷基本正確，但喜歡給自己找藉口和理由不投資。一個人不想做什麼事情，可以找出一萬個理由；一個人想做什麼事情，老天都會來幫忙。

三、不能傲慢。傲慢和偏見害死人，當然，每個深陷其中的人，可能不知道自己帶著傲慢和偏見。這點我也很困惑，時時照鏡子問自己，是否也帶著傲慢和偏見看投資。

投資房地產最常見的傲慢和偏見就是對地段的態度，漲幅最大的永遠是城市邊緣，而非核心地段，是「未來地段」，而不只是「地段」。我承認自己對黃金和藝術品投資有很大的偏見，儘管我有一堆理由支持我的論證。

四、利用現有資源，做可重複的事。中國首富王健林的祕密就是找到一個成功的模式，一遍遍複製，所以全中國的萬達廣場看起來都一樣。投資也是一樣，找到一個自己可以複製的模式很重要，讀者需要依實際情況，找到自己的模式，不要只看著他人樣子模仿，或者因為無法模仿而嘆息，每做一個投資決策需要想一想，這個行為未來是否可複製、如何複製，可以就去做，比如投資渡假屋很難複製，還是看看就好，算了吧！

五、房地產是僵固性明顯的市場。意思是人人都覺得市場要漲了，還需要三到六個月左右才能漲起來，所以房產投資賺錢的道理特別簡單：不漲不買，一漲立刻買，你只需要比其他人速度快幾個月就可以，當市場前景不明朗最好保留現金觀望。

說了很多，所有發財的道理我覺得已經說盡，基本上滿足我的嘮叨欲望，當然也從網友的回覆中受益良多。最後祝大家新年快樂，送上我體會的房地產投資四原則：未來地段、不漲不買、正現金流、保持槓桿。

第十一年：二〇一七年

今年依舊是各種資產全面成長的一年，總體財富穩中有升。市場上有這樣一句名言：「喊空的人只能當三天新聞頭條的紅人，終將一無所有，看多的人才是默默每天賺錢的人。」畢竟不論股市還是房市，價格成長的時間遠遠超過暴跌的時候，但因為默默成長上不了頭條新聞，無法贏得大眾關注。

總結一下，過去十一年我主要把握住三次機會，一是二〇〇〇年到二〇一〇年中國因京滬鐵路建設帶動的房價上漲，二是二〇一〇年以後美國灣區的房產增值，三是二〇一六到二〇一八年的加密貨幣，加上**401k**退休計畫帳戶在過去十一年持續成長，最終獲得不錯的資產累積。

我的家庭收入一直不是很高，在灣區屬於中下階級，每個常年細心經營財務的人都會意識到，薪資收入對財富累積的影響其實不大，真正有影響的是能否在關鍵時間點抓住機會，而這些機會往往兩、三年會出現一次。如何才能抓住這些機會？我的結論是要能提前把握未來可能出現的「共識」，建議大家不要跟著新聞投資或者和富人拚財力，要到還沒有引起眾人注意的地方，用你獨特的眼睛發現機會。

財富本質上是一種「共識」，只要大家都覺得某個東西值錢，這個東西就會值錢，而人們在不同時代、不同空間會達成不同共識，例如現在大家達成共識覺得房子很值錢，曾經大家覺得猴年郵票很值錢，再遠一點，大家覺得婦女的小腳很值錢，很多共識仔細想一下其實沒什麼道理，都是想像出來的必要需求。今天的日本很多年輕人不再覺得必須擁有房子，對買房沒興趣，而中國的年輕人則奇葩的形成一個「沒房子不能結婚」的共識。

投資人的任務就是成功的捕捉到這些共識在人群中的變化，我舉幾個例子。首先說說我最熟悉的房地產，過去十幾年在上海買房子的人都會發現，增值幅度最大的不是市中心的傳統好區，既不是徐家匯，也不是黃浦區、靜安區，漲幅最高的是上海張江高科技園區，因為上海每年畢業的大學高材生，集中去的地方是張江高科技園區。

這些年輕人很聰明，未來事業發展前途無量，可是他們剛畢業的時候很窮，用你的錢和他們競爭非常占便宜，隨著他們的事業起步、薪資增加，會把工作和生活的地方物價提升上去，這些智力超群的年輕人靠著強大的基因，讓他們的孩子把張江變成浦東最好的學區。如果你要投資，需要跟著年輕人走，跟著他們未來可能形成的共識走，不要和現在的有錢人拚體力。

回首往事，我第一次意識到要在上海買房子是在一九九八年，那個時候我剛到美國不久，但我認為中美收入的大幅差距不會一成不變，我在美國賺的錢和當地美國人比起來沒有什麼競爭力，但是和處於貧困、低收入的中國相比，在上海買房是比較划算的投資。當然，行動永遠都比自己的想法和計畫差一點，我也錯過很多北京、上海的投資機會，不過總算是抓住大趨勢的波段。

美國投資房地產也有類似的規律，大家跟著趕時髦的人買房子，哪裡趕時髦的人最集中，未來房價暴發的可能性最大，有一個研究發現：星巴克在哪裡開店，去買附近的房子就對了，因為星巴克開每一家分店前都會仔細計算周圍的人群，已經成功且有錢的中年大叔、大嬸很少去星巴克。

灣區就是這樣一個「趕時髦的人」匯集的地方，每年有無數來自世界各地、受過高等教育的年輕人，帶著他們的聰明和勤奮到這裡成就夢想，而在他們夢想實現前都很貧窮。

時間一晃就到了二〇一六年，我開始關注加密貨幣，最終決定重押加密貨幣的主要原因是我發現買賣加密貨幣的主流人群都很窮，經常提起的夢想是付清學生貸款、挖礦賺幾個比特幣吃頓免費披薩，雖然他們很多是受過高等教育的名校高材生，可惜他們還是學生，或者剛畢業還沒有賺到錢，我的錢以一當十，在他們變成富人、達成共識之前，我的錢很值錢。

展望未來，我的投資趨向保守，我覺得灣區和上海、北京的房子都不再有暴利的機會，我打算停止房地產的投資，安心等待後面的機會，加密貨幣的投資也不再增加部位，保持長期持有。

過去十一年我不斷寫文章，經常和大家分享心得，網路上人多口雜，風涼話不少，感興趣的人可以翻翻十年前的發文，我提出十年一千萬美元理財計畫的時候，冷嘲熱諷遠超過今天的加密貨幣數量，深深打擊我的寫作意願，中間有很長一段時間我幾乎不寫文章，最近才重新拿起筆來。

這麼多年能夠堅持下來，其實原因只有一個，《梁惠王下篇》孟子見梁惠王其中一段，孟子曰：「獨樂樂，與人樂樂，孰樂？」齊宣王曰：「不若與人。」孟子曰：「與少樂樂，與眾樂樂，孰樂？」齊宣王曰：「不若與眾。」自己一個人悶頭發財是件很沒意思的事情，最多只能說明你運氣好，不能證明你的水準高，方法可以複製。

換成一句俚語：「一個人富不算本事，帶著全村富才是共同富裕。」也許這就是我能繼續寫下去、身體力行實踐的動力！

邁向一億美元的旅程：二〇一八年

過完年了，大家都有這樣的體會：如果沒有目標，忙碌一年回頭一看，覺得自己什麼事都沒做，有目標的人也許平時不見得更忙，但是最後總有成果。投資也是一樣，有目標和沒有目標，幾個月的時間裡沒什麼區別，日子久了就可以看出差別。

我也需要不斷設定目標，應該說連我都被自己的下一個十年新目標嚇了一跳：一億美元，開車走神時想到這個數字，差點闖紅燈。

一億美元代表什麼？美國大約一千萬人擁有一百萬到五百萬美元財富，一百三十萬人擁有五百萬到兩千五百萬美元財富，大約十五萬個家庭擁有兩千五百萬美元以上的財富，但是只有五千個家庭擁有超過一億美元財富。美國有五十個州，如果你擁有一億美元，對多數中等規模的州而言，你可以是州裡最有錢的一百個家庭。

來看看現實情況，我有沒有機會實現呢？如果買房子，考慮通貨膨脹等因素，按照灣區投資一間房子一百萬美元計算，需要管理一百到兩百間房子，淨資產才能達到一億美元；如果在上海、北京買房子，按照一間一千萬人民幣計算，大約需要六十間房子，在中國買房需要很多體力，先不說限購政策，就算雇用全職經紀人也會把自己累死。

透過股票市場，資產要從一千萬成長到一億會輕鬆很多，但是需要時間，以八%成長率計算大約需要二、三十年。從上面來看一億美元確實不是小數字，難怪美國也只有五千個家庭擁有一億美元資產，如果靠房地產累積，大部分人會在兩千萬美元前止步，做到擁有一億美元財富的大多靠創業和股票，蘋果、谷歌股票市值不到一兆美元，如果你想擁有一億美元，大約需要持有萬分之一這些公司的股票。

對於我而言，現在唯一能看到的機會是加密貨幣，從加密貨幣發展的三個階段來看，我覺得有很大的可能，整個金融業在未來十年到二十年會被加密貨幣顛覆。

未來的事情太遠了看不清，但歷史會重演，就像曾發生的網路泡沫一樣，我覺得加密貨幣會出現一次大崩盤，泡沫破滅前夕如果我能順利在高點逃出，並成功抓到下一個起漲點，我就有機會踏上一億美元的台階，而且我需要做的事情很少，只要按一下滑鼠賣出和買入各一次即可，一點也不累，有很多時間享受人生。

只是這個時機的判斷我不確定能否把握好，雖然很難，但不是不可能，即使失敗了也沒關係，我可以繼續收租當房東過日子。

友情提醒：本人非專業財經人士，上述言論僅供參考，千萬不要輕易模仿和跟隨投

資。加密貨幣投資風險很高，因為不受政府監管，所以市場價格操縱現象嚴重，充斥大量非法集資與傳銷。比特幣等加密貨幣原始程式碼公開，任何人都可以濫發，歷史上九〇%的加密貨幣最終消失，未來也會如此。

加密貨幣技術非常不成熟，美國Coinbase交易平台每天平均有六個客戶被盜，幾乎每月都有大型交易所被駭客攻陷。此外，比特幣政策風險很高，隨時會被各國政府取締而清算。加密貨幣涉嫌大量的色情、賭博、毒品、洗錢等非法交易，你的加密貨幣來源可能涉嫌非法活動，所以隨時會被執法人員抄沒，被FBI破門而入，被CIA跟蹤調查，被國稅局查封銀行帳戶，被支付寶刪除帳號，被朝陽區看熱鬧的群眾暴力扭送司法機關。

比特幣等加密貨幣被五千年歷史悠久的東方巨龍級文明古國明文取締，被歷史更悠久的金字塔國埃及認定違反神聖教義，被風景優美的湄公河國越南定為非法項目，被風景更優美的聖母峰尼泊爾國視為違規品，被風景最最優美的美女之國委內瑞拉禁止，被同志加兄弟的韓國認定為帝國主義陰謀，被亡我之心不死的櫻花國日本認定為合法貨幣支付手段。希望讀者們自覺遵守當地法律，保持和世界五大洲各國統帥思想始終一致的高度。

加密貨幣投資和毒品一樣很容易上癮，和邪教傳銷模式一樣讓人無法自拔、傾家蕩產，讓人無法分清什麼是錢、什麼是數字，什麼是虛擬、什麼是現實，故名虛擬貨幣，魔幻現實。總之，在考慮或決定投資加密貨幣前，務必謹慎做好風險評估。

國家圖書館出版品預行編目（CIP）資料

會走路的錢 / 貝版著. -- 第一版. -- 臺北市 :
遠見天下文化, 2020.08
面 ;　公分. -- (財經企管 ; BCB709)
ISBN 978-986-5535-45-2(平裝)
1.個人理財
563　　109011148

財經企管 BCB709A

會走路的錢

作者—貝版

總編輯—吳佩穎
書系主編—蘇鵬元
責任編輯—李文瑜
封面設計—FE 設計葉馥儀
內頁設計—楊雅竹

出版者—遠見天下文化出版股份有限公司
創辦人—高希均、王力行
遠見・天下文化 事業群榮譽董事長—高希均
遠見・天下文化 事業群董事長—王力行
天下文化社長—王力行
天下文化總經理—鄧瑋羚
國際事務開發部兼版權中心總監—潘欣
法律顧問—理律法律事務所陳長文律師
著作權顧問—魏啟翔律師
社址—臺北市 104 松江路 93 巷 1 號
讀者服務專線—02-2662-0012 ｜傳真—02-2662-0007；02-2662-0009
電子郵件信箱—cwpc@cwgv.com.tw
直接郵撥帳號—1326703-6 號　遠見天下文化出版股份有限公司

製版廠—中原造像服份有限公司
印刷廠—中原造像服份有限公司
裝訂廠—中原造像服份有限公司
登記證—局版台業字第 2517 號
總經銷—大和書報圖書股份有限公司 電話／ (02)8990-2588
出版日期—2020 年 09 月 14 日第一版第 1 次印行
　　　　　2024 年 07 月 1 日第二版第 3 次印行

定價—NT500 元
4713510943922
書號—BCB709A
天下文化官網 — bookzone.cwgv.com.tw

本書為刪節版，希望閱讀完整版內容的讀者，可以在美國亞馬遜網路商店搜尋《會走路的錢》。

天下文化

BELIEVE IN READING